Droit du contentieux foncier au Cameroun

Henri TCHANTCHOU

Droit du contentieux foncier au Cameroun

Préface de Gaston Kenfack Douajni

Avant-propos de Alexandre Anaba Mbo

L'Harmattan

Du même auteur

La supranationalité judiciaire dans le cadre de l'OHADA, L'Harmattan, 2009, 370 pages, ISBN : 978-2-296-09184-9

5-7, rue de l'École-Polytechnique, 75005 Paris
http://www.editions-harmattan.fr
ISBN : 978-2-343-15528-9
EAN : 9782343155289

Dédicace

À mon épouse, Esther Budug, et à ma mère, dame veuve NJANTOU née FEUMMI Jeannette

Remerciements

À Son Excellence, Monsieur Marcel NIAT NJIFENJI, Président du Sénat, Fondateur et Président national du *KUMTSI MEDÙMBA*, pour toutes les facilitations.

À Monsieur le Ministre Michel MEVA'A m'EBOUTOU, Secrétaire général du Sénat, pour son encadrement et sa contribution personnelle au soutien de l'Institution.

Préface

Discipline juridique à cheval sur le droit public et sur le droit privé, le droit foncier constitue une matière bien vivante, que le Dr Henri TCHANTCHOU propose de découvrir à travers deux titres traitant respectivement du règlement administratif et du règlement judiciaire du contentieux y relatif après avoir, dans un chapitre préliminaire, exposé la variété des statuts fonciers en droit camerounais.

Le lecteur de cet ouvrage découvre la philosophie générale du droit foncier camerounais, l'auteur propose une clef de répartition des compétences entre le « juge administratif, juge du contentieux administratif de droit commun » et le « juge judiciaire, juge du droit commun des contentieux ».

L'ouvrage rend compte, par ailleurs, des modalités de règlement administratif des litiges fonciers et procède à une analyse constructive de la jurisprudence administrative du litige foncier ; en outre, il dégage les contours de la compétence pénale et civile du juge judiciaire en matière foncière.

L'ouvrage du Dr Henri TCHANTCHOU présente ainsi une analyse intéressante du contentieux foncier camerounais et constitue une contribution susceptible de guider la réforme foncière en cours au Cameroun.

Aussi, c'est avec enthousiasme que je recommande la lecture de ce livre produit par un Magistrat qui, de mon point de vue, n'a cessé de s'affirmer comme étant un bon juriste.

Dr Gaston KENFACK DOUAJNI

Directeur de la Législation

Ministère de la Justice – Cameroun

Avant-propos

Le contentieux foncier est de ceux qui échappent au clivage traditionnel droit public-droit privé. Il en est ainsi à cause de la nature même du régime foncier qui est une matière tout à fait transversale, qui se positionne au carrefour du droit traditionnel et du droit de l'État. Cette réalité rend complexe le travail de législation, la construction d'un droit prétorien systémique et davantage une systématisation doctrinale.

Le premier mérite de M. Henri TCHANTCHOU est d'avoir eu le courage d'essayer de trouver un lien épistémologique dans notre droit foncier. Cela d'autant plus que, mis à part quelques ouvrages qui traitent du droit matériel, le contentieux foncier et domanial n'est pas un champ suffisamment labouré en droit camerounais. C'est donc en quelque sorte avec une lampe de pionnier que l'auteur s'y intéresse.

L'ouvrage sur le **Droit du contentieux foncier camerounais** a un autre mérite, celui de présenter dans le même document le règlement administratif et le règlement judiciaire, de façon à mettre en évidence les difficultés et les désagréments d'une répartition parfois incohérente des compétences entre les ordres juridictionnels.

Cette approche exigeait une bonne connaissance à la fois du droit administratif, du droit des biens, du droit processuel et de la pratique des juridictions. L'auteur le démontre avec satisfaction, malgré une formation de « juriste privatiste » et une expérience acquise exclusivement dans l'ordre judiciaire.

Lorsqu'il m'a sollicité pour introduire cet ouvrage, je n'ai pas hésité devant ses qualités, mais surtout parce qu'il s'agit d'un collègue dont les publications ont assez souvent rencontré mes champs d'intérêt.

L'ouvrage est une œuvre remarquablc sans ĉtrc un traité. Il ouvre pratiquement toutes les problématiques actuelles du droit foncier et des contentieux y relatifs quoiqu'il ne rentre pas dans tous les détails. Il ne pouvait d'ailleurs purger tous les ressorts d'une matière aussi vaste que dense, dans le cadre d'un travail comme celui-ci. C'est dire qu'une porte est ouverte et que des améliorations devraient suivre.

Le style du texte est sobre et clair, rendant la lecture aisée et la compréhension facile. C'est une œuvre pédagogique que je recommande aux juristes, aux plaideurs ainsi qu'aux décideurs des questions foncières.

Je voudrais terminer en apportant toute mon appréciation, celle qu'un aîné puisse apporter à son collègue, et demander à M. Henri TCHANTCHOU de continuer dans cette voie.

Yaoundé, le 16 mai 2018

Dr Alexandre ANABA MBO

Président du Tribunal administratif
du Centre à Yaoundé

Sommaire

Introduction

Au Cameroun, comme dans la plupart des pays où l'économie est essentiellement agricole, la terre est un outil stratégique pour le développement. Cet enjeu majeur inspire la théorie juridique et sert de guide législatif en matière foncière.

La législation nationale distingue le régime foncier, applicable aux terres relevant de la propriété privée ou susceptibles d'appropriation privée, du régime domanial réservé aux biens du domaine public, du domaine privé de l'État et des autres personnes morales de droit public[1]. Sur cette base, seuls la propriété privée des particuliers et le domaine national relèvent du régime foncier.

Le présent ouvrage, intitulé *Droit du contentieux foncier*, ne tiendra pas strictement compte de cette distinction. Et ceci, pour plusieurs raisons : les opérations et transactions concernant la propriété privée des particuliers et celles des personnes morales de droit public se rapprochent à bien des égards. Le domaine national, clairement inséré au régime foncier, est administré par l'Etat au même titre que le domaine public et le domaine privé des personnes morales de droit public qui font partie du régime domanial. La ligne de séparation légale entre le régime foncier et les régimes domaniaux n'est donc pas étanche ; il en résulte un rapprochement des régimes de contentieux. Afin de ne pas paraître réductrice, en ignorant cette proximité, l'œuvre s'intéresse alors à l'ensemble des règles et mécanismes, communes ou spécifiques, applicables pour la résolution des différends fonciers et domaniaux.

Le contentieux foncier, et domanial donc, est envisagé ici comme l'ensemble des principes qui gouvernent le règlement des litiges immobiliers[2] relevant de la domanialité publique ou privée. Il s'ouvre

---

[1] Voir, à ce sujet, l'Ordonnance n° 74-1 du 6 juillet 1974 fixant le régime foncier et l'Ordonnance n° 74-2 du 6 juillet 1974 fixant le régime domanial.

[2] L'approche est donc extensive, incluant le sol et, en tant que de besoin, les immeubles se rattachant au sol. Il ne s'agit donc pas du contentieux de l'immobilier,

aussi bien aux droits des particuliers qu'à ceux des personnes morales de droit public sur la terre. Dans ce sens, il regroupe, d'une part, de l'ensemble des litiges fonciers soulevés devant les juridictions par les personnes publiques ou les particuliers, en termes de droit de propriété complète ou démembrée et, d'autre part, des contestations nées de l'application des règles de la domanialité ou de l'expropriation[3].

L'organisation du contentieux foncier est tributaire du système foncier, c'est-à-dire du régime de droit qui fixe le statut des terres et les prérogatives dont disposent les particuliers ou les personnes morales de droit public sur celles-ci. Au-delà de la terre proprement dite, la question foncière renvoie aux usages du sol, aux ressources du sol et aux produits qu'il abrite[4]. Ces différents éléments composent l'ensemble du droit foncier, énormément influencé au Cameroun par l'Histoire, la coutume et les traditions.

Avant l'impérialisme européen, le système d'occupation des terres est communautaire. Les hommes s'attachaient fortement à la terre qu'ils considéraient comme leur principal outil de subsistance. La terre est alors considérée comme un bien collectif, inaliénable et sacrée, transmise de génération en génération. L'idée de son appropriation individuelle apparaissait dès lors saugrenue.

Cette approche communautariste sera ébranlée par les systèmes impérialistes imposés par la domination allemande[5] suivie de la double

---

pris au sens de l'article 517 du Code civil : « Les biens sont immeubles, ou par leur nature, ou par leur destination, ou par l'objet auquel ils s'appliquent ».

[3] Cette approche est dans la veine de l'entendement usuel du « foncier ». A ce sujet, Papa BANGA GUISSE, « Le domaine national : une figure juridique complexe », *Juridis-Périodique*, n° 41, 2000, p. 87, écrit que : « le foncier est l'ensemble des règles définissant les droits d'accès, d'exploitation et de contrôle des ressources naturelles renouvelables. C'est donc un rapport entre les hommes et les groupes sociaux, à propos de la terre ou des ressources qu'elle porte ». Dans le contexte sénégalais, au demeurant, l'auteur révèle que « le foncier est constitué du domaine public de l'Etat, des domaines privés de l'Etat et des particuliers et du domaine national ». *Ibid.*

[4] ROCHEGUDE (A), « Foncier et décentralisation : Réconcilier la légalité et la légitimité des pouvoirs domaniaux et fonciers », Bulletin de Liaison du Laboratoire d'Anthropologie Juridique de Paris, no 26, sept. 2001, pp. 13-32., cité par NGUIFO (S.), KENFACK (P.E.) et MBALLA (N.), « L'incidence des lois foncières historiques et modernes sur les droits fonciers des communautés locales et autochtones du Cameroun », in *Les droits fonciers et les peuples des forêts d'Afrique*, Forest People Programme, 1 c FOSSEWAY Business Centre, Stratford Road, MORETON-in-Marsh GL56 9NQ, Royaume-Uni janvier 2009, p. 1.

[5] Le Cameroun devient un protectorat allemand à partir du 14 juillet 1884.

administration française et anglaise[6]. La puissance allemande instaura le principe selon lequel toutes les terres sont vacantes et sans maître si ce n'est l'Etat. L'Etat conserve les parcelles appropriées et certains droits individuels sont reconnus aux populations autochtones. Après la Première Guerre mondiale et en vertu de la théorie de la succession d'État, la France et la Grande-Bretagne, héritiers du Cameroun allemand, se reconnaîtront bénéficiaires des prérogatives foncières de l'Allemagne défaite. Des nuances seront ensuite apportées dans les régimes fonciers applicables dans les parties francophone et anglophone du pays.

Dans la partie francophone, et ce jusqu'à la veille de l'indépendance, il existait trois régimes fonciers : le régime de la transcription, le régime de la constatation des droits fonciers coutumiers et le régime de l'immatriculation.

Le régime de la transcription issu de la loi du 21 juillet 1921 organise une technique de publication des droits fonciers. Chaque immeuble transcrit était inscrit dans un registre spécial. Le conservateur foncier affectait à cet immeuble un compte sur lequel étaient inscrits chronologiquement les droits réels qui le grèvent. Il s'agissait du régime de la publicité réelle et ce régime n'intéressait que les Français expatriés et assimilés.

Le régime de la constatation des droits fonciers coutumiers était organisé pour les indigènes par un décret du 21 juillet 1932. Avec ce texte, il était question pour l'indigène de faire constater par les autorités administratives ses droits sur la terre, c'est-à-dire de prouver et établir son occupation ou son exploitation effective. À la suite de cette preuve, l'occupant bénéficiait de la délivrance d'un titre appelé livret foncier. Mais ce livret était inférieur au titre foncier qui constitue le couronnement de la procédure d'immatriculation.

La procédure d'immatriculation était prévue par un autre décret du 21 juillet 1932, en tant que suite logique de la constatation des droits fonciers. En effet, le droit de l'indigène constaté dans un livret foncier pouvait être transformé en droit de propriété effective grâce à la

[6] La France et la Grande-Bretagne, victorieuses de l'Allemagne pendant la Première Guerre mondiale se sont saisies, l'une de l'Est et l'autre de l'Ouest du Cameroun, alors sous protectorat allemand. Cette parturition sera entérinée par la Société des Nations (SDN) et l'Organisation des Nations Unies (ONU) qui placeront respectivement le Cameroun Oriental et le Cameroun Occidental sous mandat, puis sous tutelle de la France et de la Grande Bretagne.

procédure d'immatriculation à l'issue de laquelle un titre foncier était délivré au requérant.

Dans l'ex-Cameroun occidental, placée sous tutelle britannique, la situation était également délicate et complexe. Après une application différenciée des législations foncières dans les parties nord et sud de cette région, un texte harmonisé, la *Land and Native Rights Ordinnance,* fut élaboré en 1921.

Le dessein de ce texte était de promouvoir l'occupation et la mise en valeur des terres, à travers la notion de *Right of occupancy* qui se concevait distinctement selon que les occupants étaient autochtones ou allogènes : le *Statutory Right of occupancy* consacrait les droits des occupants autochtones cependant que le *Customary Right of occupancy* reconnaissait un droit coutumier, sous certaines conditions, aux allogènes. Le *Customary Right of occupancy* apparaissait comme un droit essentiellement précaire, car la *Land and Native Right Ordinnance* prévoyait qu'« à tout moment, le Gouverneur pouvait retirer le Customary Right of occupancy ».

Ces systèmes fonciers établis par les puissances tutélaires étaient sous-tendus par l'idée d'une appropriation individuelle des terres, ce qui était source de difficultés avec la conception communautariste déjà évoquée. C'est pourquoi, au lendemain de l'indépendance et de la réunification des deux parties du pays, un décret-loi n° 63/2 du 9 janvier 1963 fut pris pour créer la notion de patrimoine collectif national géré par l'État.

Le principe de l'appartenance collective de la terre ne permettait une individualisation de la propriété qu'au travers de la notion de mise en valeur qui devenait alors une condition formelle de la délivrance du titre foncier. Cette orientation sera maintenue avec une loi intermédiaire, en 1966, avant d'être consolidée dans le cadre de la réforme du régime foncier camerounais intervenue le 6 juillet 1974.

La grande réforme foncière est apparue avec l'Ordonnance n° 74/01 du 6 juillet 1974 fixant le régime foncier et celle n° 74-2 du 6 juillet 1974 fixant le régime domanial, lesquelles procèdent à une uniformisation de la législation foncière sur le territoire national. Ces ordonnances seront complétées par trois décrets d'application[7], avant

[7] Décret n° 76/165 du 27 avril 1976 fixant les conditions d'obtention du titre foncier, décret n° 76/166 du 27 avril 1976 fixant les modalités de gestion du domaine national,

d'être progressivement ajustées par divers autres textes législatifs ou réglementaires. La réforme de 1974 repose sur deux idées fortes : d'une part, la terre appartient à l'État qui l'administre et peut la concéder, la céder ou l'attribuer en propriété[8] ; d'autre part, la terre peut faire l'objet d'une appropriation privée, selon un mécanisme qui tourne autour d'un système dit de l'immatriculation. Ce système débouche sur un titre foncier[9] et établi, corrélativement, le droit de propriété.

Les terres non susceptibles d'appropriation, d'immatriculation, sont classées dans le domaine public naturel (mer, air…) ou artificiel (routes, ponts…). Les terres immatriculées, alors sanctionnées d'actes de propriété appelés titres fonciers, sont la propriété privée de leurs titulaires qui peuvent être des particuliers ou des personnes morales de droit public, y compris l'État. Les terres non immatriculées relèvent essentiellement du domaine national. Ainsi, comme si c'était résiduel, la zone quelconque qui, à priori, n'appartient ni au domaine public ni à l'espace privé de l'Etat ou des particuliers, en réalité la plus grande par la superficie, est subrepticement nationalisé au travers de la théorie du domaine national. Les terres du domaine national sont classées en deux catégories selon qu'elles sont occupées ou libres de toute emprise coutumière.

Cette structuration des catégories foncières rejaillit sur le régime des contentieux. Le contentieux foncier et domanial apparaît ainsi multiple, mais aussi abondant[10], reposant sur les différentes figures domaniales, privées ou publiques, en vigueur. L'examen préliminaire de ces différents statuts fonciers est donc nécessaire pour une meilleure compréhension des contentieux qu'ils génèrent.

---

décret n° 76/167 du 27 avril 1976 fixant les modalités de gestion du domaine privé de l'État.

[8] Article 17 de l'Ordonnance n° 74/01 du 6 juillet 1974 fixant le régime foncier.

[9] EBANG MVE (U.N.), *Le titre foncier au Cameroun (recherche sur la spécificité d'un acte administratif unilatéral),* Harmattan, 2011, 268 p.

[10] Selon un Rapport du Procureur général de la Cour suprême en date du 28 février 2013, à l'occasion de la rentrée solennelle de cette Institution, le contentieux foncier et domanial occupe 80 % des litiges soumis à la haute juridiction, cité par PEKASSA NDAM (G. M.), « La responsabilité administrative dans le contentieux foncier et domanial au Cameroun », in mélanges A. TIENTCHEU, Yaoundé, PUA, 2015, p. 516.

Chapitre préliminaire :

La variété des statuts fonciers en droit camerounais

En droit camerounais, le régime foncier distingue le domaine public, le domaine privé de l'État, celui des particuliers ainsi que, surtout, le domaine national qui est une catégorie juridique spéciale.

Section 1 : Le domaine national

Suivant une approche étymologique, le terme « domaine » renvoie au latin *dominium*, c'est-à-dire propriété foncière. On pourrait ainsi dire que le domaine national est la propriété de la nation[11]. Les terres du domaine national n'appartiendraient donc ni à l'État, ni aux particuliers, mais à la nation tout entière, entité abstraite dépourvue de personnalité juridique. Dès cet instant se pose la plus délicate problématique de cette catégorie juridique, l'aptitude d'une figure dépourvue de personnalité juridique à être titulaire d'un droit[12].

En réalité, le concept de domaine national renvoie à une forme de propriété de collective, qui fédère les droits particuliers et des droits étatiques, ce que le décret-loi du 9 janvier 1963, portant réforme foncière, avait appelé « patrimoine collectif national ». Il s'agit dans tous les cas d'une rémanence du principe colonial selon lequel toutes les terres sont vacantes, sans maître, et confiées à l'Empereur[13]. Certes, de nos jours, les terres ne sont plus vacantes et sans maître, mais la

---

[11] Dans ce sens, TIENTCHEU NJIAKO (A.), *Droits réels et domaine national du Cameroun*, Yaoundé, P.U.A., 2005.

[12] BANGA GUISSE (P.), « Le domaine national : une figure juridique complexe », *Juridis-Périodique*, n° 41, 2000, p. 87 et s.

[13] Article 25 décret-loi du 9 janvier 1963 : « le patrimoine collectif national correspond à cette fraction du domaine privé tel que défini antérieurement, qu'il était convenu d'appeler les terres vacantes et sans maître », cité par FANSI (P.), « la situation juridique des occupants du domaine national », communication au colloque sur le foncier sur le thème : La problématique de la propriété foncière au Cameroun, hôtel de ville de Mbalmayo, 18 nov. 2005, disponible sur le site web (www.environnement-propriete.org./francais/documentation/doc/la problématique de la propriété foncière au cameroun.pdf.)

législation nouvelle procède à une sorte de nationalisation des terres[14] reléguant les propriétaires et les exploitants coutumiers au rang de simples occupants. Cette conclusion apparaît à l'analyse des contours du domaine national tracés par l'Ordonnance n° 74-1 du 6 juillet 1974, au regard de sa composition (paragraphe I) et de sa catégorisation (paragraphe II).

Paragraphe 1 : La composition du domaine national

Le domaine national est institué et défini par les articles 14 à 18 de l'ordonnance n° 74-1 du 6 juillet 1974 fixant le régime foncier. Sa composition est déterminée par l'article 14 de ladite Ordonnance qui dispose que :

« Constituent de plein droit le domaine national, les terres qui à la date d'entrée en vigueur de la présente ordonnance, ne sont pas classées dans le domaine public ou privé de l'État ou des autres personnes morales de droit public.

Ne sont pas incluses dans le domaine national, les terres faisant l'objet d'un droit de propriété privée tel que défini à l'article 2 ci-dessus.

En cas de déchéance prévue aux articles 4 et 5 de la présente ordonnance ou de non-aboutissement de la procédure visée à l'article 6, les terrains concernés sont d'office incorporés au domaine national »[15].

Le domaine national se compose tantôt par exclusion de terres (B), tantôt par incorporation (A).

A. Les terres incorporées au domaine national

En principe, relèvent du domaine national toutes les terres qui, à l'entrée en vigueur de l'ordonnance n° 74-1 du 6 juillet 1974, ne relèvent ni du domaine public ni du domaine privé. À celles-là, s'ajoutent les terres à statut transitoire dont la procédure d'immatriculation n'aura pas abouti dans les formes et délais de l'ordonnance 74-1. On peut ainsi distinguer les terres du domaine national au 5 août 1974 (1) de celles qui intègrent le domaine national après l'entrée en vigueur de l'ordonnance suscitée (2).

---

[14] TJOUEN (A-D.), *Droits domaniaux et techniques foncières en Droit camerounais*, Paris, ECONOMICA, 1982.

[15] Il s'agit de l'essentiel des terres du territoire national.

1. Les terres du domaine national au 5 août 1974

À la date d'entrée en vigueur de l'ordonnance n° 74-1 du 6 juillet 1974 fixant le régime foncier, on distingue deux ordres de terres du domaine national :

- les terres effectivement libres de toute occupation, sur lesquelles les collectivités coutumières ainsi que tout Camerounais disposent d'un droit de chasse et de cueillette[16] ;
- les terres occupées ou exploitées, mais sans acte de propriété, sur lesquelles les occupants disposent d'un droit d'immatriculation[17].

L'appartenance au domaine national est désormais la vocation principale des terres du territoire. C'est à partir de ce postulat que sont progressivement exclues les terres relevant du domaine public ou/et celles faisant l'objet d'une appropriation privée des particuliers ou des personnes morales de droit public.

En dehors de ces hypothèses d'exclusion, on a assisté à une sorte de « nationalisation » [18] des terres, mettant à mal la conception africaine de la propriété communautaire évoquée ci-dessus. Dès 1974, les chefs traditionnels et les responsables coutumiers sont dessaisis de la gestion des terres de la collectivité, dites propriétés coutumières. Celles-ci, désormais considérées comme propriété de la nation entière et intégrées dans une catégorie nouvelle appelée domaine national, administré par l'État. L'installation des populations n'est plus libre sur les terres non occupées au 5 août 1974. Elle est subordonnée à une autorisation délivrée par l'autorité administrative compétente. En guise de compromis, la loi autorise aux personnes ou collectivités installées, avant 1974, sur les terres du domaine national, à régulariser leur occupation par la mise en œuvre de la procédure d'immatriculation. Ce droit à immatriculation[19] perdure aussi longtemps que l'occupation n'a pas cessé. Son exercice n'est enfermé dans aucun délai.

---

[16] Article 17, in fine, de l'Ordonnance n° 74-1 du 6 juillet 1974.

[17] Article 17, alinéa 2, de l'Ordonnance n° 74-1 du 6 juillet 1974.

[18] A. TIENTCHEU NJIAKO, *Droits fonciers urbains au Cameroun*, Yaoundé, PUA, 2012, p. 56.

[19] Ce droit à immatriculation, au service de l'efficacité des droits coutumiers sur la terre, serait également transmissible et c'est pourquoi les héritiers peuvent initier ou continuer une procédure d'immatriculation engagée par le cujus, au nom de ce dernier. Le droit à immatriculation permet la transformation de la propriété coutumière en propriété de droit écrit. En principe, ces droits coutumiers, droits réels immobiliers,

La question de la perte de ce droit à immatriculation par la cessation d'exploitation et l'effacement de la mise en valeur se pose. Sans doute, le droit d'occupation peut évoluer vers la propriété en se consolidant ou, plutôt, se dévaluer et tomber en désuétude si la mise en valeur n'est plus probante. À la différence du droit du propriétaire, le droit de l'occupant peut donc se périmer. C'est pourquoi, en la matière, le droit à immatriculation n'appartient pas à tous les occupants successifs des terres du domaine national, ni au premier occupant, mais au dernier qui aura mis en valeur en tant que possesseur avant l'entrée en vigueur de l'Ordonnance de 1974.

2. Les terres du domaine national après le 5 août 1974

En plus des deux ordres originels de terres du domaine national relevés ci-dessus, certaines catégories de terres ont été intégrées suite à la mise en œuvre de l'Ordonnance n° 74-1 du 6 juillet 1974 fixant le régime foncier. Il s'agit :

- **Des terres à statut transitoire dont le processus d'immatriculation n'a pas abouti**

L'article 6 de l'Ordonnance n° 74-1 du 6 juillet 1974 fixant le régime foncier prévoit que toute procédure d'immatriculation engagée avant l'entrée en vigueur de ladite Ordonnance sera poursuivie jusqu'à son terme, conformément à la réglementation en vigueur[20].

Si la procédure d'immatriculation engagée n'aboutit pas, le terrain concerné demeure dans le domaine national, au même titre que les terres libres de toute occupation. Il en est de même, semble-t-il, en cas d'abandon de droits coutumiers. Dans ces hypothèses, en effet, aucune autre mise en valeur postérieure à 1974 ne saurait justifier une immatriculation directe.

---

ne sont pas cessibles en l'état, malgré la pratique répandue de cession de droits coutumiers souvent actée, malheureusement par des officiers publics. L'immatriculation préalable est exigée et la formalité notariée obligatoire pour les transactions immobilières n'est possible qu'après cette formalité (CSCO, arrêt n° 39/L du 18 février 1963).

[20] La procédure est celle du décret du 21 juillet 1932 sur l'immatriculation pour le Cameroun ex-oriental et de la Land and Native Rights Ordinance pour le Certificate of Occupancy dans l'ex-Cameroun occidental. Dans ce dernier cas, le Certificate of Occupancy délivré devra être transformé en titre foncier suivant l'article 4 de l'ordonnance n° 74-1 du 6 juillet 1974.

- **Des terres faisant l'objet de titres d'occupation non transformés en titres fonciers**

Ce principe ne s'applique qu'aux titres d'occupation antérieurs à 1974, c'est-à-dire délivrés suivant les législations antérieures. Les titres concernés sont spécifiés : livrets fonciers, « *Certificates of Occupancy* », jugements des tribunaux.

Il faudrait rappeler qu'un autre décret du 21 juillet 1932[21], applicable au Cameroun sous mandat français, prévoyait un système d'inscription foncière en vertu duquel les droits fonciers des autochtones et des collectivités coutumières étaient constatés dans des livrets fonciers.

Parallèlement, dans l'ex-Cameroun occidental, un régime de « *Certificates of Occupancy*[22] » matérialisait un *Right of Occupancy* sur une terre et conférait à son titulaire un droit de jouissance. L'article 4 de l'Ordonnance n° 74-1 du 6 juillet 1974 indiquait qu'à compter du 5 août 1974, date de son entrée en vigueur, les bénéficiaires des droits résultant des livrets fonciers ou des « *Certificates of Occupancy*[23] » devaient les transformer en titres fonciers, dans un délai de 6 ans pour les terrains urbains ou de 15 ans pour les terrains situés en zone rurale, à peine de déchéance. Dans ce cas, les terrains ainsi purgés retrouvaient le statut de terres du domaine national. À ce jour, donc, aucun livret foncier ni « *Certificate of Occupancy* » ne devrait pouvoir produire effet attributif de droits fonciers différents de ceux d'un occupant du domaine national.

Par ailleurs, l'article 5 de l'Ordonnance n° 74-1 précitée, modifiée par celle n° 77-1 du 10 janvier 1977, dispose que les titulaires de jugements définitifs, constitutifs ou translatifs de droits fonciers doivent, dans un délai de 10 ans pour les terrains urbains ou de 15 pour les terrains situés en zone rurale, à peine de déchéance, transformer

---

[21] L'autre décret du 21 juillet 1932 instituait au Cameroun le régime foncier de l'immatriculation.

[22] La Land and Native Rights Ordinance (Chapter 105 of the laws of the federation of Nigeria) instituait le Certificate of Occupancy qui matérialisait soit le statutory right of occupancy reconnu aux allogènes et aux étrangers, soit le custumary right of occupancy reconnu d'office aux indigènes et aux collectivités coutumières. Cette Ordonnance n'instituait aucunement un Land certificate, ie un titre foncier

[23] La Land and Native Rights Ordinance instituait le Certificate of Occupancy qui matérialisait soit le statutory right of occupancy reconnu aux allogènes et aux étrangers, soit le custumary right of occupancy reconnu d'office aux indigènes et aux collectivités coutumières. Cette Ordonnance n'instituait aucunement un Land certificate, ie un titre foncier

leurs jugements en titres fonciers. En conclusion, certains documents fonciers spécifiques, livrets, certificats, attestations, jugements, non transformés en titres fonciers au sens de la réforme de 1974 seront frappés de déchéances et les terres concernées reversées dans l'une des catégories du domaine national.

B. Les terres exclues du domaine national

Deux catégories essentielles de terres sont exclues du domaine national : certaines parce qu'elles relèvent déjà du domaine privé de l'État ou des particuliers en ce qu'elles font l'objet de titres de propriété (1), d'autres parce qu'elles relèvent du domaine public ou d'un statut juridique particulier (2).

1. Les terres faisant l'objet d'un droit de propriété

Les parcelles de terre ayant fait l'objet d'appropriation privée, suivant la législation coloniale ou postcoloniale, sont exclues du domaine national. Au 5 août 1974, les terres considérées comme relevant d'un droit de propriété sont :

- **les terres immatriculées** : Il s'agit notamment des terres immatriculées sous le régime du décret du 21 juillet 1932 instituant le régime foncier de l'immatriculation dans l'ex-Cameroun oriental ou de la Land and Native Rights Ordinance applicable dans l'ex-Cameroun occidental ; il s'agit aussi des terres immatriculées suivant la procédure définie par l'Ordonnance n 74/1 du 6 juillet 1974, applicable sur l'ensemble du pays réunifié, après l'indépendance ;
- **les « « freehold lands** » : Il s'agit des vastes terres ayant fait l'objet de titres d'acquisition suivant le régime en vigueur dans l'ex-Cameroun occidental, notamment la Land and Native Rights Ordinance de 1908[24] : Il s'agit des vastes terres ayant fait l'objet de titres d'acquisition suivant le régime en vigueur dans l'ex-Cameroun occidental, notamment la Land and Native Rights Ordinance de 1908 ; Deux catégories de terres sont concernées ; les terres ex-ennemies investies après la défaite allemande et

[24] Rendue applicable dans l'ex-Cameroun occidental par la British Cameroon Administrative Odinance ; voir, à ce sujet sens A. TIENTCHEU NJIAKO, *Droits fonciers urbains au Cameroun*, Yaoundé, PUA, 2012, p. 18.

originellement libres sur lesquelles se sont installées les populations[25].

- **Les terres acquises selon le régime de la transcription** : la transcription était une technique foncière en vigueur dans l'ex-Cameroun oriental, suivant un autre décret du 21 juillet 1932. Elle consistait, pour les bénéficiaires de certains actes juridiques (livret foncier, jugements...), à en déposer copie au bureau de la conservation foncière pour enregistrement dans des registres spécifiques appelés registres de transcriptions ;
- **les concessions domaniales définitives** : Il s'agit des parcelles de terre attribuées définitivement aux particuliers, notamment à la suite d'une mise en valeur effective consécutive à une concession provisoire ;
- **les terres consignées au « Grundbuch »** : le *Grundbuch,* Grand Livre, est un registre foncier en vigueur pendant la colonisation allemande, sur lequel étaient portés les actes constatant le droit de propriété sur une terre.
- **Enfin, les terres relevant du domaine privé de l'État** : Il s'agit des terres acquises par l'État, ainsi que d'autres personnes morales de droit public, par voie d'immatriculation ou suivant les mécanismes exorbitants de droit public à l'instar des décrets d'incorporation ou de classement.

2. Les autres terres exclues du domaine national

À la date d'entrée en vigueur de l'Ordonnance n° 74-01 du 6 juillet 1974 fixant le régime foncier, certaines parcelles de terre sont exclues du domaine national, bien que n'ayant pas fait l'objet d'appropriation privée. Il en est ainsi :

---

[25] Le Professeur Alexandre Dieudonné TJOUEN, *Droits domaniaux et techniques foncières en droit camerounais : étude d'une réforme législative*, Paris, Economica, 1982, p.3, explique que depuis 1927, il existe dans la zone camerounaise britannique deux catégories de terres. La première catégorie comprend les terres ex-ennemies (Free-hold lands) constituées par de vastes plantations allemandes, c'est-à-dire dans les anciennes terres dites « vacantes et sans maître » injustement arrachées aux indigènes par les Allemands. Elle n'était pas régie par la coutume. La deuxième catégorie quant à elle comprend toutes les terres coutumières (native lands), occupées par les autochtones et constituées par de petits lots et de petites réserves malsaines, stériles, dispersées au milieu ou en bordure des domaines européens.

- **des terres du domaine public** : les terres du domaine public, en principe, sont insusceptibles d'appropriation privée ; elles sont donc exclues du périmètre de la « propriété nationale » ;
- **des terres à statut transitoire**, faisant l'objet d'un titre ou attestation d'occupation qui ne sont pas des titres de propriété. Il en est ainsi des terres faisant l'objet d'un « certificate of occupancy » dans l'ex-Cameroun occidental ou d'un livret foncier dans l'ex-Cameroun oriental. Ces terres bénéficiaient d'un statut particulier, essentiellement provisoire, transitoire, car les titulaires des droits contenus dans ces documents étaient tenus de procéder à leur immatriculation. À défaut de cette immatriculation dans des délais spécifiques[26], les bénéficiaires de ces droits étaient déchus et leurs terres incorporées au domaine national.

Paragraphe 2 : La classification des dépendances du domaine national

Suivant un critère tiré du principe de la mise en valeur, l'article 15 de l'Ordonnance n° 74-1 du 6 juillet 1974 classe les dépendances du domaine national en deux catégories : les terres mises en valeur parce qu'occupées ou exploitées (A) et les terres libres de toute occupation effective (B).

A. La première catégorie : les terres occupées ou exploitées

La frange la plus improbable du domaine national est constituée des terres occupées ou exploitées, mais non immatriculées. À ce sujet, l'article 15(1) de l'Ordonnance n° 74-1 dispose que constituent la première catégorie des dépendances du domaine national, les terrains d'habitation, les terres de culture, de plantation, de pâturage et de parcours dont l'occupation se traduit par une emprise évidente de l'homme sur la terre et une mise en valeur probante. Cela renvoie, dans l'ex-Cameroun oriental, aux anciennes terres coutumières[27] occupées,

---

[26] Article 4 de l'Ordonnance n° 74-1 du 6 juillet 1974 fixant le régime foncier. Ce délai est de 6 ans pour les terrains urbains ou de 15 ans pour les terrains situés en zone rurale.

[27] L'Administrateur colonial français avait établi plusieurs catégories de terres dans l'ex-Cameroun oriental : les terres des collectivités coutumières, les terres enregistrées au « *Grundbush* » allemand, les terres transcrites avec délivrance de livret foncier, le domaine de l'État, les terres données en concession. Dans ce sens A.

aux anciennes terres du « patrimoine collectif national »[28] et, dans l'ex- Cameroun occidental, aux *Native Lands*.

Il s'agit d'une curiosité qu'une terre sous emprise évidente de l'homme soit déclarée patrimoine national. L'emprise évidente signifie une occupation ou une exploitation effective et apparente de la terre par l'homme, qu'il s'agisse d'un seul homme, d'une famille ou de toute une collectivité coutumière. La mise en valeur se traduit par toute trace de prise de possession de la terre (case, plantations, cultures, élevage...). Ce qui est recherché, c'est une mise en valeur probante, un investissement donnant une valeur, une plus-value économique à la terre[29]. L'occupation peut être directe ou *corpore alieno* – par l'intermédiaire d'autrui – à condition, dans ce dernier cas, que le tiers occupant n'élève pas de contestations jugées fructueuses sur la précarité de son droit.

La nature des droits des occupants du domaine national est incertaine. Ils disposent d'un droit d'occupation, allant au-delà du droit d'usage et de jouissance d'un simple possesseur. Ceux-ci sont autorisés à demeurer sur les lieux autant qu'ils le veulent. Ils peuvent, s'ils le souhaitent, procéder à une demande d'immatriculation et transformer leur droit d'occupation en droit de propriété[30]. L'occupant a le choix entre demeurer sur la parcelle occupée ou exploitée, tant qu'il le voudra, et en devenir propriétaire par immatriculation.

Il en résulte que le droit d'occupation des occupants du domaine national avant 1974 est un droit perpétuel, de durée illimitée. Cette occupation dessine la silhouette de la propriété et le statut de cette

---

TIENTCHEU NJIAKO, *Droits fonciers urbains au Cameroun*, Yaoundé, PUA, 2012, p. 20.

[28] La notion de « patrimoine collectif national » est apparue avec le Décret-Loi n° 63/2 du 9 janvier 1963 sur le régime foncier et domanial, précisé par le Décret n° 64/10 du 30 janvier 1964 qui apporte un régime de répartition un peu confus entre les terres des collectivités coutumières et celles du patrimoine collectif national

[29] Le dessein de la réforme foncière est modeler un droit foncier coutumier indexé comme « obstacle au développement » (MELONE (S.), la parenté et la terre dans la stratégie du développement, Paris, Klienckssieck), afin de promouvoir un « Droit du développement » (KOUASSIGAN (G.A.), « Quelle est ma loi ? », Paris, Pedone, 1974).

[30] Articles 17 al.2 de l'Ordonnance n° 74/1 du 6 juillet 1974 fixant le régime foncier et 9 du décret n° 76/165 du 27 avril 1976 fixant les conditions d'obtention du titre foncier.

occupation a été rapproché de la quasi-propriété[31]. En réalité, la loi reconnaît un droit de propriété coutumière à l'occupant du domaine national avant 1974[32], et ne lui suggère une procédure d'immatriculation que dans la perspective d'obtention d'un titre foncier, acte officiel de certification de la propriété. Tel n'est pas le cas pour ce qui est du domaine national de deuxième catégorie.

B. La seconde catégorie : les terres libres de toute occupation

Les terres libres de toute occupation constituent la deuxième catégorie des dépendances du domaine national. Il s'agit des terres inoccupées, non exploitées, sans emprise ni mise en valeur effective de l'homme à l'entrée en vigueur de l'Ordonnance n° 74-1 du 6 juillet 1974. Il en résulte que les terres exploitées ou occupées après le 5 août 1974, date d'entrée en vigueur de l'Ordonnance susvisée, font également partie du domaine national de deuxième catégorie et ne pourraient en conséquence faire l'objet d'une immatriculation directe.

Rentrent dans cette catégorie, comme libre de toute occupation, les terres qui génèrent par elles-mêmes certaines ressources exploitables à l'instar des vastes forêts du sud-Cameroun[33], des vastes steppes du nord-Cameroun ou de zones de brousse impénétrables en zone rurale.

La seconde catégorie de terres du domaine national renvoie véritablement aux terres anciennement dénommées « terres vacantes et sans maître »[34] pendant la colonisation, c'est-à-dire les anciennes terres

---

[31] MIENDJIEM (I.L.), thèse précitée, p. 277 s.

[32] C'est à ce sujet que l'article 5 alinéa 3 de l'Ordonnance n° 74-01 du 6 juillet 1974 fixant le régime foncier parle des « revendications ou contestations d'un droit de propriété sur les terrains non immatriculés ».

[33] La loi n° 94/01 du 20 janvier 1994 portant régime des forêts, de la faune et de la pêche défini un domaine forestier national constitué de domaines forestiers permanents et non permanents. Dans une intervention consécutive à une Question orale devant la Chambre Haute du Parlement, le 23 novembre 2017, le ministre affirme que la superficie forestière du Cameroun est estimée à 22,5 millions d'hectares, soit 46 % du territoire national.

[34] Par « terres vacantes et sans maître », le colon qualifiait les terres inoccupées ou laissées inexploitées pendant plus de 10 ans, les terres libres de droits coutumiers individuels ou collectifs. C'est l'article 3 de la loi n° 59-47 du 17 juin 1959 qui met une terre à cette notion en ces termes : « Sont confirmés les droits détenus collectivement ou individuellement sur toutes les terres à l'exception de celles qui font partie des domaines publics et privés... Et celles qui sont appropriées selon les règles du Code civil ou du régime de l'immatriculation... Nulle collectivité, nul individu ne peut être contraint de céder ses droits si, ce n'est pour cause d'utilité publique et

non effectivement occupées ou exploitées. Elles peuvent faire l'objet d'attribution par voie de concession, de bail, de classement au domaine public.

Section 2 : Le domaine public

Selon l'article 2 de l'Ordonnance n° 74-2 du 6 juillet 1974 fixant le régime domanial, « Font partie du domaine public, tous les biens meubles et immeubles qui, par nature ou par destination, sont affectés soit à l'usage direct du public, soit aux services publics ».

Cette disposition donne les caractéristiques essentielles des biens composant le domaine public (Paragraphe 1). Elle est complétée par l'alinéa 3 du même article qui énonce les catégories desdits biens (Paragraphe 2).

Paragraphe 1 : L'identification des biens du domaine public

La loi prévoit que le domaine public est composé de biens meubles et d'immeubles (A), et que ces biens sont un patrimoine d'affectation (B).

A. La composition des biens du domaine public

Le domaine public est une universalité de biens meubles et d'immeubles. Cette formule permet de se convaincre que la domanialité publique ne se limite pas aux immeubles. Les immeubles relevant du domaine public sont de tous ordres : immeubles par nature, immeubles par destination, etc. Il s'agit, toutefois, des choses susceptibles d'appropriation privée, mais qui n'ont aucune vocation à intégrer le patrimoine des particuliers[35]. Elles ne seraient pas[36] susceptibles d'appropriation privée qu'elles n'entreraient pas dans le domaine public, car, tout en étant inaliénables, insaisissables et imprescriptibles,

moyennant une juste compensation ». L'article 25 du décret-loi du 9 janvier 1963 apportera la notion de patrimoine collectif national, en disposant que le patrimoine collectif national comprend toutes les terres libres à l'exception des suivantes : les terres détenues par les collectivités coutumières ; les terres immatriculées ou transcrites ; les terres relevant des domaines public et privé de l'État.

[35] C'est ainsi qu'il faudrait comprendre l'article 2, in fine, de l'Ordonnance 74-2 du 6 juillet 1974 fixant le régime domanial qui dispose que les biens du domaine public « sont insusceptibles d'appropriation privée ».

[36] Il en est ainsi des choses communes à l'usage de tous les individus, mais dont aucun ne peut s'approprier à titre privatif (air, lumière, etc.).

les biens du domaine public peuvent être déclassés et intégrés au domaine privé de l'État.

Le domaine public est constitué naturellement de certains biens, mais aussi par voie de décret de classement. Le classement ou affectation dans le domaine public peut concerner les dépendances du domaine national, les parcelles du domaine privé de l'État, des personnes morales de droit public ou même des particuliers. Cette incorporation au domaine public peut être partielle ou totale et se justifier par des exigences diverses : servitudes de toutes sortes[37], édifices publics, etc. C'est le lieu de rappeler les dispositions de l'article 539 du Code civil qui prévoient respectivement que : « Tous les biens vacants et sans maître, et ceux des personnes qui décèdent sans héritiers, ou dont les successions sont abandonnées, appartiennent au domaine public ».

En principe, l'affectation au domaine public des biens du domaine national régulièrement mis en valeur ou de parcelles de domaines privés obéit au régime de l'expropriation pour cause d'utilité publique. Elle est donc subordonnée au paiement d'une juste indemnisation. Une exception est apportée à cette règle, lorsque des servitudes de *non aedificandi*, de limitations de hauteur des bâtiments ou de prescriptions d'abattage d'arbres sont imposées dans les zones de protection des aérodromes ou des installations militaires ainsi que pour la sauvegarde de la navigation aérienne. Dans ces cas, les propriétaires dépossédés ne peuvent prétendre à aucune indemnité.

Le déclassement, ou désaffectation, est très usuel en matière mobilière. Plus connu comme procédure de réformation, il est organisé par une circulaire du 29 décembre 2005[38] ; il permet de sortir un bien meuble du domaine public pour le patrimoine des particuliers. La technique n'est pas évidente en matière immobilière, car, ici, le principe de l'indisponibilité des biens du domaine public paraît plus prégnant. Il semblerait, dans ce cas, et dès lors que le domaine public est indisponible par lui-même, que ces diverses transactions doivent être précédées d'une affectation préalable du bien au domaine privé de

---

[37] Servitudes de passage, d'implantation, d'appui et de circulations nécessaires à l'établissement, à l'entretien et à l'exploitation des lignes télégraphiques, des conducteurs d'énergie et des conduites d'eau, servitudes de non aedificandi ou de limitations de hauteur des bâtiments, des prescriptions d'abattage d'arbres.

[38] Circulaire n° 00000002-MINDAF du 29 décembre 2005 relative à la réforme des biens mobiliers de l'État.

l'État ou d'une personne morale de droit public[39]. La vocation première du déclassement est alors de faire intégrer certaines dépendances du domaine public naturel ou artificiel au domaine privé de l'État ou des autres personnes morales de droit public[40].

Il peut cependant arriver que certains biens du domaine public soient déclassés au profit de patrimoines privés. C'est ainsi que l'article 5 al. 4 de l'Ordonnance n° 74-2 du 6 juillet 1974 fixant le régime domanial prévoit qu'en cas de doute ou de contestation sur les limites du domaine public ou de l'étendue des servitudes imposées aux immeubles privés, il est statué par arrêté du ministre chargé des Domaines, avec possibilité de recours devant la juridiction compétente.

B. L'affectation des biens du domaine public

Il est ici question de l'affectation des biens du domaine public, à distinguer de l'affectation des biens au domaine public.

L'affectation des biens au domaine public renvoie au mécanisme du classement. Il s'agit de la procédure qui permet d'incorporer au domaine public artificiel des biens meubles ou immeubles relevant du domaine national, du domaine privé de l'État ou des particuliers. Dans ce dernier cas, il est fait recours au mécanisme de l'expropriation pour cause d'utilité publique[41] ou, pour ce qui est des meubles, au régime de la réquisition administrative[42].

L'affectation des biens du domaine public pose la problématique de l'utilisation, de la destination des biens composant le domaine public. À ce sujet, l'Ordonnance n° 74-2 du 6 juillet 1974 considère que les biens du domaine public sont affectés par nature ou par destination, à l'usage direct du public ou aux services publics. Il en résulte que l'usage public, l'utilité publique, est la vocation du bien relevant du domaine public.

---

[39] Arg. articles 2 et 5 de l'Ordonnance n° 74-2 du 6 juillet 1974 fixant le régime domanial : Art. 2 al. 2, les biens du domaine public sont inaliénables, imprescriptibles, insaisissables et insusceptibles d'appropriation privée c'est-à-dire d'intégrer un patrimoine privé ; Art. 5 al.3, en cas de déclassement, les biens du domaine public sont intégrés au domaine privé de l'État ou des autres personnes morales de droit public.

[40] Article 5 de l'Ordonnance n° 74-2 du 6 juillet 1974 fixant le régime domanial.

[41] Loi n° 85-09 du 04 juillet 1985 relative à l'expropriation pour cause d'utilité publique et aux modalités d'indemnisation.

[42] La loi n° 68/LF/04 du 11 juin 1968 portant organisation du régime des réquisitions prévoit une réquisition des biens immobiliers limitée cependant au droit d'usage.

L'État incarne le public. Il n'en est cependant pas propriétaire privatif. Il administre, en conséquence, les biens du domaine public, il peut en confier la gestion, par des mécanismes de concession, à d'autres personnes morales de droit public ou à des personnes morales ou physiques de droit privé.

Le domaine public est protégé et toute occupation illégale du domaine public est susceptible de sanctions civiles, administratives ou pénales[43]. Les pouvoirs publics recourent assez souvent au mécanisme du déguerpissement administratif, sans préjudice des poursuites civiles en paiement de dommages-intérêts ou pénales en condamnation à des peines d'amendes, d'emprisonnement, etc.

L'article 6 al.3 de l'Ordonnance n° 74-2 du 6 juillet 1974 prévoit un régime particulier. Il dispose que les propriétaires et les occupants de bonne foi qui détiennent, sur les biens immobiliers du domaine public des droits antérieurs au 5 août 1974, ne peuvent être dépossédés que si l'intérêt général l'exige et moyennant une indemnisation calculée comme en matière d'expropriation. Il en serait de même pour l'exercice des servitudes, pour la démolition des constructions ou l'enlèvement des clôtures ou plantations établies par lesdits propriétaires, occupants ou exploitants.

Paragraphe 2 : Les catégories de biens du domaine public

Les biens du domaine public sont d'origines diverses. Certains le sont par leur propre nature, par la nature même des choses. Ils sont en quelque sorte classés de plein droit dans le domaine public, l'État n'intervenant que pour fixer les modalités de l'usage public ou des services publics. D'autres le sont par affectation, par voie de classement[44]. Cet état des choses rend compte des deux grandes catégories des biens du domaine public : le domaine public naturel (A) et domaine public artificiel (B).

---

[43] La loi n° 90/055 du 19 décembre 1990 fixant le régime des réunions et des manifestations publiques prévoit une possibilité d'occupation provisoire du domaine public, suivant des modalités fixées par voie réglementaire ; voir aussi, article 9 de l'Ordonnance n° 74-2 du 6 juillet 1974.

[44] Article 5 de l'Ordonnance n° 74-2 du 6 juillet 1974 fixant le régime domanial, modifié par l'Ordonnance n° 77-2 du 10 janvier 1977.

A. Le domaine public naturel

La composition du domaine public naturel est déterminée par l'article 3 de l'Ordonnance n° 74-2 du 6 juillet 1974, précitée. D'après cette disposition, le domaine public naturel comprend : le domaine public maritime, le domaine public fluvial, le domaine public terrestre et le domaine public aérien.

Le domaine public maritime est constitué par : les rivages de la mer jusqu'à la limite des plus hautes marées ainsi qu'une zone de cinquante mètres mesurée à partir de cette limite ; les rives des embouchures des cours d'eau subissant l'influence de la mer jusqu'à la limite des plus hautes marées, ainsi qu'une zone de 25 m à partir de cette limite ; le sol et le sous-sol de la mer territoriale.

Le domaine public fluvial est constitué par : les cours d'eau navigables ou flottables dans les limites déterminées par les plus hautes eaux, ainsi qu'une zone de 25 m à partir de cette limite ; les marécages, à l'exception des plantations aménagées ; les cours d'eau non navigables ni flottables dans les limites déterminées par la hauteur des eaux coulant à plein bord ; les lacs, les étangs naturels et les lagunes dans les limites déterminées par la hauteur des plus hautes eaux.

Le domaine public terrestre est constitué par le sous-sol, entendu au sens géologique et non architectural. Il s'agit donc de ce qui se trouve sous le sol, à plus ou moins grande profondeur, et non de l'espace souterrain d'une construction.

Enfin, **le domaine public aérien** est constitué de l'espace atmosphérique situé au-dessus du territoire de l'État et de la mer territoriale.

B. Le domaine public artificiel

Le domaine public artificiel est défini par l'article 4 de l'Ordonnance n° 74-2 du 6 juillet 1974, modifiée par celle n° 77-2 du 10 janvier 1977. Il est composé des voies de circulations (routes, ports...), des voies de télécommunications, des monuments et ports, ainsi que des concessions des chefferies traditionnelles. S'y ajoutent certaines catégories d'alluvions.

S'agissant des voies de circulation, on comprend :

- des autoroutes et une emprise de 100 m de part et d'autre de l'axe de la chaussée. Cette emprise est réduite à dix mètres en ville à partir du bord extérieur du trottoir ;

- des routes nationales et régionales et une emprise de 40 m de part et d'autre de l'axe de la chaussée. Cette emprise est réduite à 10 m à partir du bord extérieur du trottoir dans les agglomérations et à 5 m en ville ;
- des routes départementales et une emprise de 25 m de part et d'autre de la chaussée. Cette emprise est réduite à 10 m à partir du bord extérieur du trottoir dans les agglomérations et à 5 m en ville ;
- des pistes carrossables d'intérêt local et une emprise de 10 m de part et d'autre de l'axe de la chaussée. Cette emprise est réduite à 5 m dans les agglomérations et en ville ;
- des chemins de fer et une emprise de 35 m de chaque côté à partir de l'axe de la voie[45].

Pour ce qui des ports, il s'agit :

- des ports commerciaux, maritimes ou fluviaux, leurs dépendances et une emprise fixée compte tenu des études spécifiques pour chaque port ;
- des ports militaires maritimes ou fluviaux, leurs dépendances et une emprise fixée compte tenu des études spécifiques, tous les ouvrages de défense terrestre, aérienne et maritime de la nation ;

Les voies de télécommunication :

- lignes télégraphiques et leurs dépendances ;
- lignes téléphoniques et leurs dépendances ;
- une emprise de 200 mètres des centres de télécommunications ;

Sont également intégrés au domaine public artificiel, les monuments et édifices publics créés et entretenus par l'État ou les autres personnes morales de droit public notamment les halles, les marchés, les cimetières, les musées.

Le cas des concessions des chefferies traditionnelles faisant partie du domaine public est particulier. Il faudrait bien comprendre qu'il s'agir de l'enceinte des chefferies traditionnelles et des biens y afférents, spécialement dans les régions où l'aire des chefferies est considérée comme un bien indivis de la communauté, le chef y exerçant simplement un droit d'usufruit. Ce sont des espaces d'implantation des

---

[45] Les emprises de voies de circulation décrites ci-dessus peuvent faire l'objet de modifications administratives au moyen du pouvoir d'alignement voire d'expropriation.

chefferies qui n'ont pas fait et ne peuvent faire l'objet d'appropriation privée.

Enfin, les alluvions évoquées renvoient aux débris sédimentaires transportés et déposés par les eaux courantes ou torrentielles issues d'un cours d'eau. Celles déposées dans le périmètre du domaine public maritime ou fluvial relèvent du domaine public naturel. Par contre, les alluvions déposées en aval ou en amont d'ouvrages construits dans un but d'utilité générale participent du domaine public artificiel.

Section 3 : Le domaine privé

L'organisation de la propriété privée distingue le domaine privé de l'État (Paragraphe 1) et la propriété foncière des particuliers (Paragraphe 2).

Paragraphe 1 : Le domaine privé de l'État

L'État, en tant que personne morale de droit public, peut se constituer un domaine particulier distinct du domaine public et du domaine national : c'est le domaine privé de l'État, la propriété privée de l'État. La composition (A) et l'administration (B) des biens du domaine privé obéissent à un régime spécifique.

A. La composition du domaine privé de l'État

Il faudrait néanmoins distinguer le domaine privé de l'État proprement dit (1) du domaine privé des autres personnes morales de droit public (2).

1. La composition du domaine privé de l'Etat proprement dit

Le domaine privé de l'État est réglementé par l'Ordonnance n° 74-2 du 6 juillet 1974, modifiée par celle n° 77-2 du 10 janvier 1977, ainsi que le décret n° 76/167 du 27 avril 1976 fixant les modalités de gestion du domaine privé de l'État. En vertu de ces textes, font partie du domaine privé de l'Etat : les biens acquis par l'Etat selon les mécanismes de droit commun, les terrains qui supportent des ouvrages et édifices de l'Etat, les immeubles dévolus à l'Etat en vertu de la théorie de la succession de d'Etat, des accords et traités de guerre ainsi que les immeubles y incorporés par divers actes administratifs.

Le domaine privé de l'État est varié, il comprend :

- les meubles et immeubles acquis par l'État à titre gratuit ou onéreux selon les règles du droit commun ; les dons et legs immobiliers, avec ou sans charge, acceptés par décret ;
- les terrains qui supportent les édifices, constructions, ouvrages et aménagements réalisés et entretenus par l'État. En fait, l'État peut accéder à la propriété du sol par la mise en valeur, qu'elle soit antérieure ou postérieure au 5 août 1974 ;
- les concessions rurales ou urbaines frappées de déchéance ou du droit de reprise ainsi que les biens des associations dissoutes pour faits de subversion, atteinte à la sûreté intérieure et extérieure de l'État ;
- les prélèvements décidés par l'État sur le domaine national en vue de la réalisation des opérations d'intérêt public, économique ou social [46];
- les immeubles dévolus à l'État en vertu de l'article 120 du Traité de Versailles du 28 juin 1919, de la législation sur les séquestres de guerre ; d'un acte de classement intervenu par application des législations antérieures au 5 août 1974, du déclassement du domaine public ou de l'expropriation pour cause d'utilité publique ;
- « les biens qui n'ont pas de maître »[47] ;
- Et, éventuellement, les propriétés en zones rurales, abandonnées depuis plus de 10 ans, à compter du 5 août 1974 et malgré une mise en demeure restée sans effet.

Il apparaît ainsi que l'Etat recourt aux prérogatives exorbitantes du droit commun pour accéder à la propriété immobilière. Il utilise les mécanismes de l'affectation, du classement, du déclassement ou de l'expropriation. Ces prélèvements s'effectuent sur les dépendances du domaine national, du domaine public ou sur la propriété des particuliers. C'est ainsi que de vastes domaines relevant de la propriété privée de l'État, particulièrement celles établies avant la grande réforme de 1974, font simplement l'objet d'actes administratifs (décrets d'incorporation, arrêtés d'attribution, accession aux propriétés

---

[46] Le mécanisme d'incorporation des dépendances du domaine national au domaine privé de l'État, ou d'autres personnes morales de droit public, se fait comme en matière d'expropriation. Voir articles 19 et s. du décret n° 76/166 du 27 avril 1976 fixant les modalités de gestion du domaine national.

[47] Article 713 du Code civil. En ce qui concerne les immeubles, seulement s'ils sont exclus du domaine national.

foncières abandonnées, actes de classement ou de déclassement, de déchéance...) dont l'authenticité se limite parfois à de simples références administratives sans *instrumentum*.

Cependant, rien ne lui interdit de recourir aux procédures de droit commun. L'État et les autres personnes morales de droit public recourent alors, dans ce cas, aux moyens et procédures de droit privé pour se constituer un patrimoine foncier : achat[48], échange, dons et legs. Il pourrait alors s'octroyer un titre foncier par voie de mutation ou de morcellement, afin d'intégrer des parcelles de terre au domaine privé.

2. Le domaine privé des autres personnes morales de droit public

A côté du domaine privé de l'Etat proprement dit, il existe un domaine privé propre aux autres entités de droit public, notamment les collectivités territoriales décentralisées, les établissements publics et entreprises publiques. L'article 13 de l'Ordonnance n° 74-2 du 6 juillet 1974 prévoit à cet effet que le domaine privé des autres personnes morales de droit public se compose :

- des biens immobiliers acquis suivant les voies de droit privé (vente, donation, échange, dation ; etc.) ;
- des biens et droits immobiliers provenant du domaine privé de l'État et transférés au domaine desdites personnes ;
- des biens et droits immobiliers prélevés par l'État sur le domaine national et classés au domaine privé en vue de la réalisation des opérations d'intérêt public, économique ou social.

On voit bien que ce domaine privé spécifique peut se constituer suivant les règles et mécanismes du droit privé mais aussi au moyen des techniques administratives sous-tendues par des actes administratifs.

B. La gestion des biens du domaine privé de l'Etat

C'est le décret n° 76-167 du 27 avril 1976 qui fixe les modalités de gestion des terres du domaine privé de l'Etat. Il revient à l'Etat, à travers ses représentants, d'assumer de garantir la bonne administration des terres relevant du domaine privé de l'Etat. La gestion courante des biens du domaine prié de l'Etat (1) est moins contraignante que d'en disposer (2).

---

[48] L'article 10 alinéa 3 de l'Ordonnance n° 74/1 du 6 juillet 1974 fixant le régime foncier prévoit même d'un droit de préemption en cas de revente d'un bien immobilier appartenant aux personnes physiques ou morales de nationalité étrangère, au profit de l'État.

1. L'administration des biens du domaine privé de l'État

Les pouvoirs de surveillance, de jouissance et même, exceptionnellement, de faire fructifier les biens du domaine privé de l'Etat sont reconnus aux représentants de l'Etat dans les démembrements territoriaux et au sein des institutions publiques concernées.

Il revient ainsi aux autorités administratives, Gouverneurs, Préfets et Sous-préfets, avec le concours, le cas échéant, des Commissions administratives appropriées, de veiller à la préservation des terres dans leurs ressorts territoriaux de commandement respectifs. Le Maire, au sein des exécutifs municipaux, les représentants des établissements publics et les dirigeants sociaux pour ce qui est des entreprises publiques disposent ordinairement des pouvoirs de gestion courante des biens des personnes morales dont ils relèvent.

Les actes de surveillance et de jouissance tendent essentiellement à a préservation du patrimoine de la personne morale et n'altèrent pas spécifiquement leur consistance. C'est pourquoi la législation est plus tolérante sur leur régime. Pour autant, l'article 31 du décret n° 76-167 du 27 avril 1976 ne manque pas de préciser que les actes administratifs relatifs à la gestion du domaine privé de l'Etat sont revêtus du visa préalable du ministre chargé du domaine et soumis aux droits de timbre et d'enregistrement.

La législation est plus exigeante lorsque l'administration du domaine privé de l'Etat confine à des actes de grande portée comme l'attribution en jouissance à d'autres personnes physiques ou morales, notamment par voie de bail ordinaire ou emphytéotique, une autorisation du ministre compétent est nécessaire. L'article 19 du décret n° 76-167 du 27 avril 1976 précise, à ce sujet, que « l'autorisation de conclure le bail est donnée par arrêtée du ministre des domaines ». Cependant, lorsque l'attribution concerne un organisme international ou une mission diplomatique ou consulaire, l'autorisation échappe à la compétence du ministre et ne peut être obtenu que par décret du Premier Ministre, Chef du Gouvernement ou, le cas échéant, du Chef de l'État.

2. La disposition des biens du domaine privé de l'État

C'est en rapport avec les actes de disposition que se prononce davantage le décret n° 76-167 du 27 avril 1976. L'article 1er de ce texte dispose clairement que : « les biens du domaine privé immobilier de l'Etat... peuvent être affectés, cédés ou attribués suivant les règles fixées par le présent décret ».

En fait, l'État jouit des pouvoirs les plus étendus sur les terres du domaine privé ; les immeubles qui le composent peuvent faire l'objet d'apport au capital d'une société, être affectés à des services publics, attribués en jouissance ou en pleine propriété aux particuliers ainsi qu'à d'autres personnes morales de droit public, y compris étrangères. Ces opérations sont cependant soumises à une réglementation suffisamment précautionneuse voire rigoureuse.

En général, ces actes relèvent de la compétence des autorités centrales qui s'appuient sur des rapports et diligences des organes déconcentrés, des collectivités décentralisées ou des dirigeants régulièrement mandatés. Les processus sont minutieusement organisés : l'affectation et la désaffectation d'une dépendance du domaine privé de l'Etat se fait par décret. Il en est de même de l'attribution en propriété, par voie de vente, de cession ou d'échange, de l'acceptation des dons et legs.

La vente d'un bien immobilier de l'État a lieu, en principe, par adjudication ; la vente de gré à gré étant subordonnée à une autorisation spéciale du ministre en charge des questions foncière et domaniale[49]. Dans tous les cas, l'adjudication ou la vente de gré à gré des dépendances du domaine privé de l'État n'est définitive qu'après un arrêté du ministre chargé des Domaines qui permet, après paiement du prix, le morcellement ou la mutation du titre foncier de l'État au nom de l'adjudicataire. Une clause d'incessibilité du terrain et de ses impenses, opposable à tous et jusqu'à la mise en valeur stipulée dans l'arrêté d'homologation, est insérée au titre foncier de l'acquéreur[50].

L'apport en société peut, semble-t-il, se faire en jouissance ou en pleine propriété ; il est cependant nécessairement assorti d'une clause de retour en cas de dissolution, de faillite ou de liquidation de la société bénéficiaire[51].

---

[49] Article 16 de l'Ordonnance n° 74-2 du 6 juillet 1974 et 6 s. du décret n° 76/167 du 27 avril 1976 fixant les modalités de gestion du domaine privé de l'État.

[50] Article 7, 8 et s. du décret n° 76/167 du 27 avril 1976 fixant les modalités de gestion du domaine privé de l'État.

[51] Article 12 (3) de l'Ordonnance n° 74-2 du 6 juillet 1974 et 12 du décret n° 76/167 du 27 avril 1976 fixant les modalités de gestion du domaine privé de l'État.

Paragraphe 2 : La propriété foncière des particuliers

Envisager la propriété foncière des particuliers, c'est-à-dire des personnes physiques et morales de droit privé[52], renvoie au droit de propriété dont ceux-ci peuvent disposer sur la terre.

Historiquement, plusieurs catégories de terres relevaient du droit de propriété à savoir : les terres immatriculées suivant les formes du décret du 21 juillet 1932, les « "*freehold lands*" acquis suivant le régime de la législation de la *Land and Native Rights Ordinance*, les terres acquises selon le régime de la transcription, les concessions domaniales définitives et les terres consignées au "*Grundbuch*" ». L'article 3 de l'Ordonnance n° 74-1 du 6 juillet 1974 était venu mettre un terme à cette diversité de statuts en décidant que les bénéficiaires des droits résultant de ces titres devaient les transformer en titres fonciers, par publication au livre foncier. À défaut de cette publication, les droits découlant de ces actes seraient rendus inefficaces. Par ailleurs, les titulaires de jugements définitifs, constitutifs ou translatifs de droits fonciers devaient, dans un délai de 10 ans pour les terrains urbains ou de 15 pour les terrains situés en zone rurale, à peine de déchéance, transformer leurs jugements en titres fonciers.

Ces dispositions ont eu le mérite d'harmoniser le droit de propriété des particuliers sur le sol. Le régime de la propriété foncière en est sorti moins composite. Toutes les terres faisant l'objet d'une appropriation privée sont désormais soumises au régime de l'immatriculation.

La propriété privée renvoie donc, désormais, au droit réel que détient sur une parcelle de terre toute personne titulaire d'un titre foncier, bien que la doctrine ait élaboré une théorie de la propriété économique pour les occupants du domaine national[53].

Le droit de propriété privée sur le sol comporte ses démembrements classiques (*usus, fructus, abusus :* droit de jouissance, de faire fructifier, de disposer de la chose),[54] mais l'intérêt de la question ici est de rendre

---

[52] Les entreprises à capital public ou majoritairement public sont assujetties au régime des particuliers en vertu de la loi n° 2017/011 du 12 juillet 2017 portant statut général des entreprises publiques.

[53] MIENDJIEM (I.L), « Le droit des occupants du domaine national », Thèse de doctorat d'État, Université de Yaoundé II-SOA. 2007.

[54] Afin de traduire la volonté d'une agriculture de seconde génération qui nécessite de vastes espaces de terre, une réflexion est en cours dans le sens d'élaborer un droit d'utilisation temporaire de la terre, sorte de droit de propriété limité dans le temps, mais qui ne serait pas confondu à un bail, même emphytéotique. La loi 2016/017 du

compte des différentes voies d'accès à la propriété foncière. À ce sujet, le droit foncier a institué la procédure d'immatriculation comme voie d'accès à la propriété foncière (A). Ce système d'acquisition des terres doit être distingué du mécanisme de transformation de divers actes en titres fonciers, prévus par l'Ordonnance n° 74-1 du 6 juillet 1974 et précisés par les articles 3 et suivants du Décret n° 76/165 du 27 avril 1976 fixant les conditions d'obtention du titre foncier, ainsi que de la technique de transfert de propriété par mutation ou morcellement de titres (B).

A. L'immatriculation comme voie d'accès à la propriété foncière

Le système d'immatriculation consiste à enregistrer dans un grand livre appelé Registre de l'immatriculation, les éléments cadastraux caractéristiques de la propriété et des droits réels attachés à une parcelle de terre géométriquement localisée, déterminée et évaluée à l'aide des calculs géodésiques. Le système a été conçu et s'applique principalement pour l'appropriation des terres relevant du domaine national. Le mécanisme est double, suivant que la parcelle concernée relève du domaine national de première ou de deuxième catégorie. Il débouche sur la délivrance d'un titre foncier[55], acte de nature juridique ambivalente faisant office de certificat de propriété foncière[56] et assorti d'une force probante exceptionnelle[57]. Dans le premier cas, on parle de l'immatriculation directe ; dans le second cas, une étape probatoire est exigée avant toute possibilité d'immatriculation alors qualifiée d'indirecte.

---

14 décembre 2016 portant code minier et celle n° 94/01 du 10 janvier 1994 portant régime des forêts, de la faune et de la pêche sont déjà dans ce sens, en reconnaissant un droit rétribué aux populations riveraines sur les terres avoisinantes, non mises en valeur, lorsqu'elles concédés aux exploitants de ressources minières ou ligneuses traitent du foncier reconnaissance des droits sur les terres non immatriculées et non mises en valeur.

[55] Urbain Noël EBANG MVE, *Le titre foncier au Cameroun*, Paris, L'Harmattan, 2011.

[56] Article 1er du Décret n° 76/165 du 27 avril 1976 fixant les conditions d'obtention du titre foncier : « Le titre foncier est la certification officielle de la propriété foncière ».

[57] Article 1er du Décret n° 76/165 du 27 avril 1976 fixant les conditions d'obtention du titre foncier : en principe, « Le titre foncier est inattaquable, intangible et définitif ».

1. L'immatriculation directe

L'immatriculation des dépendances du domaine national de première catégorie est directe, la parcelle concernée passant du domaine national occupé au domaine privé des particuliers. Cette option est ouverte aux collectivités coutumières, leurs membres ou toute autre personne de nationalité camerounaise, à condition que l'occupation ou l'exploitation soit antérieure au 5 août 1974, date d'entrée en vigueur de l'Ordonnance n° 74-1 du 6 juillet 1974 fixant le régime foncier. Elle est aussi ouverte aux personnes déchues de leurs droits fonciers parce qu'elles n'ont pas transformé leurs livrets fonciers ou leurs « *certificates of occupancy* » en titres fonciers dans un délai de 6 ans pour les terres urbaines ou de 15 ans pour les fonds situés en zone rurale. Elle s'applique aussi aux titulaires de jugements définitifs, constitutifs ou translatifs de droits fonciers qui n'auront pas, dans un délai de 10 ans pour les terrains urbains ou de 15 ans pour les terrains situés en zone rurale, transformé leurs jugements en titres fonciers[58]. Ainsi, l'immatriculation directe des parcelles du domaine national n'est possible que pour les nationaux et ne concerne que les terres occupées, exploitées ou mises en valeur avant 1974[59].

La procédure d'immatriculation est simple, ainsi que décrite aux articles 11 et suivants du Décret n° 76/165 du 27 avril 1976, fixant les conditions d'obtention du titre foncier. Elle comprend une étape purement administrative et une phase juridictionnelle.

La procédure administrative s'ouvre par la saisine, par requête écrite, de la Commission consultative de constat d'occupation. A cet effet, une demande en quatre (4) exemplaires est adressée au Sous-Préfet territorialement compétent qui en délivre récépissé et la transmet au Délégué Départemental du domaine et des affaires foncières. Ce dernier procède à une publicité par affichage aux lieux pertinents. Par la suite, par décision du Sous-Préfet, une date est fixée pour la descente de la Commission consultative, instance habilitée à constater l'occupation ou

---

[58] Article 5 de l'Ordonnance n° 74-1 du 6 juillet 1974.

[59] L'approche de l'occupation est extensive : de simples traces d'occupation du sol suffisent à établir la mise en valeur ; Selon le PR. TJOUEN (A.-D.), *Droits domaniaux et techniques foncières en droit camerounais : étude d'une réforme législative*, Paris, Economica, 1982, p. 148, l'existence d'un papayer ou d'un safoutier a été considérée comme suffisante pour établir une exploitation.

la mise en valeur effective[60]. En cas d'occupation ou d'exploitation effective, la Commission consultative fait immédiatement procéder au bornage de l'immeuble, aux frais du requérant, par un géomètre assermenté du cadastre et en présence des riverains[61]. Si le bornage ne peut être fait sur-le-champ, le Sous-Préfet, en sa qualité de Président de la Commission, désigne un comité ad hoc comprenant obligatoirement le chef du village ou un notable pour superviser le bornage. À l'issue du bornage, un plan et un procès-verbal de bornage sont dressés par le géomètre. Le plan de bornage est signé du géomètre ; le procès-verbal de bornage est signé du géomètre, du Président de la Commission consultative, du Chef de service départemental des Domaines et des affaires foncières, du chef de village concerné et des riverains. L'ensemble du dossier d'immatriculation est alors transmis à la Délégation régionale des domaines et des affaires foncières. Le Chef de service régional des domaines et des affaires foncières vise le dossier s'il est régulier et publie un avis de clôture de bornage au Bulletin des avis domaniaux et fonciers.

Après la publication de l'avis de clôture de bornage au Bulletin des avis domaniaux et fonciers, le dossier est transmis au Conservateur de la propriété foncière pour enregistrement au livre foncier, qui vaut immatriculation et établissement du titre foncier[62]. Un extrait dudit document, la copie du titre foncier, est délivré au requérant[63].

Une phase juridictionnelle peut s'ouvrir en cas de contentieux, ayant trait à une contestation sur l'auteur ou l'étendue de la mise en valeur,

---

[60] Sur la composition de la Commission consultative, voir article 12 du décret n° 76/166 du 27 avril 1976, fixant les modalités de gestion du domaine national.

[61] Est nul tout bornage fait par géomètre agissant seul (art. 12(8) du décret 76/165 du 27 avril 1976)

[62] Des titres spéciaux peuvent être établis sur la demande des intéressés au nom de l'usufruitier, de l'emphytéote, du superficiaire, de l'antichrèse, pour garantir l'inscription des droits réels qu'ils exercent sur le terrain immatriculé. Article 38 du décret n° 76/165 du 27 avril 1976 fixant les conditions d'obtention du titre foncier. Il en est de même des copropriétaires, ainsi que le prévoit l'article 67 de la loi n° 2010/022 du 21 décembre 2010 qui dispose que : « Tout acquéreur d'un lot dans un immeuble en copropriété obtient un titre de propriété ayant la même force juridique que le titre foncier ».

[63] Article 38 (2) décret n° 76/165 du 27 avril 1976 fixant les conditions d'obtention du titre foncier : « Le propriétaire, à l'exclusion de toute autre personne a droit à un *duplicatum* du titre foncier et du point y annexé. Ce *duplicatum* unique, est nominatif et le Conservateur Foncier en certifie l'authenticité en y apposant sa signature et le timbre du service ».

ou portant sur une demande d'inscription de droits réels ou charges susceptibles de figurer sur le titre en voie d'établissement[64].

2. L'immatriculation indirecte

L'immatriculation des dépendances du domaine national de deuxième catégorie est possible, mais indirecte, car devant transiter par des régimes intermédiaires tels que la concession ou le bail. En effet, l'article 1er dudit Décret n° 76/166 du 27 avril 1976 fixant les modalités de gestion du domaine national dispose que les dépendances du domaine national de deuxième catégorie *« sont attribuées par voie de concession provisoire. Suivant le cas, celle-ci peut être transformée en bail ou concession définitive »*. Cette disposition précise celle de l'article 17 de l'Ordonnance 74-1 du 6 juillet 1974 prévoit que les terres relevant du domaine national de deuxième catégorie peuvent faire l'objet d'attribution par voie de concession, de bail ou d'affectation.

La concession est donc la voie normale d'entrée en possession d'une parcelle du domaine national libre de toute occupation. Il s'agit d'un contrat par lequel l'autorité publique accorde une autorisation domaniale, un droit d'utilisation privative du domaine national. Cette concession de mise en valeur du domaine national doit être distinguée de la concession d'occupation du domaine public. Dans l'un des cas, la loi exige que « la concession soit octroyée pour des projets de développement entrant dans le cadre des options économiques, sociales ou culturelles de la Nation »[65] ; lorsqu'elle n'est pas révoquée[66], la concession provisoire d'une parcelle du domaine national débouche sur une attribution définitive ou sur un bail. Dans l'autre cas, la concession d'occupation du domaine public, l'État concède simplement le droit d'utilisation privative du domaine public[67] ; elle apparaît donc essentiellement précaire, à la différence d'une concession définitive.

---

[64] Voir infra, Titre 1, Chapitre 1, les développements sur le contentieux de l'immatriculation.

[65] Article 2 du décret n° 76/166 du 27 avril 1976 fixant les modalités de gestion du domaine national.

[66] En cas de révocation de la concession provisoire ou d'abandon par son bénéficiaire, l'État peut décider d'une nouvelle concession, d'un classement au domaine privé de l'État ou d'une affectation au domaine public.

[67] C'est l'article 9 de l'Ordonnance n° 74-2 du 6 juillet 1974 fixant le régime domanial qui décide du principe du stationnement, de l'occupation et de l'exploitation du domaine public.

La concession définitive, plus précisément l'attribution en concession définitive, ou attribution définitive, n'est possible qu'aux profits des nationaux, après mise en valeur partielle ou complète de la parcelle concédée. Elle intervient après une concession provisoire suivie, le cas échéant, d'un bail.

Le bail consécutif à une concession provisoire est nécessairement emphytéotique, car la concession en elle-même est une sorte de bail à loyers symboliques[68]. Les nationaux qui n'auront pas obtenu la concession définitive seront éligibles au régime de l'emphytéose. Les étrangers, après mise en valeur satisfaisante et consécutive à une concession provisoire, ne peuvent bénéficier que d'un bail emphytéotique[69].

Le bail emphytéotique confère des droits réels susceptibles d'inscription au titre foncier[70]. Un acte certificateur est délivré à l'emphytéote suite à son immatriculation ; son droit est inscrit au titre du propriétaire foncier.

L'attribution définitive, quant à elle, ouvre la voie à une immatriculation et à la délivrance conséquente d'un titre foncier reconnaissant un droit de propriété achevé à son bénéficiaire.

B. Les autres procédés d'acquisition de la propriété

Depuis la réforme foncière de 1974, et outre le procédé de l'immatriculation, les particuliers peuvent justifier de la propriété des terres par simple transfert de droits établis sur des terres déjà immatriculées (1) ou par transformation en titres fonciers de divers actes de propriété qu'ils détiennent (2).

1. La transformation de divers actes en titres fonciers

Les hypothèses de transformation d'actes en titres fonciers sont données par l'article 3 du Décret n° 76/165 du 27 avril 1976, lu en combinaison avec les dispositions de l'Ordonnance n° 74-1 du

---

[68] Aux termes de l'article 7 du décret n° 76/166 du 27 avril 1976 fixant les modalités de gestion du domaine national, l'acte d'attribution en concession provisoire est accompagné d'un cahier des charges indiquant les droits et obligations du concessionnaire et de l'État. Le bénéficiaire de la concession est notamment tenu de verser une redevance à l'État.

[69] Article 10, in fine, du décret n° 76/166 du 27 avril 1976 fixant les modalités de gestion du domaine national.

[70] Article 38 du décret n° 76-165 du 27 avril 1976 fixant les conditions d'obtention du titre foncier.

6 juillet 1974 fixant le régime foncier. Il en ressort que peuvent être transformés en titres fonciers :

- les actes d'acquisition de terrains consignés au « *Grundbuch* » ;
- les actes d'acquisition des « « *freehold lands* » ;
- les actes d'acquisition de terrains selon le régime de la transcription ;
- les arrêtés d'attribution définitive de concessions domaniales ;
- les livrets fonciers ou des « *certificates of occupancy* » déposés dans un délai de 6 ans pour les terrains urbains ou de 15 ans pour les terrains situés en zone rurale, à peine de déchéance ;
- les jugements définitifs, constitutifs ou translatifs de droits réels doivent, dans un délai de 10 ans pour les terrains urbains ou de 15 ans pour les terrains situés en zone rurale, à peine de déchéance ;
- les conventions entre Africains passés sous le régime du décret de septembre 1920, abrogé par la loi du 27 juin 1961 relative aux actes notariés.

La demande de transformation est adressée au Conservateur foncier du lieu de situation de l'immeuble, assortie d'un dossier technique donnant des détails précis sur l'immeuble et sur la personne du requérant. En cas de contestation, le contentieux est porté devant le juge administratif ou devant le juge judiciaire, selon le cas.

2. Le transfert de la propriété foncière entre particuliers

Pour ce qui est du transfert de la propriété foncière entre particuliers, il faudrait rappeler les dispositions de l'article 8 de l'Ordonnance 74-1 du 6 juillet 1974 qui dispose que : « (1) les actes constitutifs, translatifs ou extinctifs de droits réels immobiliers doivent à peine de nullité[71], être établis en la forme notariée [72]».

---

[71] CS/CCC, arrêt du 23 juillet 1981, affaire MBIENDOU Mathieu c/ NJOH Eric-Arthur, cité par Willy TADJUDJE, « La déconcentration de la gestion foncière au Cameroun : une analyse du décret numéro 2005/481 du 16 décembre 2005 », mémoire DEA, Université de Yaoundé II-SOA, 2005.

[72] Dans les régions anglophones du pays, il n'existe pas la profession de notaire. La loi n° 90/059 du 19 décembre 1990 portant organisation de la profession d'avocat reconnaît alors aux avocats la possibilité d'exercer les fonctions de notaire à titre transitoire. Ainsi, en fait d'actes notariés, les contractants recourent souvent à ce qu'ils appellent *titles of convenience*, passés par-devant avocats.

Cette hypothèse concerne les terrains immatriculés, objets de titres fonciers[73]. Le nouveau propriétaire accède au droit de propriété à la suite d'une cession, d'un démembrement ou d'une fusion. Ces trois modalités de transfert de la propriété foncière entre les particuliers feront l'objet de brefs développements successifs.

L'opération de cession d'un bien entraîne son transfert d'un patrimoine à un autre. Aux termes de l'article 22 du Décret n° 76/165 du 27 avril 1976 fixant les conditions d'obtention du titre foncier, modifié et complété par Décret n° 2005/481 du 16 décembre 2005, « la cession à titre gratuit ou à titre onéreux d'un immeuble emporte mutation du titre foncier initial au nom de l'acquéreur ». La cession peut se faire à titre onéreux ou à titre gratuit.

La cession à titre onéreux s'opère par voie de vente, d'échange ou de dation en paiement. Elle a généralement lieu entre vifs. La vente peut être volontaire ou forcée[74].

La cession à titre gratuit a lieu par donation[75] - ou don - d'un legs testamentaire ou par transmission entre vifs[76].

Le notaire sollicité pour une transaction immobilière établit un acte conséquent conformément aux règles et usages de sa profession, sur la base d'un dossier technique comprenant notamment l'identification civile des personnes impliquées ainsi qu'un ensemble de données administratives et cadastrales relatives à l'immeuble.

La cession peut être totale ou partielle. Dans la première hypothèse, le conservateur de la propriété foncière procède à une mutation du titre foncier au nom du nouvel acquéreur. Dans la seconde hypothèse, il est procédé à un morcellement du titre par suite du démembrement conséquent de l'étendue du droit de propriété.

---

[73]Article 8 (2) de l'Ordonnance 74-1 du 6 juillet 1974 : « Sont également nulles de plein droit les cessions et locations de terrains urbains ou ruraux non immatriculés au nom du vendeur ou du bailleur ».

[74] La vente forcée valide est nécessairement judiciaire, consécutive à une saisie immobilière, une attribution en paiement ou en réalisation d'une promesse notariée de vente. Il faudrait, dans ce dernier cas, bien comprendre que la promesse n'est elle-même valable que si elle porte sur un immeuble déjà immatriculé.

[75] La gratuité de la donation est une problématique.

[76] La donation entre vif est en principe irrévocable (révocation des donations pour cause d'ingratitude, révocation ad nutum des donations entre époux) ; les legs sont en principe révocables.

Le démembrement d'un immeuble a lieu lorsqu'il y a transfert de droits sur une partie dudit immeuble à la suite d'une cession partielle, d'une vente partielle ou d'un partage. Le démembrement emporte le morcellement du titre foncier initial au profit des acquéreurs, des copartageants ou des cessionnaires. Le démembrement peut aussi avoir lieu lorsqu'il y a transfert partiel de certains attributs de la propriété[77] (ex. : cession d'usufruit, donation d'une servitude, etc.). Relevons que le démembrement est dans l'ornière de la cession. Et en ce sens, la cession ou la vente, même partielle, a lieu par-devant notaire. Le partage peut être amiable, par-devant notaire ; ou non-amiable, sous l'autorité du juge. Dans tous les cas, la délivrance d'un titre foncier a lieu sur la base d'un dossier technique comprenant des éléments cadastraux joints à l'acte notarié ou, le cas échéant, au jugement exécutoire[78].

L'opération de fusion est un acte de regroupement de propriétés. En effet, la fusion a lieu lorsqu'une même personne se retrouve propriétaire de plusieurs immeubles contigus. Ce dernier obtient alors un nouveau titre foncier sur lequel sont mentionnées toutes les inscriptions concernant les anciens titres. Ces anciens titres sont annulés à l'établissement du titre unique. À bien voir, la fusion ne crée ni n'emporte transfert de droits. Il s'agit davantage d'un acte de regroupement de propriétés connexes d'une seule et même personne, d'un même collectif. Il s'agit d'un procédé administratif. En conséquence, le contentieux relatif à la fusion, notamment en cas de refus de l'administration, pourrait bien se retrouver devant le juge administratif alors même que, de manière générale, les litiges concernant les terrains immatriculés sont confiés au juge judiciaire.

On voit bien que l'ambivalence des notions et des statuts de l'immobilier place le contentieux foncier sur un double piédestal : administratif et juridictionnel. Cette dualité impacte le système des contentieux qui se retrouve ainsi, à la fois, dans l'orbite du juge administratif et dans le champ des compétences du juge judiciaire. De ce qui précède, on s'aperçoit de la difficulté à dégager une ligne de

[77] Le droit d'usage et les servitudes ne sont en principe pas cessibles.

[78] Outre l'acte notarié, le dossier de morcellement comprend notamment une demande timbrée assortie de renseignements détaillés sur l'identité civile des personnes intéressées, un plan cadastral de l'immeuble, le certificat de propriété et la copie du titre foncier sur l'immeuble en cause, les certificats d'urbanisme et d'accessibilité concernant ledit immeuble.

démarcation rigide entre le contentieux administratif et le contentieux judiciaire, en matière foncière. À ce sujet, il faudrait repartir du principe de la séparation des autorités, voire des pouvoirs[79], entre l'administration et la justice et, corrélativement, entre les ordres juridictionnels administratif et judiciaire.

En principe, la répartition des compétences entre le juge administratif et le juge judiciaire se base sur la nature des matières en cause. Si les matières visées relèvent du droit public, c'est la juridiction administrative qui est compétente. En revanche, le juge judiciaire serait compétent lorsque le litige en cause est lié à une matière de droit privé[80] ; l'identité de la matière étant elle-même guidée par divers critères[81]. Par dérogation à cette règle, le juge judiciaire peut être compétent en matière administrative, en raison de la nature du litige ou à cause des nécessités d'une bonne administration de la justice. Il en est par exemple des litiges liés aux droits de la personne[82], à l'état des

---

[79] Les titres II, III et V de la Constitution du 2 juin 1972, modifiée par la Loi n° 96/06 du 18 janvier 1996, modifiée et complétée par la Loi n° 2008/001 du 14 avril 2008 établissent et distinguent, au Cameroun, les pouvoirs exécutif, législatif et judiciaire. Le principe de la séparation des pouvoirs fut théorisé par Montesquieu, recueilli par la Révolution française en l'article 16 de la Déclaration des droits de l'homme et du citoyen du 26 août 1789 en ces termes : « Toute société dans laquelle la garantie des droits n'est pas assurée, ni la séparation des pouvoirs déterminée, n'a point de constitution ». Il fut consacré par l'article 7 du décret-loi du 22 décembre 1789 sur la constitution des assemblées primaire qui dispose : « Les administrations de département et de district ne pourront être troublées dans l'exercice de leurs fonctions administratives par aucun acte du pouvoir judiciaire ». Allant plus loin, la loi d'organisation judiciaire des 16-24 août 1790, qui fait disparaître les juridictions administratives et fiscales de l'Ancien Régime, limite l'ordre juridictionnel au seul judiciaire, en stipulant que le contentieux des actes d'administration relève des autorités administratives elles-mêmes. C'est pourquoi l'article 13 du titre II de la loi des 16-24 août 1790 dispose que : « Les fonctions judiciaires sont et demeureront toujours séparées des fonctions administratives. Les juges ne pourront, à peine de forfaiture, troubler de quelque manière que ce soit, les opérations des corps administratifs, ni citer devant eux les administrateurs pour raison de leur fonction ».
[80] Karl IRANI, « La compétence judiciaire en matière administrative en droit libanais et en droit français », Thèse pour le doctorat en droit, UNIVERSITÉ GRENOBLE ALPES, août 2006.
[81] Critère organique, critère de la nature de l'acte, critère du service public, critère de la distinction entre acte de puissance et acte de gestion, critère dit de l'État débiteur. Voir pour les développements sur ces critères : Karl IRANI, « La compétence judiciaire en matière administrative en droit libanais et en droit français », Thèse précitée, pp 28-39.
[82]Atteinte à la propriété privée ou à une liberté individuelle.

personnes[83], à la gestion des services publics à caractère industriel ou commercial[84], à la gestion du domaine privé de l'Administration.

Cette ligne de parturition de compétences entre le juge administratif et le juge judiciaire, déjà subtile de manière générale, apparaît parfois alambiquée en droit foncier camerounais. En effet, la répartition des compétences en matière foncière entre les juridictions de l'ordre judiciaire et celles de l'ordre administratif repose sur des dispositions législatives éparses, complétées par une jurisprudence parfois incertaine. À titre illustratif, l'article 5 alinéa 3 de l'Ordonnance n° 74-01 du 6 juillet 1974 fixant le régime foncier, modifié par la loi n° 19 du 19 novembre 1983, dispose que : « Les compétences des juridictions judiciaires et celles des commissions consultatives... en matière de règlement des litiges fonciers sont définies comme suit :

a) relève de la compétence des commissions consultatives, le règlement des litiges fonciers ci-après :

- les oppositions à l'immatriculation en instance au service des domaines à l'entrée en vigueur de la présente ordonnance ;

- les oppositions à l'immatriculation des terrains formulés dans le cadre de l'application du décret [fixant les conditions d'obtention du titre foncier] ;

- toutes les revendications ou contestations d'un droit de propriété sur les terrains non immatriculés, introduites par les collectivités ou les individus devant les tribunaux.

b) est de la compétence des juridictions judiciaires le règlement de tous les autres litiges fonciers à l'exclusion de ceux relatifs aux conflits frontaliers ».

Le juge administratif a vocation à intervenir pour le règlement des litiges attribués à la commission consultative, organe administratif. C'est donc une compétence d'attribution. Le juge judiciaire, auquel incombe « le règlement de tous les autres litiges fonciers... » apparaît ainsi comme le juge de droit commun, à qui le législateur confie tous les autres cas de contentieux fonciers non expressément attribués.

Il faudrait nuancer tout de suite, car cette clef de répartition ne concernerait que les terrains non immatriculés. En effet, divers autres

---

[83] Mariage, filiation...

[84] Voir loi n° 2017/011 du 12 juillet 2017 portant statut général des entreprises publiques.

textes nationaux reconnaissent aux organes administratifs, et donc au juge administratif, compétence en matière de gestion des domaines publics ou privés et du règlement des différends qui en découlent. De ce fait, un auteur a cru conclure qu'en droit camerounais, « l'administration apparaît, en fait, comme en droit, comme la gardienne du droit de propriété »[85].

En réalité, la difficulté vient de ce que le contentieux foncier et domanial apparaît avant tout comme le contentieux de la gestion et de l'appropriation des terres. Or, l'État qui concourt à la constitution d'un patrimoine foncier privé s'est vu en même temps confier le pouvoir d'administration sur des terres du domaine national, du domaine public et de son domaine privé. Inévitablement, le déploiement des prérogatives de puissance publique ne pouvait qu'ouvrir un champ de contentieux administratif suffisamment dense en matière foncière.

Il en résulte qu'à titre principal, le contentieux foncier est confié à l'administration qui agit sous le contrôle du juge administratif (Titre 1). Malgré ce contexte, le juge judiciaire demeure le premier gardien de la propriété foncière privée (Titre 2).

[85] TCHAPMEGNI (R.), « Le contentieux de la propriété foncière au Cameroun », Thèse, Nantes, 2008.

Titre 1 :

Le règlement administratif du contentieux foncier

La réforme issue des ordonnances du 6 juillet 1974[86] consacrait un mode de gestion centralisée des terres. Toutes les terres n'ayant pas fait l'objet d'appropriation privative sont confiées à l'État qui l'administre et en dispose. C'est ainsi que l'article 1er de l'Ordonnance 74/1 du 6 juillet 1974 dispose que : « L'État est le gardien de toutes les terres. Il peut à ce titre intervenir en vue d'en assurer un usage rationnel ou pour tenir compte des impératifs de la défense ou des options économiques de la nation ».

Cette gestion administrative s'est faite très jacobine au départ ; avant de céder progressivement vers un régime déconcentré, voire décentralisé de l'administration des terres. La concession la plus significative a été enregistrée en matière d'immatriculation des terres. Elle est intervenue avec le décret n° 2005/481 du 16 décembre 2005 qui consacre le principe de la déconcentration administrative en matière de gestion foncière[87]. Avec cette réforme du 16 décembre 2005, un certain nombre de prérogatives ont été transférées de l'autorité centrale vers les autorités périphériques, notamment le pouvoir reconnu aux autorités locales de délivrer des titres fonciers[88].

Par ailleurs, l'État, « gardien de toutes les terres » et, parfois, semble-t-il, de la propriété foncière[89], n'ignore cependant pas qu'un lien affectif existe entre les collectivités coutumières et la terre[90] ; il reconnaît en conséquence des droits collectifs aux collectivités coutumières, parfois qualifiées d'autochtones. Celles-ci sont associées

---

86 Ordonnance n° 74/01 du 6 juillet 1974 fixant le régime foncier ; Ordonnance n° 74/02 du 6 juillet 1974 fixant le régime domanial.

87 TADJUIDJE (W.) « La déconcentration de la gestion foncière : une analyse du décret n° 2005/481 du 16 décembre 2005 ».

88 Au cours d'une séance de questions orales au Sénat, le 21 juin 2017, Madame le ministre des Domaines, du Cadastre et des Affaires foncières révèle qu'avant 2005, le nombre de titres fonciers établis sur le territoire national était de 5 152 ; avec la réforme ce nombre a considérablement augmenté. Elle explique que les statistiques révèlent qu'au 31 décembre 2016, 153 821 titres fonciers ont été établis dans le pays, avec une moyenne générale d'environ 13 000 titres sur l'étendue du territoire national depuis 2005.

89 TCHAPMEGNI (R.), « Le contentieux de la propriété foncière au Cameroun », Thèse, Nantes, 2008, p. 5.

90 Avant l'Ordonnance n° 74-01 du 6 juillet 1974 fixant le régime foncier, le décret-loi n° 63/2 du 9 janvier 1963 sur le régime foncier et domanial ainsi que le décret n° 64/10 du 30 janvier 1964 procèdent à une distinction entre les terres des collectivités coutumières et celles du patrimoine collectif national, bien que la délimitation fût imprécise entre ces deux tenures foncières.

à la gestion et au règlement de certains contentieux de la terre. Cette volonté de collaboration entre l'État et les collectivités coutumières est clairement traduite par la composition d'organes administratifs compétents en matière foncière. Par ailleurs, l'État associe les collectivités coutumières à sa double mission d'administrer les terres et de régler les différends fonciers.

L'organisation et l'exercice de la compétence administrative en matière de gestion des terres apparaissent ainsi, de nos jours, assez apaisés (chapitre 1).

Tel n'est pas le cas, semble-t-il, lorsque l'État intervient pour arbitrer voire trancher les litiges fonciers qui pourraient naître entre des particuliers ou l'opposer, lui-même, aux autres personnes morales ou physiques. Cette compétence juridictionnelle engendre des confusions dans la nature des fonctions de l'administration, ce qui remet au goût du jour les critiques de la théorie du « ministre-juge »[91] ancrée dans les processus du contentieux administratif au Cameroun. Cela explique sans doute que le juge administratif, sous le contrôle duquel l'administration exerce cette prérogative, se montre assez vigilant, voire hardi, dans son orientation jurisprudentielle (chapitre 2).

[91] La théorie du « ministre-juge », hérité du droit français, impose à tout justiciable de porter préalablement devant l'autorité administrative compétente tout grief pour lequel il entend saisir le juge contre l'administration. Elle est traduite par l'exigence du recours gracieux préalable devant l'auteur de l'acte administratif décrié ou l'autorité qui représente l'institution administrative mise en cause.

Chapitre 1 :

La compétence administrative en matière foncière

L'exercice du pouvoir de gestion foncière poursuit un objectif de promotion sociale et culturelle, mais surtout de développement économique, s'appuyant sur la terre comme un instrument de productivité et un levier de croissance[92]. Ce pouvoir de gestion administrative de la terre, en principe inenvisageable lorsqu'il s'agit de la propriété privée des particuliers, varie suivant qu'il s'agit des terres relevant du domaine national ou plutôt de la domanialité publique. Le droit de propriété privé, matérialisé par un titre foncier, confère au propriétaire un pouvoir absolu qui se traduit par les droits traditionnels de jouissance, d'administration ou de disposition. Cependant, la mise en œuvre des prérogatives de puissance publique conduit parfois l'autorité administrative à poser des actes de nature à modeler, limiter ou restreindre les attributs du droit de propriété des particuliers. Ceux-ci peuvent être dépossédés par voie d'expropriation ou se voir imposer des servitudes diverses[93], moyennant des indemnisations compensatrices[94].

Le domaine national est « administré par l'État en vue d'en assurer une utilisation et une mise en valeur rationnelles »[95]. Dans cet ordre, les autorités administratives sont habilitées à constater la mise en valeur des terres afin de délivrer des titres fonciers aux propriétaires ; elles ont

---

[92] Stanislas MELONE, *La parenté et la terre dans la stratégie du développement, l'expérience camerounaise : étude critique*, Paris KLINCKSIECK, 1972.

[93] Servitudes de passage, d'implantation, d'appui et de circulation, des interdictions de mise valeur (non aedificandi…) ou des limitations des hauteurs des bâtiments, des prescriptions d'abattage d'arbres. Article 6 de l'Ordonnance n° 74/02 du 6 juillet 1974 fixant le régime domanial.

[94] Article 6, in fine, de l'Ordonnance n° 74/02 du 6 juillet 1974 fixant le régime domanial ; Loi n° 85-09 du 04 juillet 1985 relative à l'expropriation pour cause d'utilité publique et aux modalités d'indemnisation ; André TIENTCHEU NJIAKO, *Droits fonciers urbains au Cameroun*, Yaoundé, PUA, 2012 ; Joseph OWONA, *Domanialité publique et expropriation pour cause d'utilité publique au Cameroun*, L'Harmattan, Paris, 2012.

[95] Article 16(1) de l'Ordonnance n° 74/01 du 6 juillet 1974 fixant le régime foncier.

la possibilité d'attribuer les portions du domaine national par voie de concession, bail ou affectation, dans des conditions fixées par voie réglementaire[96].

La gestion des domaines publics ou privés de l'État obéit à un autre régime. Les immeubles relevant du domaine public, naturel ou artificiel, sont en principe hors du commerce en tant qu'ils sont inaliénables, imprescriptibles et insaisissables. Toutefois, « en raison de leur utilisation, cette gestion peut être assurée, sous le contrôle de l'État, par d'autres personnes morales de droit public ou par des concessionnaires de service public »[97]. Bien plus, l'autorité compétente peut, dans l'exercice de ses prérogatives d'administration, déclasser les dépendances du domaine public dépourvues d'utilité ès qualités pour les intégrer dans le domaine d'autres personnes morales de droit public ou dans le domaine privé de l'État.

Les biens du domaine privé de l'État peuvent être affectés, cédés ou attribués. L'affectation, la cession, l'attribution, l'échange, les dons, les legs ainsi que toutes autres opérations sur les biens relevant du domaine privé de l'État sont diligentées par les autorités administratives suivant les règles et conditions définies par le Décret n° 76/167 du 27 avril 1976 fixant les modalités de gestion du domaine privé de l'État.

On voit bien, ainsi, qu'un certain nombre d'organes administratifs, collectifs ou individuels, interviennent dans le processus de gestion des terres. Les organes collectifs sont essentiellement constitués de commissions administratives (**Section 1),** tandis que les compétences individuelles sont attribuées aux autorités administratives (**Section 2**).

Section 1 : Les Commissions administratives

De nombreuses commissions administratives[98] interviennent dans les mécanismes d'administration et de règlement des conflits fonciers. Ces commissions interviennent pratiquement dans toutes les catégories de terres, avec des attributions et des appellations diverses : Commission d'affectation des dépendances du domaine privé de l'État, Commission des ventes par adjudication des terrains domaniaux non

---

[96] Décret n° 76/166 du 27 avril 1976 fixant les modalités de gestion du domaine national

[97] Article 8 de l'Ordonnance n° 74/02 du 6 juillet 1974 fixant le régime domanial.

[98] YOSSA (Chr.), « Les Commissions dans le régime foncier camerounais », mémoire de Licence en droit, Université de Yaoundé, 1977-1978.

affectés ou désaffectés[99], Commission de constat et d'évaluation en matière d'expropriation, Commission de règlement des différends frontaliers et, surtout, de la Commission consultative.

La nature juridique de ces commissions n'est pas clairement définie par la loi. La question s'est posée de savoir « s'il s'agit d'organes administratifs se limitant au simple rôle d'arbitre, ou d'organes juridictionnels dotés du pouvoir de rendre de véritables jugements ayant force exécutoire »[100]. À l'analyse, cependant, nous pouvons affirmer qu'il s'agit d'organes administratifs, de nature principalement consultative, avec des compétences juridictionnelles d'efficacité limitée.

Certaines Commissions sont chargées de se prononcer sur des intérêts de particuliers, en appréciant notamment l'effectivité et la valeur probante de leurs emprises sur la terre. Il s'agit des commissions de constat de mise en valeur (Paragraphe 1) ; d'autres interviennent davantage pour sauvegarder les intérêts de nature collective, davantage à vocation nationale que communautariste (Paragraphe 2).

Paragraphe 1 : Les commissions de constat de la mise en valeur des particuliers

On peut, ici, retenir la Commission consultative de constat d'occupation des terres du domaine national (A) et la Commission de constat et d'évaluation en matière d'expropriation (B).

A. La Commission consultative sur l'occupation du domaine national

La Commission consultative de constat d'occupation du domaine national[101] est un organe administratif[102] institué au niveau de chaque

[99] Articles 2, 3, 6 et 7 du Décret n° 76/167 du 27 avril 1976 fixant les modalités de gestion du domaine privé de l'État.

[100] Alexandre-Dieudonné TJOUEN, *Droits domaniaux et techniques foncières en droit camerounais : étude d'une réforme législative*, Paris, Economica, 1982, p. 179.

[101] La Commission consultative constate l'occupation du domaine national de première catégorie et propose, ou non, une immatriculation. Elle constate l'occupation du domaine national de deuxième catégorie et propose une suite à la concession administrative (prorogation de la durée de la Concession provisoire, attribution définitive ou bail emphytéotique…).

[102] La Commission consultative est tenue, comme toute juridiction, de l'obligation d'impartialité. Cela est rappelé par l'Instruction ministérielle n° 000006/Y.18/MINDAF/D30 du 29 décembre 2005 relative au fonctionnement de la Commission consultative.

arrondissement afin de garantir une utilisation et une mise en valeur rationnelles du domaine national[103]. Elle est présidée par le Sous-préfet territorialement compétent et comprend obligatoirement les représentants des autorités traditionnelles[104]. En réalité, il existe deux ordres de compétence pour la Commission consultative. L'une est moins connue et l'autre est plus usuelle. Il s'agit, respectivement, de la Commission consultative sur la mise en valeur du domaine national de deuxième catégorie, en cas de concession provisoire (2), et de la Commission consultative de constat d'occupation du domaine national de première catégorie, dans le cadre des procédures d'immatriculation (1).

1. La Commission consultative dans le processus d'immatriculation

La Commission consultative de constat d'occupation du domaine national de première catégorie dans le cadre des procédures d'immatriculation est instituée par l'article 16 alinéa 2 de l'Ordonnance n° 74-1 du 6 juillet 1974 fixant le régime foncier. Ses attributions sont définies par les dispositions du même texte.

Il résulte, en effet, de l'article 5 alinéa 3(a) de l'Ordonnance n° 74-1 du 6 juillet 1974 fixant le régime foncier, tel que modifié par la loi n° 19 du 26 décembre 1983, que la commission consultative est compétente pour statuer sur les oppositions à immatriculation ainsi que les revendications ou contestations d'un droit de propriété sur les terrains non immatriculés, pendantes ou introduites à l'entrée en vigueur de ladite Ordonnance. Il s'agit donc, pratiquement, de l'ensemble des contentieux de l'immatriculation. Elle connaît, ainsi, des questions générales relatives à l'immatriculation ainsi que des questions de

---

[103] Art. 16 de l'Ordonnance n° 74-1 du 6 juillet 1974.

[104] La Commission consultative est nommée par le Préfet et est composée au niveau de chaque arrondissement ainsi qu'il suit, selon l'article 12 du décret n° 76/166 du 27 avril 1976 fixant les modalités de gestion du domaine national : Président ; le sous-préfet ; Secrétaire ; le chef de service départemental des domaines ; le chef de service départemental du cadastre ; un représentant de l'urbanisme ; un représentant du ministre dont la compétence à un rapport avec le projet ; le chef et deux notables du village ou de la collectivité où se trouve le terrain. Le secrétariat de la Commission est assuré par le chef de service départemental des affaires foncières. Un décret n° 2016/1430/PM du 27 mai 2016 fixant les modalités d'organisation et de fonctionnement de la Commission consultative en matière foncière et domaniale, rétracté par la suite, y incluait Membres : le délégué départemental chargé des domaines, du cadastre et des affaires foncières ; le Maire ou un de ses adjoints.

propriété collective ou individuelle sur des terres en voie d'immatriculation.

Sur les questions d'immatriculation, elle s'assure de la composition du dossier de demande d'immatriculation, vérifie l'effectivité des mises en valeur et se prononce sur le bien-fondé de toute opposition à immatriculation[105]. L'opposition à immatriculation n'est admise que si la contestation porte sur l'auteur ou l'étendue de la mise en valeur ; la demande d'inscription de droits est possible en cas de prétention élevée sur l'existence d'un droit réel ou d'une charge susceptible de figurer sur le titre à établir[106].

La problématique des revendications ou contestations d'un droit de propriété sur les terrains non immatriculés est assez délicate. Avant la réforme de 1974, le droit de propriété pouvait s'établir sur certaines catégories de terres non immatriculées. À ce sujet, l'article 2 de l'Ordonnance n° 74-1 du 6 juillet 1974 dispose clairement que font l'objet du droit de propriété, en dehors des terres immatriculées[107], les « *freehold lands* », les terres acquises sous le régime de la transcription, les concessions domaniales définitives et les terres consignées au « *Grundbuch* » allemand[108]. Par contre, évoquer une propriété foncière avant l'immatriculation, après la réforme de 1974, renvoie à la question de la « propriété » coutumière des terres. La réforme confirme l'existence d'un droit de propriété antérieure à l'immatriculation ; il

---

[105] Aux termes de l'article 14 du décret n° 76-166 du 27 avril 1976, la commission consultative examine et règle, le cas échéant, les litiges qui lui sont soumis dans le cadre de la procédure d'obtention du titre foncier sur les dépendances du domaine national occupées ou exploitées ; reçoit toutes les observations et toutes informations en rapport avec la gestion du domaine national et fait des recommandations au ministre chargé des domaines ; fait le choix des terrains indispensables aux collectivités villageoises ; examine et règle, le cas échéant, tous les litiges fonciers qui lui auront été renvoyés par les juridictions par application de l'article 5 de l'Ordonnance n° 74-1 précitée ; constate la mise en valeur pour l'obtention du titre foncier.

[106] Article 16 du décret n° 76/165 du 27 avril 1976.

[107] Sous le régime du décret du 21 juillet 1932 instituant au Cameroun le régime foncier de l'immatriculation. Le premier décret du 21 juillet 1932 organise la constatation des droits fonciers des indigènes au Cameroun protégés sous mandat français.

[108] Le « Grundbuch », grand livre, est une sorte de livret foncier qui recevait des inscriptions des droits sur les immeubles.

s'agit, toutefois, d'un droit de propriété imparfait, inachevé et peu efficace[109].

Dans tous les cas, la Commission consultative dispose d'une compétence d'attribution, car l'article 5 alinéas 3 (b) de l'Ordonnance citée plus haut précise que le règlement de tous les autres litiges fonciers, à l'exclusion de ceux relatifs aux conflits frontaliers[110], est de la compétence des juridictions judiciaires. Le juge judiciaire apparaît ainsi, en la matière, comme le juge de droit commun. Toutefois, la compétence des commissions consultatives est exclusive, car les tribunaux judiciaires sont tenus de se dessaisir des litiges fonciers de cette nature pendante devant elles et de se déclarer matériellement incompétents pour toute autre action de cette nature qui serait introduite après l'entrée en vigueur de cette disposition. La jurisprudence de la Cour suprême[111], reprise par les juridictions inférieures après quelques hésitations[112], applique fermement cette orientation.

La compétence de la commission consultative est limitée au ressort territorial de son arrondissement de rattachement[113] et aux contestations présentées avant ou pendant sa descente sur les lieux. Les contestations intervenues après le constat d'occupation et le bornage sont consignées dans le registre des oppositions par le conservateur foncier et notifiées

---

[109] L'obtention d'un titre foncier purge la parcelle de ce droit de propriété coutumière. À ce sujet, l'article 5, in fine, du décret n° 76/165 du 27 avril 1976 précise qu'après l'obtention du titre foncier, « toute contestation portant sur la propriété du terrain est irrecevable ».

[110] Les litiges fonciers relatifs aux conflits frontaliers relèvent de la compétence Commission de règlement des conflits frontaliers créée par loi n° 2003/016 du 22 décembre 2003.

[111] CS, arrêt n° 24 du 19 janvier 1978, Bull. 38, p. 5586 ; n° s 20 et 21 du 12 janvier 1978, Bull. 38, p. 5587 ; n° 3/L du 4 déc. 1986, inédit ; et n° 44 du 25 août 1977, Juridis-info, n° O, décembre 1989, pp. 22-24, Observations Christine YOUEGO.

[112] CA littoral, n° 116/2 du 20 juin 1998, EPOUPA MOOH MBELLE, Juridis-info, n° 24, décembre 1993, p. 55, Observations Jeanne Claire NCHIMI ; sur les contrariétés jurisprudentielles, voir spécifiquement : C.A de Bafoussam, Arrêt TAGNE, n° 47 du 24 février 1976, C.A de Douala, Arrêt ESSIBEN, n° 90/L du 28 janvier 1977, C.A de Douala, Arrêt EKONGOLO, n° 203/L du 27 mai 1977 ; C.A de Douala, Arrêt LAMY-GREY, n° 277/L du 30 juillet 1976, cités par A.-D. TJOUEN, *Droits domaniaux et techniques foncières en droit camerounais : étude d'une réforme législative*, Paris, Economica, 1982, p. 182.

[113] Une commission consultative ne peut, en conséquence, connaître d'une mise en valeur qui s'étend sur le ressort de deux arrondissements ou, de manière générale, de plusieurs unités administratives.

à la partie adverse qui formule ses observations ; l'ensemble du dossier est alors transmis au Gouverneur territorialement compétent. La recevabilité des oppositions à immatriculation avant, pendant et même après la descente de la Commission consultative sur le terrain vise à garantir une bonne prise en compte des intérêts des premiers occupants[114].

La Commission consultative ne tranche pas les contestations qui lui sont soumises. Elle prend acte du règlement amiable intervenu entre les parties ou de la mainlevée donnée par celle qui a formulé opposition. Le cas échéant, elle émet un avis et transmet l'ensemble du dossier au Gouverneur de la Région concernée. La Commission consultative ne dispose donc pas de pouvoir décisionnel au plan administratif, encore moins d'impérium juridictionnel. Elle instruit le litige en essayant de concilier et d'éclairer les parties puis délibère à la majorité simple des membres présents, avec la participation obligatoire du chef du village ou de la collectivité ou au moins d'un notable qualifié. En cas d'égalité des voix, celle du président est prépondérante.

Il en est ainsi de Commission consultative de constat d'occupation du domaine national de première catégorie comme de celle instituée dans le cadre de la concession administrative.

2. La Commission consultative en cas de concession

L'article 12 du décret n° 76/166 du 27 avril 1976 fixant les modalités de gestion du domaine national institue une Commission consultative dans les procédures de concession.

Cette Commission est nommée par le Préfet territorialement compétent au niveau des unités administratives de base. Elle comprend : Un Président, Sous-Préfet du ressort, ainsi que le Chef et deux notables du village, les représentants des services du domaine, du cadastre et, le cas échéant, de l'urbanisme ou de tout ministère ayant compétence pour le projet en voie d'implémentation[115].

---

[114]Voir Prosper NKOU MVONDO, « la situation juridique de l'occupant sans titre d'une parcelle du domaine national au Cameroun », Verfassung und recht in Übersee (VRÜ) 33 (2000), p. 491, cité par R. TCHAPMEGNI, « Le contentieux de la propriété foncière au Cameroun », Thèse, Nantes, 2008, p.109.

[115] Article 12 du décret n° 76/166 du 27 avril 1976 fixant les modalités de gestion du domaine national

En matière de concession du domaine national, la Commission consultative :

- propose à l'autorité préfectorale la répartition de l'espace rurale en zone agricole et pastorale suivant les besoins de la population ;
- émet un avis sur les demandes d'attribution des concessions ;
- examine et règle, le cas échéant, les litiges qui lui sont soumis dans le cadre de la procédure d'obtention du titre foncier sur les dépendances du domaine national occupées ou exploitées ;
- fait le choix des terrains indispensables aux collectivités villageoises ; reçoit toutes observations et toutes informations en rapport avec la gestion du domaine national et fait des recommandations au ministre chargé des Domaines ;
- examine et règle, le cas échéant, tous les litiges qui lui auront été envoyés par les juridictions en application des dispositions de l'article 5 de l'Ordonnance n° 74-1 du 6 juillet 1974 ;
- constate la mise en valeur des terrains pour l'obtention du titre foncier[116].

Lorsque les contestations formulées ne relèvent pas de son domaine de compétence, la Commission ne statue pas. Il en est par exemple lorsque l'opposition touche à la fois la mise en valeur et la limite des circonscriptions administratives[117], lorsqu'il s'agit d'un litige portant sur une propriété justifiée par un titre foncier, ou même s'il s'agit d'un contentieux d'expropriation.

B. La Commission de constat et d'évaluation en matière d'expropriation

La Commission de constat et d'évaluation est établie en matière d'expropriation pour cause d'utilité publique[118], c'est-à-dire le

---

[116] Article 14 du décret n° 76/166 du 27 avril 1976 fixant les modalités de gestion du domaine national.

[117] Aux termes de l'article 21 du décret n° 76/165 du 27 avril 1976 lorsque l'opposition touche à la fois la mise en valeur et la limite des circonscriptions administratives, la Commission des litiges frontaliers est seule compétente pour statuer, à l'exclusion des commissions consultatives.

[118] Voir, à ce sujet, la loi n° 85-09 du 4 juillet 1985 relative à l'expropriation pour cause d'utilité publique et aux modalités d'indemnisation ; voir, aussi, le décret n° 87/1872 du 16 décembre 1987 portant application de la loi n° 85-09 du 4 juillet 1985 relative à l'expropriation pour cause d'utilité publique et aux modalités d'indemnisation ; voir, enfin, le décret n° 2003/418 PM du 25 février 2003 fixant les

mécanisme qui conduit à l'acquisition forcée par l'État[119] des terres appartenant à autrui[120]. Elle est mise en place (1) dès l'ouverture du processus d'expropriation, avec des attributions bien spécifiées.

1. La mise en place de la Commission de constat et d'évaluation

La Commission de constat et d'évaluation est organe administratif établi par arrêté[121] du ministre des Domaines à chaque fois que de besoin.

Elle est prévue au niveau départemental, régional et national, présidée par le Préfet, le Gouverneur ou le ministre chargé des Domaines, selon le cas. Elle regroupe les responsables des services départementaux, régionaux ou nationaux des domaines et des affaires foncières, des routes et de l'agriculture, les parlementaires, les magistrats municipaux, les autorités traditionnelles, etc.

Ainsi, au niveau départemental par exemple, la Commission de constat et d'évaluation comprend :

- le Préfet ou son représentant : le Président ;
- le responsable du service départemental des domaines : le Secrétaire ;

---

tarifs des indemnités à allouer au propriétaire victime de destruction pour cause d'utilité publique de cultures et d'arbres cultivés

[119] L'État peut aussi acquérir la propriété des particuliers en utilisant les mécanismes du contrat administratif.

[120] La définition donnée Joseph OWONA semble plus complète : « L'expropriation pour cause d'utilité publique est une procédure unilatérale de droit public par laquelle une collectivité publique appréhende la propriété d'un immeuble ou d'un droit réel immobilier et, exceptionnellement, un droit incorporel dans un but d'utilité publique moyennant une indemnité juste et préalable », in *Domanialité publique et expropriation pour cause d'utilité publique au Cameroun*, Harmattan, Cameroun, 2012, p. 49.

[121] Conformément à l'article 5 de la loi n° loi n° 85-09 du 4 juillet 1985 relative à l'expropriation pour cause d'utilité publique et aux modalités d'indemnisation, l'arrêté de déclaration d'utilité publique est suspensif de toute transaction, de toute mise en valeur et de toute délivrance de permis de construire. Toutefois, il ne fait pas obstacle à la poursuite des procédures d'immatriculation du domaine national de première catégorie au profit de leurs occupants ou de leurs exploitants. Cette absence de suspension de certaines procédures d'immatriculation a pu favoriser des fraudes, certaines personnes informées de l'existence de l'arrêté se livrant alors à des vastes opérations plus ou moins régulières d'abandons de droits coutumiers, d'acquisitions de droits coutumiers ou même simplement d'immatriculation.

- et comme membres, le responsable local de l'urbanisme et de l'habitat, le responsable compétent des mines et de l'énergie, le responsable de l'agriculture, le responsable départemental des routes, le représentant de l'organisme ou service demandeur, le député ou les députés, le magistrat municipal concerné ainsi que le ou les autorités traditionnelles concernées.

Au niveau national, le ministre chargé des Domaines assure la présidence pendant que la direction des domaines tient lieu de secrétariat de la commission. Le Préfet du lieu y siège ainsi que le Directeur de l'habitat ou son représentant, le représentant du service concerné, le ou les députés, le ou les autorités traditionnelles.

2. Les missions de la Commission de constat et d'évaluation

La Commission de constat et d'évaluation est chargée de l'enquête d'expropriation[122]. Elle a notamment pour mission[123] :

- de choisir et faire borner les terrains concernés aux frais des bénéficiaires ;
- de constater les droits et d'évaluer les biens mis en cause ;
- d'identifier leurs titulaires et propriétaires ;
- de faire des panneaux indiquant le périmètre de l'opération aux frais des bénéficiaires.

La Commission de constat et d'évaluation procède à des enquêtes générales en vue de déterminer la consistance des immeubles à exproprier et les divers droits mis en cause (droit de propriété immobilière, droit d'occupation, divers droits réels immobiliers). L'évaluation se fait sur des bases objectives fixées par le décret n° 2003/418 du 25 février 2003 fixant les tarifs des indemnités à allouer au propriétaire victime de destruction pour cause d'utilité publique, de cultures et d'arbres cultivés ainsi que l'arrêté n° 0832/Y.15/MINUH/D000 fixant les bases de calcul de la valeur vénale des constructions frappées d'expropriation.

Les populations doivent être informées au moins trente (30) jours d'avance de la date de l'enquête, par voie de convocations adressées

[122] Article 3(2) du décret n° 87/1872 du 16 décembre 1987 portant application de la loi n° 85-09 du 4 juillet 1985 relative à l'expropriation pour cause d'utilité publique et aux modalités d'indemnisation.

[123] Article 4 du décret n° 87/1872 du 16 décembre 1987 portant application de la loi n° 85-09 du 4 juillet 1985 relative à l'expropriation pour cause d'utilité publique et aux modalités d'indemnisation.

aux chefs et aux notables. Les actes sanctionnant les diligences sont signés de tous les membres de la Commission qui fonctionne ainsi, semble-t-il, suivant un principe d'unanimité. Le dossier établi par la Commission est transmis par son président, au ministre chargé des Domaines pour préparation du décret d'expropriation.

Lorsque l'expropriation s'opère au bénéfice des personnes morales de droit public autre que l'État, les travaux de la Commission sont précédés de négociations préalables entre lesdites personnes morales de droit public et les propriétaires ou les ayants droit. En cas de désaccord, les résultats des négociations sont soumis à l'arbitrage du ministre chargé des Domaines.

À la fin de l'enquête, la Commission produit[124] :

- un procès-verbal d'enquête relatant tous les incidents ou intervenu pendant l'opération ;
- un procès-verbal de bornage et le plan parcellaire du terrain retenu, établi par le géomètre membre de la Commission ;
- un état d'expertise des cultures, des constructions et de toute mise en valeur sur les lieux.

On s'aperçoit ainsi que dans tous les cas, la Commission de constat et d'évaluation est un outil technique d'aide à la décision dévolue au ministre en charge des questions domaniales et foncières. Elle ne dispose pas véritablement par elle-même de compétence contentieuse. De ce point de vue, elle n'est pas un organe du contentieux foncier au même titre que certaines commissions de gestion des intérêts collectifs.

Paragraphe 2 : Les commissions de gestion des intérêts à caractère collectif

Il faudrait rappeler que l'article 7 de la Loi n° 80-22 du 14 juillet 1980 portant répression des atteintes à la propriété foncière et domaniale, prévoit dans chaque ressort territorial une commission de contrôle et de surveillance qui assure le contrôle préventif de l'occupation des terrains domaniaux. En dehors de cette Commission, le système foncier prévoit deux ordres de Commissions de gestion des intérêts à caractère collectif : certaines sont orientées vers la

[124] Article 12 du décret n° 87/1872 du 16 décembre 1987 portant application de la loi n° 85-09 du 4 juillet 1985 relative à l'expropriation pour cause d'utilité publique et aux modalités d'indemnisation

délimitation territoriale (A) ; d'autres interviennent dans le processus de gestion des dépendances du domaine privé de l'État (B).

A. Les Commissions de délimitation territoriale

Elles sont au nombre de deux. L'une est essentiellement administrative, la Commission de délimitation cadastrale (1) ; l'autre est à vocation contentieuse, la commission de règlement des différends frontaliers (2).

1. La Commission de délimitation cadastrale

La Commission administrative de délimitation cadastrale s'inscrit dans le cadre du principe de dénombrement général des terres du territoire permettant l'établissement d'un cadastre parcellaire. Elle est instituée par l'article 6 de la loi n° 76/25 du 14 décembre 1976 portant organisation cadastrale et réglementée par le décret n° 79/097 du 21 mars 1979 fixant la composition de la Commission administrative de délimitation cadastrale et ses modalités de fonctionnement. Elle contribue à la délimitation des propriétés publiques et privées, avec pour mission de fournir des renseignements appropriés sur la recherche et la reconnaissance des propriétaires et des limites des propriétés.

On aboutit à une matrice cadastrale faisant apparaître pour chaque propriétaire la liste des immeubles qu'il possède dans une commune donnée[125].

La Commission de délimitation cadastrale est composée d'un Président, Préfet du département du ressort, et de plusieurs membres à savoir : le Sous-préfet compétent, le Délégué du gouvernement ou le Maire, deux représentants de l'administration du cadastre, un rapporteur, un représentant des domaines et les représentants des chefferies traditionnelles[126].

Les travaux de la Commission sont publics et s'effectuent par circonscription administrative et communale. Les propriétaires, les exploitants, les autres détenteurs d'immeubles y compris les

---

[125] Dans la recherche d'une plus grande efficacité en la matière, un Accord de coopération technique en matière foncière a été signé le 24 mars 2006 entre le Cameroun et la Tunisie ; cet Accord fait l'objet d'une loi de ratification n° 2017/008 du 12 juillet 2017.

[126] Article 1er du décret n° 79/097 du 21 mars 1979 fixant la composition de la Commission administrative de Délimitation cadastrale et les modalités de son fonctionnement.

possesseurs et les usufruitiers, ou leurs représentants, doivent assister aux constatations sur le terrain et formuler leurs observations[127].

La fonction contentieuse de la Commission de délimitation cadastrale est mise en œuvre en cas de réclamations ou de contestations sur les limites des immeubles : si la réclamation n'est pas contentieuse, l'administration du cadastre procède aux rectifications nécessaires et en informe les personnes intéressées. Si, au contraire, la contestation est contentieuse, la Commission essaie de concilier les parties en constatant tout accord intervenu entre elles ou, le cas échéant, de dessiner provisoirement les parcelles litigieuses.

Les travaux de la Commission de délimitation cadastrale sont consignés dans un procès-verbal signé par le Préfet, le Délégué du gouvernement ou le Maire territorialement compétent et le Rapporteur de la Commission. En vertu de l'article 19 du décret n° 79/097 du 21 mars 1979, cité ci-dessus, ce procès-verbal est soumis à l'appréciation de l'autorité administrative compétente ; il est déposé auprès du ministre chargé des Domaines avec copie au ministre chargé de l'Administration territoriale. En fonction de la nature de la contestation – conflits d'occupation du domaine national, litiges sur les limites des circonscriptions administratives – le ministre compétent procédera aux études appropriées avant de proposer la signature d'un décret d'homologation. Les résultats des travaux sont alors homologués par décret du Premier ministre, chef du Gouvernement, ou du président de la République. Le décret d'homologation rend exécutoires les conclusions des travaux de la Commission administrative de délimitation cadastrale. Il abroge toute disposition contraire et entraîne rectification d'office, et sans frais, du livre foncier, du sommier immobilier et autres documents minute du conservateur de la propriété foncière[128].

Par ailleurs, les agents du cadastre sont des officiers de police judiciaire à compétence spéciale. À l'occasion de leurs travaux, ils peuvent, concurremment avec les officiers de police judiciaire à compétence générale, procéder aux constatations d'infractions relatives

[127] Article 8 et 15 de la loi n° 76/25 du 14 décembre 1976 portant organisation cadastrale.

[128] Article 19 du décret n° 79/097 du 21 mars 1979 fixant la composition de la Commission administrative de Délimitation cadastrale et les modalités de son fonctionnement.

à l'organisation du cadastre[129], consignées sur procès-verbaux ; Ces procès-verbaux sont adressés au Procureur de la République territorialement compétent.

La Commission de délimitation cadastrale ne dispose ni du pouvoir de décision en matière administrative ni de celui de sanction en matière judiciaire.

2. La Commission de règlement des conflits frontaliers

La Commission de règlement des conflits frontaliers est un organe tout particulier. En vertu des dispositions des articles 5 alinéas 3 (b) de l'Ordonnance n° 74/1 du 6 juillet 1974 fixant le régime foncier et 21 du décret n° 76/165 du 27 avril 1976 fixant les conditions d'obtention du titre foncier, les litiges fonciers relatifs aux conflits frontaliers ne ressortissent ni de la compétence des juridictions judiciaires, ni de celle des Commissions consultatives. À la suite de ces dispositions, l'article 1er de la loi n° 2003/016 du 22 décembre 2003[130] dispose que les litiges portant sur les limites des circonscriptions administratives et des unités de commandement traditionnel « sont portés devant des Commissions qui, à la suite d'une procédure contradictoire, établissent des procès-verbaux au vu desquels l'autorité compétente statue en dernier ressort »[131]. L'article 21 du décret n° 76/165 du 27 avril 1976 précise davantage que : « Lorsque l'opposition touche à la fois la mise en valeur et la limite des circonscriptions administratives, la commission des litiges frontaliers instituée par décret n° 74/490 du 17 mai 1974 est seule compétente pour statuer, à l'exclusion des commissions consultatives »[132].

Bien que soustrait de la compétence des Commissions consultatives et des juges judiciaires, il faudrait reconnaître que les conflits frontaliers

---

[129] Article 27 de la loi n° 76/25 du 14 décembre 1976 portant organisation cadastrale.

[130] Loi n° 2003/016 du 22 décembre 2003 portant règlement des litiges relatifs aux limites des circonscriptions administratives et des unités de commandement traditionnel.

[131] Cette disposition est reprise par le décret n° 78/322 du 3 août 1978 portant institution des Commissions pour le règlement des litiges relatifs aux limites des circonscriptions administratives et des unités de commandement traditionnel.

[132] Le décret n° 74/490 du 17 mai 1974 a été abrogé et remplacé par le décret n° 78/322 du 03 août 1978 portant institution des commissions chargées du règlement des litiges relatifs aux limites des circonscriptions administratives et des unités de commandement territorial. Voir, TIENTCHEU NJIAKO (A), *Droits réels et domaine national au Cameroun*, PUA, Yaoundé, 2004, p. 100.

sont, avant tout, des conflits fonciers. Il s'agit, assez souvent, de conflits territoriaux collectifs qui opposent des villages ou des collectivités coutumières[133].

Cependant, il n'est pas rare que les litiges sur limites de circonscriptions administratives recèlent un conflit d'influence entre des chefs traditionnels, qui cherchent à préserver ou étendre leurs espaces d'autorité. Dans cette hypothèse, le contentieux devient une question de commandement territorial[134]. C'est pourquoi les Commissions de règlement des litiges transfrontaliers sont établies au niveau des unités de commandement territorial, et présidées par l'autorité administrative qualifiée : Sous-préfets, Préfets, Gouverneur, ministre de l'Administration territoriale.

Les commissions de règlement des conflits frontaliers sont ainsi de deux ordres et liées par un système de rapport hiérarchique. Il existe en effet des commissions locales, composées et animées par les représentants locaux du pouvoir central, et une commission nationale logée au ministère de l'Administration territoriale et de la Décentralisation. Les premières statuent en premier ressort tandis que la seconde statue en deuxième et dernier ressort. L'architecture des commissions de règlement des conflits frontaliers rappelle alors l'ordre juridictionnel traditionnel.

Les conflits sur les limites territoriales des circonscriptions administratives touchent au cœur du pouvoir régalien de l'exécutif. C'est pourquoi les décisions des Commissions de règlement, prises après délibération et vote de ses membres, puis consignées dans les procès-verbaux, ne prennent effet exécutoire qu'après approbation du

---

[133] Conflit entre les villages KELA et KORO, dans l'arrondissement de NTUI, département du MBAM-ET-KIM ; litige frontalier des communautés BITANG et BEP près de BAFIA ; affaire village NSANKE et ETABANG près de NKONGSAMBBA ; conflit des villages NGOUDENI KOTOKOS et NGOUDENI MOSGOUM pour la « mare de MOULAGA » près de KOUSSERI ; complainte des MANGUISSA de la LEKIE par SA'A ; délimitation des communes urbaine et rurale de Bafoussam ; conflit BAMELECK et BAKONDJI par BAFANG ; conflit KOUNOU et BALACK-LOUM I par BAFANG ; conflit BANA et BATCHA par BAFANG, BANGOU et BADENKOP par BAHAM, BATOUFAM et BADREFAM par BANDJOUN ; cités par TIENTCHEU NJIAKO (A), *Droits réels et domaine national au Cameroun,* PUA, Yaoundé, 2004, pp. 101 à 114 et 120 à 167

[134] Voir décret n° 2008/376 du 12 novembre 2008 portant organisation administrative de la République du Cameroun

ministre de l'Administration territoriale, du Premier ministre ou du Président de la République, selon le cas[135].

Ces décisions, rendues en dernier ressort, sont assimilées aux actes de gouvernement, insusceptibles de recours juridictionnel[136]. À ce sujet, l'article 2 de la loi 2003/016 du 22 décembre 2003 portant règlement des litiges relatifs aux limites des circonscriptions administratives et des unités de commandement traditionnel dispose qu' : « Est irrecevable, nonobstant toute disposition législative contraire, tout recours judiciaire[137] en annulation d'un acte administratif pris pour le règlement des litiges portant sur les limites des circonscriptions administratives et des unités de commandement traditionnel ».

Cependant, les conflits frontaliers s'accompagnent souvent de destructions massives, de pillages en bandes, en tout cas de violences ou agissements constitutifs d'infractions pénales. La question de l'articulation d'une compétence judiciaire pénale avec l'office administratif s'est donc posée : la réponse est claire, en ce que lorsque des infractions ont été relevées, la Commission de règlement des conflits frontaliers ne se substitue pas aux autorités répressives.

B. Les Commissions de gestion des dépendances du domaine privé de l'État

La gestion du patrimoine privé de l'État est assurée par plusieurs commissions prévues par le décret n° 76/167 du 27 avril 1976 fixant les modalités de gestion du domaine privé de l'État. Ce texte prévoit que

---

[135] En vertu des dispositions de l'article 11 du Décret n° 78/322 du 03 août 1978, suscité, les procès-verbaux des décisions définitives des Commissions sont transmis par voie hiérarchique au ministre chargé de l'Administration territoriale. Ces procès-verbaux sont approuvés par arrêté : - du Président de la République, lorsque la décision de la commission locale ou nationale, devenue définitive, entraîne la modification des actes ayant créé les unités administratives concernées ; - du Premier ministre lorsque la décision concerne plusieurs Régions ou modification des limites de ces circonscriptions ; - du ministre de l'Administration territoriale pour les décisions concernant des circonscriptions administratives et des unités de commandement traditionnel d'un même département. Les actes d'approbation des procès-verbaux interviennent après examen du Rapport hiérarchique ou des recours éventuels des personnes intéressées.

[136] KAMTO (M.), « Actes de gouvernement et droits de l'homme au Cameroun », Lex Lata, n° 26, mai 1996, pp. 9-14.

[137] Le texte de la loi interdit les recours judiciaires et non les recours juridictionnels. On pourrait bien se douter de la possibilité d'un recours devant le juge administratif que les travaux préparatoires lèvent cette équivoque.

les terrains du domaine privé de l'État peuvent faire l'objet d'un acte d'affectation, de cession ou d'attribution. Ces différentes formes d'administration déterminent la nature des Commissions compétentes. L'orientation de la gestion s'appuie, dans tous les cas, sur un décret de l'autorité compétente. Le décret est en principe précédé par un certain nombre de travaux et diligences effectués par diverses commissions de facilitation administrative : il s'agit institutionnellement d'une part, la commission d'examen des projets en cas de demande d'affectation d'une parcelle du domaine privé de l'État par un service public (1) et, d'autre part, de la Commission de vente de terrains domaniaux ainsi que de celle chargée de l'évaluation des apports, lorsque l'État entreprend des opérations de placement de certains de ses avoirs immobiliers (2).

1. La commission d'examen des projets

La commission d'examen des projets est présidée par le Préfet territorialement compétent et comprend, en outre, le représentant du ministère concerné ainsi que les responsables départementaux des services des domaines, du cadastre, de l'urbanisme, des routes et de la santé.

La Commission se compose pour examiner toute demande d'affectation d'une parcelle du domaine privé de l'État. L'affectation est la mise à disposition d'une dépendance du domaine privé de l'État, à l'usage public ou d'un service public. Cette attribution se fait généralement en jouissance, au profit des personnes physiques ou morales qui en font la demande. Elle a lieu par voie de bail, ordinaire ou emphytéotique[138].

La Commission d'examen des projets vérifie la disponibilité des terres du domaine privé, choisit la parcelle appropriée et élabore un plan précis des lieux. Le cas échéant, les observations des membres sont consignées sur un procès-verbal distinct[139]. L'ensemble du dossier est transmis au ministre chargé des Domaines[140], autorité compétente pour solliciter le décret d'affectation. En cas de non-utilisation du terrain

---

[138] Articles 17 et suivants du décret n° 76/167 du 27 avril 1976 fixant les modalités de gestion du domaine privé de l'État.

[139] Il en sera ainsi en cas d'avis défavorable de l'ensemble des membres de la Commission ou d'une partie de ceux-ci, pour des motifs divers.

[140] Article 3 du Décret n° 76-167 du 27 avril 1976 fixant les modalités de gestion du domaine privé de l'État.

dans les trois années qui suivent l'affectation, sa désaffectation peut être prononcée par décret, sur rapport du ministre chargé des Domaines.

2. Les commissions de placement de terrains domaniaux

Elles sont de deux ordres suivant que l'État entreprend une aliénation foncière ou un apport en société.

L'aliénation des dépendances du domaine privé de l'État se fait, en principe, par adjudication ; la vente de gré à gré devrait donc rester exceptionnelle. En cas de vente par adjudication[141], une Commission de vente de terrains domaniaux est mise en place. La commission est présidée par le Préfet territorialement compétent ; elle comprend, également, le responsable départemental du domaine, le receveur des domaines et le responsable du cadastre du ressort. C'est cette Commission qui est chargée de conduire les opérations de vente.

L'adjudication définitive est constatée par arrêté du ministre chargé des Domaines. Elle permet, après paiement du prix, le morcellement ou la mutation du titre foncier de l'État au nom de l'adjudicataire. Cependant, une clause d'incessibilité du terrain et de ses impenses, avant la mise en valeur stipulée dans l'arrête d'homologation, est insérée au titre foncier de l'acquéreur. Cette publicité rend la clause opposable à tous. En cas de violation, le ministre prononce la résolution de la vente, ce qui emporte caducité du titre foncier délivré[142].

Dans le cas d'une vente de gré à gré, la Commission n'intervient pas, car la personne intéressée adresse directement sa demande au ministre chargé des Domaines qui l'accueille ou la rejette. Lorsque la demande est agréée, l'acte de vente est établi entre l'État et le bénéficiaire. Un arrêté constate la vente et permet, après paiement du prix, le morcellement ou la mutation du titre foncier avec clause d'incessibilité produisant les mêmes effets que dans l'hypothèse d'une vente par adjudication.

Sur un autre plan, l'État peut décider d'affecter une partie de son patrimoine immobilier au capital d'une société, suivant le mécanisme d'apport en nature. Dans ce cas, la valeur de l'apport est évaluée par la commission d'évaluation des apports composée du Directeur des

---

[141] Voir, à ce sujet, l'Instruction ministérielle n° 00004/Y.2.5/MINDAF/DAF/D220 du 29 décembre 2005

[142] Article 7 du décret n° 76/167 du 27 avril 1976 fixant les modalités de gestion du domaine privé de l'État.

domaines, de celui du cadastre et d'un commissaire aux apports désigné par l'assemblée générale de la société. Il s'agit donc d'une Commission à compétence nationale qui échappe à la compétence des autorités administratives locales. La commission se prononce, que l'apport en société soit projeté en jouissance ou en pleine propriété.

Ce régime d'évaluation d'apport en nature peut poser des difficultés lorsque la société à constituer relève du droit privé,[143] car, en la matière, l'article 49 de l'Acte uniforme OHADA relatif au droit des Sociétés Commerciales et du Groupement d'Intérêt économique prévoit que l'évaluation des apports en nature est faite par les associés et contrôlée par les Commissaires aux apports. On peut donc penser que l'évaluation faite par la Commission administrative sera approuvée par l'ensemble des associés et soumise au contrôle d'un Commissaire aux apports.

Section 2 : Les autorités administratives

Beaucoup plus que les commissions administratives, les autorités individuelles ont la haute main en matière d'administration des terres et de gestion des différends fonciers. L'autorité centrale est responsable au premier chef de l'implémentation de la politique foncière nationale (Paragraphe 1). Elle agit dans les ressorts territoriaux par l'intermédiaire de ses représentants qui sont des organes déconcentrés de l'État (Paragraphe 2).

Paragraphe 1 : L'autorité centrale

La coordination, l'orientation et l'impulsion nationales de la politique foncière sont assurées par le Gouvernement. En son sein, un ministère s'est vu confier au premier chef cette mission. Il s'agit du ministère des Domaines, du Cadastre et des Affaires foncières, désigné par le décret n° 2012/390 du 18 septembre 2012 portant Organisation du Gouvernement (B).

Ce ministre agit dans le cadre d'un gouvernement pluriel, et sous l'autorité d'un Premier ministre. Les organes du pouvoir central sont donc multiples (A).

[143] Voir, à ce sujet, la loi n° 2017/011 portant statut général des entreprises publiques.

A. Les organes principaux : Le président de la République et le gouvernement

Le Président de la République est la plus haute autorité ayant pouvoir de gestion et d'administration sur les propriétés foncières et domaniales. Ainsi, par exemple, la concession provisoire ou définitive, ainsi que le bail emphytéotique sont décidés par décret présidentiel lorsqu'il s'agit des terrains de plus de 50 ha. Dans tous les cas, il délègue au gouvernement certaines compétences et se réserve celles qui revêtent une gravité spécifique.

Le Premier ministre et les autres ministres interviennent de manière exceptionnelle, comme en matière de règlement des litiges transfrontaliers[144].

À titre d'exemple, le ministre de l'Administration territoriale est au centre du règlement des conflits transfrontaliers. Ainsi, les procès-verbaux des décisions définitives des Commissions départementales ou régionales sont transmis par voie hiérarchique au ministre chargé de l'Administration territoriale qui les approuve, ou pas, par arrêté. Ce membre du gouvernement préside, par ailleurs, la Commission nationale de règlement des litiges transfrontaliers.

De même, les procès-verbaux de règlement des conflits transfrontaliers sont approuvés par arrêté : - du président de la République, lorsque la décision de la commission locale ou nationale, devenue définitive, entraîne la modification des actes ayant créé les unités administratives concernées ; - du Premier ministre lorsque la décision concerne plusieurs Régions ou entraîne la modification des limites de ces circonscriptions ; - ministre de l'Administration territoriale pour les décisions concernant des circonscriptions administratives et des unités de commandement traditionnel d'un même département.

C'est aussi le lieu de signaler qu'un vaste contentieux foncier implique le Ministère de l'habitat et du Développement urbain dont la mission, définie par le décret n° 2012/384 du 14 septembre 2012[145], génère des conflits d'expropriation et d'emprises de toutes sortes.

---

[144] Voir, loi 2003/016 du 22 décembre 2003 portant règlement des litiges relatifs aux limites des circonscriptions administratives et des unités de commandement traditionnel.

[145] Décret n° 2012/384 du 14 septembre 2012 portant organisation du ministère de l'Habitat et du Développement urbain.

Les membres du gouvernement seront davantage sollicités dans le cadre des contentieux opposant les particuliers à l'administration. Ainsi, en est-il d'un particulier qui saisit un ministre pour dénoncer une emprise irrégulière de l'administration, pour contester un déguerpissement ou une expropriation.

L'autorité gouvernementale peut aussi être amenée à se prononcer sur les contentieux fonciers opposants des personnes privées, spécialement pour ce qui est des contentieux de l'immatriculation des terres du domaine national. Il s'agit davantage, dans ce cas, du ministre des Domaines, du Cadastre et des Affaires foncières.

B. L'organe central spécifique : le ministre des Domaines, du Cadastre et des Affaires foncières

Les pouvoirs du ministre des Domaines sont de plusieurs ordres : il peut arbitrer entre les particuliers, il peut apprécier un précontentieux opposant l'administration à un particulier. C'est ici que se trouve le véritable pouvoir de décision, les organes périphériques ne constituant davantage que des forces de proposition.

En dehors du contentieux de l'expropriation qui semble placer le Premier ministre, puis le Président de la République, au centre du processus[146], le ministre des Domaines, du Cadastre et des Affaires foncières apparaît comme l'autorité administrative centrale en matière de contentieux foncier.

En vertu du décret n° 2012/390 du 18 septembre 2012 portant organisation du Ministère des Domaines, du Cadastre et des Affaires foncières est chargé :

- de l'élaboration des textes législatifs et réglementaires relatifs aux secteurs domaniaux, cadastraux et fonciers ;
- de la gestion des domaines public et privé de l'État ;
- de la gestion du domaine national et des propositions d'affectation ;
- de la protection des domaines public et privé de l'État contre toute atteinte, en liaison avec les administrations concernées ;
- de l'acquisition et de l'expropriation des biens immobiliers au profit de l'État, des établissements publics administratifs et des

146 TIENTCHEU NJIAKO (A.), *Droits fonciers urbains au Cameroun*, Yaoundé, PUA, 2012, p. 393.

sociétés à capital public, en liaison avec le ministre des Finances et les administrations et organismes concernés ;

- de la gestion et de l'entretien du patrimoine immobilier et mobilier de l'État ;
- de la gestion et du suivi des locations administratives ;
- de l'élaboration et de la tenue des plans cadastraux ;
- de la réalisation de toutes études nécessaires à la délimitation des périmètres d'intégration cadastrale ;
- de la Constitution et de la maîtrise des réserves foncières, en relation avec le ministère de l'Habitat et du Développement urbain et les Administrations concernées.

Le Ministère des Domaines, du Cadastre et des Affaires foncières apparaît donc comme l'autorité principale dans la gestion administrative des conflits fonciers. Il dispose à cet effet de prérogatives spécifiques et intervient pratiquement dans tous les aspects administratifs du contentieux foncier.

Il statue, comme les autres membres du gouvernement, sur les contentieux opposant l'administration aux particuliers, mais surtout, quasi exclusivement en matière de contentieux de l'immatriculation.

À ce titre, l'article 5, in fine, du décret n° 76/165 du 27 avril 1976 fixant les conditions d'obtention du titre foncier dispose qu'en cas de contestation sur les limites de l'immeuble, le géomètre assermenté fait ressortir sur le plan, la partie litigieuse. Le différend est porté selon le cas, soit devant le ministre chargé des Domaines qui statue en dernier ressort, s'il s'agit de terrains domaniaux, soit devant la juridiction compétente, s'il s'agit de terrains privés.

L'article 20 du même Décret précise que les décisions rendues par le Gouverneur de Région en matière de contentieux de l'immatriculation sont susceptibles de recours hiérarchique devant le ministre chargé des Affaires foncières qui prend des actes susceptibles de recours devant la juridiction administrative compétente.

L'organisation actuelle du gouvernement confie le contentieux de l'immatriculation opposant les particuliers au ministre des Domaines, du Cadastre et des Affaires foncières, sous réserve des cas où ce contentieux se mêle ou débouche sur celui relatif aux limites des circonscriptions administratives. Dans tous les cas, le ministre agit sous le contrôle du juge administratif.

Paragraphe 2 : Les autorités locales

Les autorités locales sont celles ayant des pouvoirs territorialement limités aux ressorts des circonscriptions administratives de l'État. Il s'agit, nous l'avons dit, d'autorités déconcentrées qui ont la charge, en premier ressort, de gérer et administrer les terres et les conflits fonciers. Aux compétences expresses que leur reconnaît la loi s'ajoutent des diligences moins formalisées résultant de leur proximité avec les populations et les terroirs.

Les autorités locales qualifiées en matière de gestion administrative des terres sont de plusieurs ordres. Il s'agit, principalement, des services déconcentrés du Ministère des Domaines, du Cadastre et des Affaires foncières[147] qui ont une compétence spécifique en matière foncière et domaniale (B) ; ceux-ci exercent en association avec les autorités administratives du commandement territorial, agissant dans le cadre général de l'organisation et du fonctionnement des circonscriptions administratives[148] (A).

A. Les autorités administratives à compétence générale

Il s'agit des chefs de circonscriptions administratives[149], à tous les niveaux de la chaîne de commandement territorial : Sous-Préfets, Préfets, Gouverneurs. Ils disposent d'énormes prérogatives sur la terre. L'usage leur consacre l'appellation de « chef de terre », qui aurait pu convenir aux autorités municipales dans un contexte de grande décentralisation[150].

---

[147] Voir, décret n° 2012/390 du 18 septembre 2012 portant organisation du Ministère des Domaines, du Cadastre et des Affaires foncières.

[148] Voir, article 1er du décret n° 2005/104 du 13 avril 2005 portant organisation du Ministère de l'Administration territoriale et de la Décentralisation.

[149] Article 2 (1) du décret 2008/377 du 12 novembre 2008 fixant les attributions des chefs de circonscriptions administratives et portant organisation et fonctionnement de leurs services.

[150] Des permis de stationnement, des autorisations d'occupation ou d'exploitation peuvent être accordés à des tiers sur les biens immobiliers du domaine public. La délivrance des permis de stationnement ou des autorisations d'occupation relève de la compétence des municipalités territorialement compétente. L'acte de permission ou d'autorisation fixe la durée de l'occupation. L'acte d'autorisation est personnel et exclusivement précaire et révocable. La délivrance d'un permis de stationnement ou d'une autorisation d'occupation met à la charge du bénéficiaire l'obligation de payer la redevance pour occupation à titre privatif du domaine public au profit de la municipalité compétente.

Ces autorités peuvent agir d'initiative ou à la demande d'autres personnes morales de droit public. C'est ainsi que l'article 24 du décret n° 77/91 du 25 mars 1977 déterminant les pouvoirs de tutelle sur les communes dispose que « le Délégué du gouvernement, le maire ou l'administrateur municipal est chargé, sous le contrôle du préfet et avec le concours des organismes compétents de l'État, de conserver et d'administrer les propriétés de la commune et de passer, à cet effet, tous actes conservatoires ».

Le Préfet et le Sous-préfet sont des autorités purement administratives, qui ne disposent, pour ainsi dire, que de prérogatives limitées (1). Il en va autrement du Gouverneur, responsable administratif à compétence régionale (2).

1. Le Préfet et le Sous-préfet

D'abord, le Sous-préfet : Il est chargé de l'animation des services administratifs au niveau des unités administratives de base. Au niveau de chaque arrondissement, le sous-préfet est établi, *ex-officio*, Président de la Commission consultative de constat de mise en valeur des terres.

Le Sous-préfet est un maillon essentiel du processus d'immatriculation ; il reçoit le dossier de demande d'immatriculation, en délivre récépissé et déclenche la procédure. Sur proposition du responsable départemental des domaines, il fixe la date de la descente de la Commission sur les lieux et intervient dans le règlement des contestations incidentes à la procédure d'immatriculation.

Le Préfet est l'organe central en matière de gestion des domaines national, public, privé de l'État : il apparaît comme le gardien de ces différentes parcelles domaniales dans son ressort de compétence. C'est lui qui nomme les membres de la commission consultative à l'occasion des procédures d'immatriculation. Il dispose du pouvoir de réquisition et préside la commission de constat et d'évaluation en matière d'expropriation.

Le Préfet arbitre ou tranche les conflits pouvant s'élever, à l'occasion, entre les personnes morales de droit public ou opposant celles-ci aux particuliers. Il préside toutes les Commissions de gestion des dépendances du domaine privé de l'État fonctionnant dans son ressort.

Le Préfet dispose de pouvoirs accrus en matière de gestion des terrains domaniaux. En cas d'atteinte aux terres relevant du domaine national, du domaine public ou du domaine privé de l'État, le Préfet procède à la démolition des réalisations constituant l'atteinte, après une mise en demeure restée sans effet au bout de 30 jours.

Ce délai est porté à deux mois, en cas d'occupation irrégulière d'une parcelle du domaine privé de l'État consécutif à une demande de vente de gré à gré de ladite parcelle[151].

Cette démolition est faite sur initiative préfectorale ou à la requête de l'administration concernée, lorsqu'il s'agit d'une atteinte sur un domaine privé appartenant à une personne morale de droit public.

Par ailleurs, le Préfet, ou toute personne qualifiée en ce qui concerne les personnes morales de droit public autre que l'État, peut saisir le juge judiciaire pour prendre toutes mesures nécessaires en vue de faire cesser le trouble à la domanialité publique ou prononcer des peines en répression des atteintes à la propriété domaniale.

Dans tous les cas, les décisions du Préfet sont des actes administratifs pouvant faire l'objet de recours devant le juge administratif ou, de manière plus usuelle, de recours hiérarchique devant le Gouverneur de Région.

2. Le Gouverneur de Région

Le Gouverneur n'intervient pas directement dans la gestion des conflits fonciers. Il apparaît comme une autorité de recours hiérarchique contre les décisions prises par les Préfets placés sous son autorité[152].

Cependant, le Gouverneur est spécialement habilité à trancher les contentieux de l'immatriculation. À cet effet, l'article 20 du décret n° 76/165 du 27 avril 1976 dispose que :

- Les oppositions ou demandes d'inscription de droits non levées sont soumises au gouverneur territorialement compétent pour règlement après avis de la Commission consultative ;
- Sur proposition du chef de Service régional des affaires foncières, le Gouverneur prend un arrêté autorisant le conservateur de la propriété foncière :

[151] Article 9 du décret n° 76/167 du 27 avril 1976 fixant les modalités de gestion du domaine privé de l'État.

[152] Aux termes de l'article 35 (2) du décret 2008/377 du 12 novembre 2008 fixant les attributions des chefs de circonscriptions administratives et portant organisation et fonctionnement de leurs services, le Préfet est placé sous l'autorité directe du Gouverneur.

- Soit à immatriculer le terrain au nom du requérant, avec inscription de droits, le cas échéant ;
- Soit à faire exclure, avant immatriculation, la parcelle contestée ;
- Soit enfin à rejeter la demande d'immatriculation.

L'arrêté du gouverneur est susceptible de recours hiérarchique devant le ministre chargé des Affaires foncières dont la décision est elle-même susceptible de recours devant le juge administratif.

À côté des autorités administratives à compétence générale, d'autres personnes morales de droit public à l'instar des collectivités territoriales déconcentrées, des établissements publics, interviennent dans les mécanismes de gestion des terres. À titre d'exemple, l'article 24 du décret n° 77/91 du 25 mars 1977 déterminant les pouvoirs de tutelle sur les communes dispose que « le Délégué du gouvernement, le maire ou l'administrateur municipal est chargé, sous le contrôle du préfet et avec le concours des organismes compétents de l'État, de conserver et d'administrer les propriétés de la commune et de passer, à cet effet, tous actes conservatoires ».

Par ailleurs, la gestion des domaines de l'État peut être confiée, par voie de concession, à de simples particuliers.

B. Les autorités administratives à compétence spécifique

Les autorités administratives à compétence spécifique sont celles ayant mission spéciale quant à la gestion et à l'administration des terres. Il s'agit principalement des fonctionnaires relevant du Ministère des Domaines, du Cadastre et des Affaires foncières. Ces fonctionnaires sont chargés de diverses diligences en matière foncière : travaux de cadastre, de bornage, établissement de titres foncier, etc. Au sein des commissions administratives, ils se chargent d'orienter les autorités administratives à compétence générale, lesquelles disposent du pouvoir de direction.

Les autorités administratives locales, à compétence spécifique, sont hiérarchisées : délégués régionaux ou départementaux (2) qui assurent la coordination des activités de leurs collaborateurs, dotés davantage de compétences techniques (1).

1. Les organes techniques

Il s'agit des services départementaux ou régionaux de la conservation foncière, des domaines, du cadastre et des affaires foncières, prévus par le décret n° 2012/390 du 18 septembre 2012 portant organisation du Ministère des Domaines, du Cadastre et des Affaires foncières.

La conservation foncière, dirigée par un conservateur, assure la transformation de divers actes en titres fonciers, l'établissement et la délivrance des titres fonciers, l'inscription de droits réels et charges sur les livres et titres fonciers, l'émission de diverses attestations foncières comme le certificat de propriété, le certificat d'inscription hypothécaire, le certificat de radiation, etc. La conservation foncière est un service exclusivement départemental.

Le service des affaires foncières est chargé du suivi des activités foncières est chargé du suivi des activités relatives à la gestion du foncier, de l'instruction des procédures de gestion du domaine national, du contrôle et du suivi de l'effectivité de l'affichage des avis réglementaires à publier, de la participation à l'examen des litiges fonciers.

Le service des domaines est chargé : du suivi des activités relatives à la gestion du régime domanial, du suivi de l'instruction des procédures de constitution, de gestion et de protection du domaine privé de l'État et du domaine public…

Le Service du Cadastre est chargé, entre autres, du contrôle et du visa des plans et de procès-verbaux de délimitation et de bornage de morcellement, de l'établissement des programmes annuels des travaux topographiques et cadastraux, de la confection des plans cadastraux ; du suivi de l'établissement des registres cadastraux et de la délivrance des extraits de documents cadastraux, des levées topographiques et de l'implantation des bornes, de la mise à jour des mappes foncières, etc.

2. Les organes de coordination

Les organes de coordination assurent l'interface entre les services purement techniques et les autorités administratives à compétence générale. De ce fait, les différents services techniques du Ministère des Domaines, du Cadastre et des Affaires foncières agissent en synergie, sous leur autorité.

Malgré des incompréhensions souvent observées entre les organes principalement techniques et les représentants de l'autorité centrale, il faudrait reconnaître que les services locaux du Ministère des Domaines, du Cadastre et des Affaires foncières sont placés sous l'autorité administrative et fonctionnelle des délégués départementaux ou régionaux, selon les cas[153].

À ce titre, la Délégation régionale des Domaines, du Cadastre et des Affaires foncières est chargée de la coordination des activités des services au niveau régional et départemental ; le Service régional des domaines assure la constitution, de la gestion et de la protection du domaine public dans la Région, le suivi de la conduite des procédures d'expropriation pour cause d'utilité publique au sein de la Région, le suivi de la gestion du domaine national libre de toute occupation ; le Service régional des Affaires foncières s'occupe des procédures de gestion du domaine national occupé ou exploité, du visa de régularité des procédures d'obtention des titres fonciers instruites par les Commissions consultatives, de la préparation des avis de clôture de bornage à publier au Journal officiel, du suivi de la gestion du domaine national libre de toute occupation.

En matière foncière, il existe un service typiquement régional : le service régional du patrimoine de l'État chargé principalement du patrimoine du contrôle du respect des prescriptions techniques d'utilisation des bâtiments publics et des propriétés administratives, du suivi de la gestion et du contrôle des localités administratives, de l'entretien et de la réforme du patrimoine mobilier et immobilier de l'État.

Tout comme les fonctionnaires de la préfectorale, ceux du Ministère des Domaines, du Cadastre et des Affaires foncières travaillent, en la matière, sous l'autorité directe du ministre compétent qui apparaît alors comme le principal organe administratif au niveau central. Il en résulte que tout acte d'un organe régional peut faire l'objet d'un recours administratif ou pré juridictionnel devant ce ministre.

---

[153] L'article 95 du décret n° 2012/390 du 18 septembre 2012 portant organisation du Ministère des domaines, du cadastre et des Affaires foncières dispose que : « les services déconcentrés du Ministère des Domaines, du Cadastre et des Affaires foncières comprennent les délégations régionales des domaniales, du cadastre et des affaires foncières et les délégations départementales des domaines, du cadastre et des affaires foncières ».

Chapitre 2 :

Le contrôle juridictionnel de l'action administrative

Le contrôle de l'action administrative est un corollaire du principe de juridicité, autrefois connu comme le principe de légalité administrative[154]. En vertu de ce principe, tout acte administratif est soumis à un double contrôle : un contrôle administratif exercé par l'auteur de l'acte lui-même ou son supérieur hiérarchique, et un contrôle juridictionnel effectué par le juge, judiciaire ou administratif.

C'est dans ce dernier cadre que se situe l'activité de contrôle de l'action administrative, en matière foncière, par le juge administratif. Ce contrôle s'inscrit, d'une part, dans l'esprit général du droit administratif traditionnel et, d'autre part, dans un cadrage législatif délicatement construit dans un pays dont le statut national et international, marqué par une double influence des droits romano-germanique et anglo-saxon, a beaucoup varié depuis la Grande Guerre.

L'émergence d'un système de justice administrative, distincte du système judiciaire classique, puise ses racines dans le principe de la séparation des autorités administratives et judiciaires énoncé en France dès la Révolution de 1789[155]. C'est cette séparation des autorités qui

[154] Le principe de juridicité signifie la soumission de l'administration au droit ; en vertu de ce principe, l'action administrative est préfigurée par le droit, autorisée par le droit et, dans tous les cas, ne doit pas violer le droit.

[155] Dans l'article 7 du décret-loi du 22 décembre 1789 sur la constitution des assemblées primaires, il est écrit : « Les administrations de département et de district ne pourront être troublées dans l'exercice de leurs fonctions administratives par aucun acte du pouvoir judiciaire ». Allant plus loin, la loi d'organisation judiciaire des 16-24 août 1790, qui fait disparaître les juridictions administratives et fiscales de l'Ancien Régime, limite l'ordre juridictionnel au seul judiciaire, en stipulant que le contentieux des actes d'administration relève des autorités administratives elles-mêmes, assistées d'organes davantage consultatifs : Conseil d'État au niveau national, Conseil de préfecture au niveau des départements, commissions administratives spécialisées pour certains cas spécifiques. La loi des 16-24 août 1790 précise que « les fonctions judiciaires sont et demeureront toujours séparées des fonctions administratives. Les juges ne pourront, à peine de forfaiture, troubler de quelque manière que ce soit, les opérations des corps administratifs, ni citer devant eux les administrateurs pour raison de leur fonction ». Dans cette mouvance, l'Assemblée

finit par engendrer une séparation des ordres juridictionnels, distinguant l'ordre administratif de l'ordre judiciaire.

La justice administrative porte en elle un handicap originel, celui d'apparaître comme une justice déléguée par le Roi ou, en République, par l'appareil gouvernant. Ainsi conçu, originellement, comme conseiller juridique du gouvernement[156], le juge administratif peine à s'affranchir de l'esprit de gouvernement pour cesser de représenter une simple figure de juge[157].

Des évolutions législatives et jurisprudentielles sont apparues depuis lors en France, au point où le Président Jean-Marc SAUVE affirme que : « La pratique des injonctions s'est approfondie et s'est banalisée, au point de devenir quasi-systématique dans certains contentieux comme ceux des étrangers et de la fonction publique »[158].

Le contrôle de l'activité administrative par le juge administratif camerounais s'inscrit dans cette ligne historique. Il s'insère dans un ordre constitutionnel érigeant la Justice en un pouvoir[159] dont l'architecture est définie par la loi n° 2006/015 du 29 décembre 2006 portant organisation judiciaire, celle n° 2006/016 du 29 décembre 2006 fixant l'organisation et le fonctionnement de la Cour suprême et, enfin,

---

législative, par décret du 16 fructidor an III, annula des jugements de tribunaux intervenus contre les membres des corps administratifs et proclama : « Défenses itératives sont faites aux tribunaux de connaître des actes de l'administration de quelque espèce qu'ils soient, aux peines de droit ». Entre temps, une évolution notable s'est réalisée, à travers la loi du 27 juillet 1872 qui accorde au Conseil d'État le statut d'organe juridictionnel, avec en conséquence des démembrements locaux à fonction juridictionnelle.

[156] NGOLE Philippe NGWESSE et BINYOUM Joseph, *Éléments de contentieux administratif camerounais*, L'Harmattan, 2010, 21 et 22 ; KAMDEM Jean-Claude, Cours polycopié de contentieux administratif, Université de Yaoundé, 1985-1986, tome 1, p.18

[157] RIVERO (J.), « Le Huron au Palais-Royal ou réflexions naïves sur le recours pour excès de pouvoir », Dalloz, 1962, chronique 39 ; GAUDEMET (Y.), « Réflexions sur l'injonction dans le contentieux administratif », Mélanges Georges BURDEAU, LGDJ, 1977, p. 805.

[158] Jean-Marc Sauvé, propos introductifs au Colloque organisé dans le cadre de la Conférence nationale des présidents des juridictions administratives, à la Faculté de Droit de Montpellier, le vendredi 5 septembre 2014, sur « L'injonction, l'exécution du jugement, la loi du 8 février 1995 après vingt ans de pratique – Réflexions sur l'effectivité des décisions du juge administratif »

[159] Loi n° 96/06 du 18 janvier 1996 portant révision de la Constitution du 2 juin 1972.

la loi n° 2006/022 du 29 décembre 2006 fixant l'organisation et le fonctionnement des tribunaux administratifs[160].

L'ordre juridictionnel administratif est dans le cadrage des trois lois fondamentales ci-dessus. La première rappelle la distinction des ordres juridictionnels ; la deuxième définit le rôle du juge suprême en tant qu'organe de contrôle et régulateur de la bonne application de la règle du droit sur le territoire national. La troisième organise l'opérationnalisation de la justice administrative.

La loi n° 2006/022 du 29 décembre 2006 fixant l'organisation et le fonctionnement des tribunaux administratifs a décentralisé la structure administrative des juridictions chargées du contentieux administratif. La mise en place des tribunaux administratifs s'est faite progressive. Elle est aujourd'hui acquise. Il existe un tribunal administratif par Région, compétent pour connaître « en premier ressort, du contentieux des élections régionales et municipales et, en dernier ressort, de l'ensemble du contentieux administratif concernant l'État, les collectivités décentralisées et les établissements publics administratifs »[161].

La refonte structurelle de la justice administrative n'a pas été suivie d'une modification substantielle du positionnement du juge administratif dans le système juridique camerounais. L'assiette du

---

160 En principe, le droit anglo-saxon ne fait pas de distinction entre le contentieux administratif et les autres contentieux, de telle sorte que tous les litiges, y compris ceux concernant l'administration sont tranchés par le juge judiciaire. C'est l'ancien Cameroun oriental, sous influence française, qui reçoit donc en premier le principe de la séparation des ordres juridictionnels administratif et judiciaire, à travers l'institution du Conseil du contentieux administratif suivant les décrets du 14 avril 1920 et 8 juillet 1952. Il s'agit d'un organe de l'État du Cameroun sous tutelle administré comme une colonie française. En prévision de l'Indépendance du pays intervenu en 1960, un décret du 4 juin 1959 crée le Tribunal administratif à qui est confié le contentieux administratif. Avec la Réunification du pays et la naissance de l'État fédéral, le contentieux administratif est attribué à la Cour Fédérale de Justice instituée par la Constitution de 1961 et organisée par l'Ordonnance du 4 octobre 1961. La Cour fédérale de Justice, à compétence nationale, a trois types de compétence : elle est juge constitutionnel, juge administratif et juge des conflits entre les juridictions les plus élevées des États fédérés. L'Unification du Cameroun matérialisée dans la constitution du 2 juin 1972 entraîne une réorganisation de la Justice sous le contrôle d'une Cour suprême dont une chambre est désormais chargée du contentieux administratif, jusqu'à la décentralisation intervenue en 2006.

161 Article 2 alinéa 2 de la loi n° 2006/022 du 29 décembre 2006 fixant l'organisation et le fonctionnement des tribunaux administratifs.

contentieux et l'étendue des pouvoirs du juge administratif restent limitées (Section 1). Les mécanismes d'accès au juge administratif et les procédures d'instruction sont restés identiques (Section 2).

Section 1 : L'organisation du contentieux foncier devant le juge administratif

Il faudrait rappeler que si le juge judiciaire est juge de droit commun de tous les litiges qui ne ressortissent pas du contentieux administratif, le juge administratif est, selon l'article 14 alinéa 1 de la loi n° 2006/022 du 29 décembre 2006, juge de droit commun du contentieux administratif. L'assiette du contentieux administratif définit le domaine de compétence du juge administratif (Paragraphe 1). La garantie du respect de la juridicité dans ce domaine est fonction de l'étendue des pouvoirs du juge administratif (Paragraphe 2).

Paragraphe 1 : Le domaine traditionnel de compétence du juge administratif

Le domaine de compétence du juge administratif en matière foncière est dans l'ordre du régime général de compétence du juge administratif (A) ; ce cadre de compétence se traduit aussi, avec les éléments spécifiques au contentieux foncier, dans les grandes catégories du contentieux administratif (B).

A. Le cadre général du contentieux administratif

Le contentieux administratif est un contentieux d'attribution, d'origine législative (1). Prenant en compte les matières concernées, la doctrine en a fait un effort de systématisation (2).

1. L'énumération législative

Aux termes des dispositions de l'article 2 alinéa 3 de la loi n° 2006/022 du 29 décembre 2006 fixant l'organisation et le fonctionnement des tribunaux administratifs, le contentieux administratif comprend :

a- les recours en annulation pour excès de pouvoir et, en matière non répressive, le recours incident en appréciation de la légalité ;

b- les actions en indemnisation du préjudice causé par un acte administratif ;

c- les litiges concernant les contrats administratifs (à l'exception de ceux conclus, même implicitement, sous l'empire du droit privé) ou les concessions de service public ;
d- les litiges intéressant le domaine public ;
e- les litiges intéressant les opérations de maintien de l'ordre.

Cette énumération n'est pas exhaustive, car certains litiges, non expressément visés par cette disposition, pourraient être attribués au juge administratif. C'est ce que prévoyait l'article 9 in fine de l'Ordonnance n° 72-6 du 26 août 1972 fixant l'organisation de la Cour suprême. C'est à ce titre, par exemple, que les contentieux sur la détermination de l'assiette fiscale sont confiés au juge administratif par le Code général des Impôts.

Toutefois, en dehors de l'énumération légale ou d'une attribution expresse d'une compétence au juge administratif, tout litige, même mettant en cause les personnes morales de droit public, relève de la compétence du juge judiciaire, juge de droit commun.

2. Les personnes et matières concernées

Le contentieux administratif est spécifique à certaines catégories de personnes et concerne des matières bien déterminées.

Notons que dès l'origine, l'administration et la personne morale de droit public sont au centre des préoccupations de la justice administrative. Le contentieux administratif demeure, avant tout, celui de la personne publique. C'est pour cela que l'article 2(2) de la loi n° 2006/022 du 29 décembre 2006 fixant l'organisation et le fonctionnement des tribunaux administratifs précise, de prime abord, que les tribunaux administratifs connaissent des contentieux administratifs concernant « l'État, les collectivités territorialement décentralisées et les établissements publics administratifs ». Ceci ne veut pas dire que seules les personnes morales de droit public sont concernées, d'autant plus qu'elles-mêmes sont parfois justiciables des juridictions de droit commun. Cela signifie qu'elles sont concernées au premier chef, mais il faudrait signaler que le contentieux administratif oppose souvent des personnes de droit privées, y compris des personnes physiques, spécialement en matière foncière.

Après les personnes, la loi dévoile les principales matières composant le contentieux administratif : l'acte administratif, le contrat administratif et le domaine public ; il faudrait désormais y ajouter certains contentieux électoraux ou ceux ayant trait aux opérations de maintien de l'ordre. Il s'agit de l'une des innovations majeures de la loi n° 2006/022 du 29 décembre 2006 fixant l'organisation et le fonctionnement des tribunaux administratifs[162].

L'acte administratif est un acte unilatéral de l'administration qui crée des droits ou des obligations dans le chef des particuliers[163]. On y assimile certains actes pris par les ordres professionnels[164], les Présidents des Chambres consulaires[165] et les Dirigeants des Fédérations sportives[166]. Par contre, échappent à la compétence du juge administratif les actes législatifs[167], les actes de gouvernement[168] et les actes juridictionnels et d'administration des autorités judiciaires[169], bien que ces actes puissent entraîner une responsabilité de la puissance publique.

C'est d'ailleurs au détour d'une question de responsabilité administrative que le juge administratif a donné une interprétation assez stricte de la notion d'acte administratif. Il indique que l'acte administratif unilatéral, soumis au contrôle de la juridiction

---

[162] KEUTCHA TCHAPNGA (C.), « la réforme attendue du contentieux administratif au Cameroun », *Juridis-Périodique*, n° 70, p. 25.

[163] Arrêt n° 20 CFJ-AP du 20 mars 1968, NGONGANG NJANKE Martin

[164] Arrêt n° 98 CFJ-CAY, 27 janvier 1970, OBAM ETEME Joseph contre RFC ; arrêt n° 50/CFJ/SCAY du 27 janvier 1968, Bernard AUTEROCHE contre Ordre National des Médecins ; jugement n° 23 CS/CA du 3 février 1972, YEYAP NJOYA contre Ordre National des Avocats ; jugement n° 7 CS/CA du 31 mars 1977, FEUMI JANTOU Jacques contre Conseil de l'Ordre des Avocats ;

[165] Jugement n° 41 CS/CA du 25 mai 1989, TCHATCHOUA Jean Pierre

[166] Jugement n° 48 CS/CA du 25 juin 1989, Aigle Royal de DSCHANG

[167] CE, 14 janvier 1938, SA des produits laitiers la fleurette, D. 1938. 3. P. 41, concl. ROUJOU, note ROLLAND.

[168] Il s'agit des actes pris par le pouvoir exécutif lorsque celui-ci n'agit pas en qualité d'autorité administrative. Voir, à ce sujet, Jugement n° 66/ ADD/ CS/CA du 31 mai 1979, KOUANG Guillaume Charles, n°/CS/CA du 29 mars 1980, MONKAM TIENTCHIEU David et Docteur ESSOUGOU Benoît du 24 avril 1980

[169] Conséquence du principe de la séparation des pouvoirs. Voir, à ce sujet, CE. 11 mai 1951. S. 3. P.13 ; Arrêt n° 40/CFJ/SCAY du 16 mars 1967, TAGNY Mathieu ; Jugement n° 43/CA du 26 juin 1980, MONDOUBOU Theodore contre État du Cameroun ; jugement n° 44/CS/CA du 26 juin 1980, YOMBI Alphonse Bernard contre État du Cameroun. Cependant, le juge administratif connaît des actes administratifs pris par le pouvoir exécutif pour l'organisation des services judiciaires, pour la carrière et la discipline des magistrats (jugement ADD/CS/CA du 28 janvier 1982, TATSINDA Maurice contre État du Cameroun ; jugement n° 52/CS/CA du 20 juin 1982, ATANGANA MBARGA Adalbert) ou en cas de refus de prêter main forte à l'exécution d'une décision de Justice (CE, 30 novembre 1923, COUITEAS, Rec. 789, G.A. n° 45).

administrative, est un « acte juridique unilatéral pris par une autorité administrative dans l'exercice d'un pouvoir administratif et créant des droits et des obligations pour les particuliers »[170]. On en a déduit une distinction entre l'acte administratif, acte de l'activité administrative, et l'action administrative qui n'est pas nécessairement du domaine du contentieux administratif.

Le contrat administratif n'a pas de définition légale. Son identification est une construction prétorienne autour de deux critères dont l'un organique, la présence d'une personne publique, et l'autre matériel, l'objet du contrat, le régime exorbitant ou les clauses exorbitantes du droit commun. Cette construction n'est pas achevée et n'est donc pas clairement systématisée. Ainsi, le contrat administratif peut être conclu entre deux personnes de droit privé, notamment lorsque l'une d'elles agit pour le compte de l'État ou même lorsque l'objet du contrat porte sur l'exécution d'un service public. Un contrat relevant du droit privé peut être conclu entre deux personnes morales de droit public, entre deux établissements publics à caractère industriel et commercial dans un dessein purement spéculatif.

Enfin, les litiges relatifs au domaine public sont de la compétence du juge administratif. L'article 2 de l'Ordonnance 74-1 du 6 juillet 1974 indique en effet que font partie du domaine public tous les biens meubles ou immeubles qui, par nature ou par destination, sont affectés soit à l'usage direct du public, soit aux services publics.

Tous ces cas de figure peuvent se présenter devant le juge administratif dans le cadre des contentieux fonciers, à titre principal ou subsidiaire. L'activité du juge administratif, même en matière de contentieux foncier, s'inscrit donc dans le cadre des grandes catégories classiques de recours au juge administratif.

B. Les formes de contentieux devant le juge administratif

En général, les recours devant le juge administratif sont assez variés. Entre les deux grandes formes classiques, le recours en annulation pour excès de pouvoir (1) et le plein contentieux ou recours de pleine juridiction (2), se trouve une catégorie hybride : le recours en interprétation.

---

[170] CS/CA, jugement n° 20 du 20 mars 1968, NGONGANG NJANKE Martin c/ État du Cameroun.

Il est fait allusion au recours en interprétation par l'article 14 (2) de la loi n° 2006/022 du 29 décembre 2006 fixant l'organisation et le fonctionnement des tribunaux administratifs, en ces termes : « Nonobstant les dispositions de l'alinéa 1 ci-dessus, les tribunaux administratifs doivent, lorsqu'ils se retrouvent devant une difficulté d'interprétation ou d'appréciation de la légalité d'un acte législatif ou réglementaire, surseoir à statuer et renvoyer la question devant la chambre administrative de la Cour suprême ». Le recours en interprétation permet au juge administratif de se prononcer sur le sens contesté d'un acte obscur ou ambigu. Ce recours peut être engagé par voie principale ou exercé sur renvoi. Nous n'y insisterons pas davantage.

1. Le Recours pour Excès de Pouvoir (REP)

Le recours pour excès de pouvoir (pour vice de forme, incompétence, violation d'une disposition légale ou réglementaire, détournement de pouvoir...) tend à obtenir l'annulation d'un acte administratif irrégulier. A ce recours principal, s'adjoint le recours préjudiciel en appréciation de la légalité.

Le REP est un recours objectif, de droit strict pour le juge qui, en principe, ne peut ni modifier l'acte contesté ni le réformer. Il n'a qu'une seule alternative : soit il rejette le recours et l'acte attaqué demeure en vigueur, soit il accueille le recours et annule rétroactivement l'acte attaqué[171].

Ce principe manichéen s'est affadi à mesure que s'augmentaient les prérogatives du juge administratif qui, en s'octroyant progressivement des pouvoirs de modification ou de substitution dans le contentieux de l'annulation, se rapproche du plein contentieux.

Le recours incident en appréciation de la légalité permet au juge administratif de se prononcer sur l'existence, la légalité ou le maintien en vigueur d'un acte administratif, facilitant alors le règlement de la question principale pendante devant le juge.

En matière foncière et domaniale, le recours en annulation pour excès de pouvoir, ou recours en contestation de légalité, est ouvert contre tous les actes pris par les autorités administratives dans les

---

[171] Cour suprême, Chambre administrative, jugement n° 97/03-04 du 30 juin 2004, TCHOKOUADI Jean c/ MINUH ; CS/CA, jugement n° 99/04-05 du 27 avril 2005, SADOU YAYA c/ MINUH.

processus d'administration des terres ou même le règlement des contentieux. Il en ainsi des arrêtés de retrait, d'annulation[172] (refus...)[173] ou de rectification[174] de titres fonciers, des actes administratifs portant d'expropriation pour cause d'utilité publique[175] ou de ceux décidant sur une opposition à immatriculation, etc.

2. Le plein contentieux

Les contentieux de pleine juridiction sont très variés (demande d'indemnité, de dommages-intérêts[176] et, dans une certaine mesure, demande en répression). Ce contentieux concerne des domaines tout aussi variés tels que le contentieux contractuel, fiscal, électoral, de la responsabilité administrative[177] ou même les concessions de service public. Ils ouvrent davantage de prérogatives au juge dont les pouvoirs de réformation ou de substitution.

Le cas de la responsabilité administrative mérite qu'on s'y attarde. L'idée d'une responsabilité administrative se situe dans la logique de l'affirmation du principe de la soumission de l'administration au droit, inconciliable avec la prétention à l'irresponsabilité de l'État.

La théorie de la responsabilité administrative sera cependant distinguée de celle du droit commun, en raison des considérations liées

[172] Cour suprême, Chambre administrative, jugement n° 126/2014 du 15 octobre 2014, MEBENGA François Dieudonné et dame NGOSSANDJE Marie Rose c/ État du Cameroun (MINDCAF).

[173] Cour suprême, Chambre administrative, jugement n° 19/2014 du 22 janvier 2014, Succession NDZODO Léonard c/ État du Cameroun (MINDCAF), Cour suprême, Chambre administrative, jugement n° 135/2014 du 15 octobre 2014, Ayants droit feu KAMGAING Bernard Moise c/ État du Cameroun (MINDCAF), jugement n° 112/2014 du 9 juillet 2014, Christian Charles IROUME c/ État du Cameroun (MINDCAF).

[174] Cour suprême, Chambre administrative, jugement n° 63/2014 du 23 avril 2014, collectivité MVOG METSIBA c/ État du Cameroun (MINDCAF).

[175] Cour suprême, Chambre administrative, jugement n° 24/91-92 du 27 février 1982, dame BEYENE Elisabeth c/ État du Cameroun ; n° 134/2014 du 15 octobre 2014, succession feu MOUSSINGA ESSOMBE Joseph c/ État du Cameroun (MINDCAF).

[176] CFJ-CAY, n° 37 du 30 avril 1968, Nyandja Félix contre RFC ; Cour suprême, Chambre administrative, jugement n° 110/2014 du 9 juillet 2014, Adolphe MBALLA EKOA c/ État du Cameroun (MINDCAF).

[177] Il s'agit d'une responsabilité spécifique, inspiré du système de la responsabilité civile des particuliers, élaborée depuis les arrêts ROTSCHILD (CE, 6 décembre 1855, Rec. P.707) et BLANCO (TC, 8 février 1873, GAJA n° 1, p. 12).

à l'intérêt général et des prérogatives régaliennes de l'État[178]. Les restrictions apportées à l'engagement de l'État au régime de responsabilité vont en s'amenuisant, au fur et à mesure d'une plus grande aspiration des victimes à la réparation et d'une évolution progressive du juge administratif vers une plus grande affirmation de soi.

La finalité de la responsabilité n'est pas tant de réparer le tort causé que de rétablir une égalité devant les charges publiques : égalité brisée par le fait générateur du dommage, fautif ou non fautif de l'administration, activité de l'agent administratif, inhérent au service ou détachable.

Le contentieux foncier est un terreau nourri de la responsabilité administrative ; concessions foncières, baux, emprises, titres fonciers, certificats et attestations diverses… sont autant de contrats ou d'actes pouvant engager la responsabilité de puissance publique[179], devant le juge administratif et parfois devant les tribunaux de l'ordre judiciaire.

Ces hypothèses de contentieux administratifs résonnent donc de façon particulière en matière foncière.

Paragraphe 2 : La spécificité du contentieux foncier en matière administrative

Les différents actes de l'autorité administrative dans la gestion quotidienne des terres du domaine national, du domaine public ou du domaine privé de l'État peuvent donner lieu à toutes sortes de contestations : recours en annulation, recours en interprétation, recours en responsabilité ou en indemnisation. Il pourrait en être de même des actes de l'autorité administrative qui porte atteinte aux droits immobiliers des particuliers.

---

[178] Tribunal des Conflits, 8 février 1873, arrêt Blanco, Rec. ; le juge déclare : « La responsabilité qui peut incomber à l'État pour les dommages causés aux particuliers, par le fait des personnes qu'il emploie dans le service public, ne peut être régie par les principes qui sont établis dans le Code civil, pour les rapports de particulier à particulier. Cette responsabilité n'est ni générale ni absolue. Elle a ses règles spéciales qui varient selon les besoins du service et les nécessités de concilier les droits de l'État avec les droits des particuliers ».

[179] Le Pr TIENTCHEU NJIAKO (A.), *Droits réels et domaine national au Cameroun*, PUA, 2003, pp. 170-172, donne une litanie de fautes pouvant engager la responsabilité des services des domaines dans la procédure d'immatriculation : faute dans la tenue des documents, faute dans la restitution des documents, etc.

Le recours au juge administratif se fera par voie principale ou à titre incident. Par voie principale, les contestations porteront essentiellement sur les contentieux d'immatriculation, du titre foncier voire de l'expropriation. Le recours incident en interprétation ou en appréciation de légalité des actes administratifs sera également porté devant le juge administratif parce qu'il s'agit d'un contentieux préjudiciel devant le juge civil.

Les formes de contentieux administratifs, relevés ci-dessus, se reflètent donc en matière foncière. En suivant le statut de la terre objet du contentieux, on peut distinguer, devant le juge administratif, les contentieux de la propriété foncière des particuliers (B) de ceux portant sur des terrains domaniaux (A).

A. Les contentieux domaniaux

Le contentieux domanial renvoie à l'ensemble des différends relatifs aux catégories domaniales : domaine national, domaine public, domaine privé de l'État. Ces contentieux donc sont multiples et variés. Ils peuvent être regroupés en deux catégories : d'une part, les contentieux d'occupation des domaines public ou privé de l'État (1) et, d'autre part, le contentieux de l'immatriculation et de l'expropriation du domaine national (2).

1. Les contentieux d'occupation des domaines public ou privé de l'État

La gestion des terrains de la domanialité publique est du ressort de l'administration. Les actes pris dans ce cadre sont donc administratifs, susceptibles de recours devant le juge administratif. Il en est ainsi des actes d'incorporation, de classement ou d'affectation, de déclassement ou de désaffectation, de rétrocession, etc.

Il faudrait néanmoins préciser que si l'ensemble des litiges touchant au domaine public ressortent du contentieux administratif[180], les transactions et contestations ayant trait au domaine privé de l'État peuvent relever de la compétence du juge judiciaire[181].

Le domaine public est constitué de biens meubles ou immeubles affectés à un service public ou à l'usage direct du public. Il est

---

[180] Article 2 alinéa 3 (d) de la loi n° 2006/022 du 29 décembre 2006 fixant l'organisation et le fonctionnement des tribunaux administratifs

[181] Il en est par exemple des contrats conclus, même implicitement, sous l'empire du droit privé.

administré par l'État, représenté au niveau local par le Préfet, par d'autres personnes morales de droit public[182] ou, exceptionnellement, par des concessionnaires de service public[183].

Le domaine privé, quant à lui, est constitué par l'ensemble des biens dont l'État est propriétaire. Ces biens sont déterminés par l'article 10 de l'Ordonnance n° 74/2 du 6 juillet 1974 fixant régime domanial.

En réalité, le contentieux d'occupation des terres de la domanialité publique est davantage un contentieux des atteintes. Elles peuvent donner lieu à des sanctions administratives, susceptibles de recours devant le juge administratif, ou à des poursuites judiciaires devant le juge civil ou le juge pénal.

Les poursuites judiciaires, lorsqu'elles sont décidées par l'autorité administrative compétente, suivent pratiquement le même régime qu'en cas d'atteinte aux droits entre particuliers.

Les sanctions administratives consistent principalement en une démolition des constructions, édifices ou plantations irrégulièrement établies sur les terres de la domanialité publique.

Cette démolition, suivie de l'évacuation collective, voire massive des occupants, correspond à ce que l'on appelle déguerpissement. Le déguerpissement est une notion assez confuse dans le vocabulaire juridique camerounais. Il s'agit d'un terme d'essence administrative, mais que la loi pénale[184] a formellement introduit dans le jargon judiciaire. La jurisprudence n'est pas définitivement élaborée sur la notion.

Le déguerpissement par l'autorité administrative se rapproche de celui exécuté par l'autorité municipale en application des règles relatives à la sécurité et à la salubrité en zone urbaine[185] ainsi que des

---

[182] Établissements publics, Collectivités territoriales décentralisées, etc.

[183] Article 8 de l'Ordonnance n° 74/2 du 6 juillet 1974 fixant régime domanial.

[184] Aux termes de l'article 3 de la loi no 80-22 du 14 juillet 1980 portant répression des atteintes à la propriété foncière et domaniale, la juridiction pénale saisie ordonne le déguerpissement de toute personne condamnée pour atteinte à la propriété foncière.

[185] Article 10 § 3 de la loi du 4 juillet 1958, cité par A. TIENTCHEU NJIAKO, *Droits fonciers urbains au Cameroun,* Yaoundé, PUA, 2012, p. 366.

prescriptions légales en matière d'urbanisme[186]. Il y est fait allusion dans certains cas d'expropriation[187].

La mise en œuvre du déguerpissement obéit à une procédure appropriée qui comprend nécessairement une étape de mise en demeure, précédée ou suivie d'autres mises en garde facultatives plus ou moins formelles.

La durée de la mise en demeure peut varier, selon les cas. Ainsi, seront démolis après une mise en demeure restée sans effet pendant trente jours, les édifices établis par ceux qui, en violation de la législation en vigueur, exploitent ou se maintiennent sur une dépendance du au domaine national, du domaine public ou du domaine privé de l'État[188]. De même, en cas d'occupation irrégulière consécutive au rejet d'une demande de vente d'une parcelle du domaine privé de l'État, le Préfet est habilité à détruire toute réalisation ou construction sur ladite parcelle après une mise en demeure restée sans effet pendant deux mois[189].

2. Les contentieux d'appropriation des terres du domaine national

Il faudrait rappeler que dans le régime foncier camerounais, la notion de domaine national renvoie aux terres non classées dans le domaine public ou le domaine privé de l'État, et non immatriculées. Cependant, tout aussi que les biens de la domanialité publique, la gestion des terres du domaine national est confiée à l'État[190] ; elles peuvent faire l'objet

---

186 L'article 72 de la loi n° 74-23 du 5 décembre 1974 portant organisation communale dispose que : « Le Maire ou l'Administrateur Municipal peut, après une mise en demeure restée sans effet pendant deux mois, faire démolir tout immeuble bâti en infraction du plan d'urbanisme ou menaçant ruine… » ; cité par A. TIENTCHEU NJIAKO, *Droits fonciers urbains au Cameroun,* Yaoundé, PUA, 2012, p. 366.

187 L'article 23 du décret n° 76/166 du 27 avril 1976 dispose que « les indemnités de déguerpissement dues à la suite de l'incorporation doivent correspondre à la valeur des constructions ou des cultures que supportait le terrain au moment de l'enquête ».

188 Article 5 de la loi n° 80-22 du 14 juillet 1980 portant répression des atteintes à la propriété foncière et domaniale. Cette règle s'applique même en cas d'atteinte au domaine national.

189 Article 9 du Décret n° 76/166 du 27 avril 1976 fixant les modalités de gestion du domaine national.

190 Il s'agit spécifiquement des terres relevant du domaine national de deuxième catégorie, car celles du domaine national de première catégorie, mises en valeur, ont vocation à être immatriculées. Les modalités de gestion de ces dépendances du

d'une concession en jouissance, d'une appropriation privée par voie d'immatriculation ou d'une incorporation au domaine public ou privé de l'État, d'une expropriation. Dans ces trois cas de figure, les opérations juridiques afférentes peuvent donner lieu à des contentieux.

- **Concession et domaine national**

Le régime de concession[191] s'applique au domaine national de deuxième catégorie, domaine national libre de toute occupation. L'État peut donc permettre aux particuliers, personnes physiques ou morales, la possibilité d'en jouir pour un temps limité, concession provisoire, ou de manière définitive, concession définitive.

Le principe de la concession du domaine national[192] est affirmé par l'article 17 de l'Ordonnance n° 74/1 du 6 juillet 1974 fixant le régime foncier ; il est précisé par le décret n°76/166 du 27 avril 1976 fixant les modalités de gestion du domaine national.

Aux termes de l'article 2 de ce décret, la concession consiste en un envoi en jouissance d'une parcelle du domaine national au profit d'un concessionnaire, assorti d'une promesse de vente sous la condition de réalisation d'une mise en valeur déterminée dans un délai fixé. Elle est accordée pour des projets de développement socio-économique et prend la forme d'un contrat d'adhésion moyennant le paiement d'une redevance périodique.

La concession est nécessairement provisoire à l'origine. En cas de réalisation satisfaisante des clauses et conditions prévues au cahier des charges, le concessionnaire peut obtenir une concession définitive valant attribution en propriété ; il dispose alors d'un droit réel qu'il peut enregistrer au livre foncier et obtenir un titre foncier. Le contrat de concession est un contrat administratif. En pratique, il se noue par l'effet d'un acte administratif, l'arrêté de concession signé par le

---

domaine national libres de toute occupation sont fixées par le Décret n° 76/166 du 27 avril 1976 fixant les modalités de gestion du domaine national.

[191] La concession immobilière se définit comme un « contrat par lequel le propriétaire d'un immeuble attribue la jouissance du bien, contre rémunération annuelle, et pendant au moins vingt ans, à un preneur qui peut apporter tous aménagements de son choix et édifier. À l'expiration du contrat, le propriétaire doit en principe indemniser le concessionnaire pour les constructions effectuées ».

[192] À distinguer de la concession du domaine privé de l'État, contrat conclu entre la personne morale de droit public et d'autres personnes publiques ou privées, qui sont en principe des contrats administratifs « à l'exception de ceux de ceux conclus, même implicitement, sous l'empire du droit privé ».

Ministre des Domaines, du Cadastre et des Affaires foncières pour les terrains de moins de 50 ha ou le PRC pour les terrains de plus de 50 ha. Les litiges qui en découlent relèvent en conséquence du domaine du contentieux administratif.

- **Expropriation et domaine national**

Le contentieux de l'occupation du domaine national peut se présenter sous plusieurs formes : l'administration refuse le titre d'occupation ou de propriété à un occupant du domaine national de première catégorie ; c'est le contentieux de l'immatriculation. L'administration refuse ou retire une autorisation d'occupation ou de transformation d'une parcelle du domaine national de deuxième catégorie ; c'est le contentieux de la concession[193]. Dans ces

---

[193] L'article 1er du Décret n° 76/166 du 27 avril 1976 fixant les modalités de gestion du domaine national dispose que les dépendances du domaine national de deuxième catégorie *« sont attribuées par voie de concession provisoire. Suivant le cas, celle-ci peut être transformée en bail ou concession définitive »*. La concession est la voie normale d'entrée en possession d'une parcelle du domaine nationale libre de toute occupation. Il s'agit d'un contrat par lequel l'autorité publique accorde une autorisation domaniale, un droit d'utilisation privative du domaine national. La concession de mise en valeur du domaine national doit être distinguée de la concession d'occupation du domaine public. Dans le premier cas, prévu par l'article 2 du Décret n° 76/166 du 27 avril 1976 fixant les modalités de gestion du domaine national, la loi exige que « la concession soit octroyée pour des projets de développement entrant dans le cadre des options économiques, sociales ou culturelles de la Nation »[193] ; dans le second cas, essentiellement précaire, l'État concède simplement le droit d'utilisation privative du domaine public.
La procédure de concession est définie par les articles 4 et suivants du Décret n° 76/166 du 27 avril 1976, suscité : Toute personne désirant mettre en valeur une dépendance du domaine national non occupée ni exploitée doit en faire la demande auprès du service départemental des domaines et des affaires foncières compétent. Après avoir recueilli tous les avis utiles, notamment ceux des services publics locaux intéressés par le projet, le Chef de service compétent transfert le dossier à la Commission consultative instituée dans le ressort de l'arrondissement concerné et Présidée par le Sous-Préfet ayant autorité dans ledit ressort. La Commission consultative émet un avis et le dossier est acheminé par voie hiérarchique. Les concessions de moins de 50 ha sont attribuées par arrêté du ministre chargé des Domaines. Celles de plus de 50 ha sont attribuées par décret présidentiel. Dans tous les cas, l'acte de concession comprend un cahier des charges qui indique les droits et obligations du concessionnaire et de l'État. La durée maximale de la concession provisoire est de 5 ans. En cas de mise en valeur effective et satisfaisante, la concession provisoire est transformée en bail emphytéotique (18 – 99 ans) si le concessionnaire est de nationalité étrangère ou en concession définitive pour les nationaux. Le bail emphytéotique ne peut pas déboucher sur une immatriculation ni

hypothèses, il n'y a pas véritable dépossession et la question de l'expropriation ne se pose pas.

La problématique de l'expropriation ne se pose que pour ceux qui occupent les terres du domaine national avant 1974 sans en solliciter l'immatriculation ainsi que les occupants de fait du domaine national de deuxième catégorie.

Il s'agit donc, dans tous les cas, des terres du domaine national n'ayant pas fait l'objet d'une appropriation privée ; elles ne relèvent donc pas, en principe, du droit de propriété. De ce fait, le régime de l'expropriation pour cause d'utilité publique ne leur est pas applicable[194].

En effet, l'article 2 de la loi n° 85/009 du 4 juillet 1985 relative à l'expropriation pour cause d'utilité publique et aux modalités d'indemnisation dispose que « l'expropriation pour cause d'utilité publique affecte uniquement la propriété privée telle qu'elle est reconnue par les lois et règlements ».

L'occupation du domaine national ne saurait donc donner lieu à une expropriation pour cause d'utilité publique, au sens de la loi.

La dépossession de l'occupant du domaine national se fera après un acte de déchéance de l'autorité compétente, pour les occupants de bonne foi du domaine national de première catégorie qui n'auront pas procédé à l'immatriculation dans les délais ou du domaine national de deuxième catégorie qui n'auront pas respecté les clauses et conditions des attributions contenues dans les cahiers de charges[195].

Dans l'un et l'autre cas, une indemnité pour constructions, plantations et autres mises en valeur sur les lieux est envisageable. À ce sujet, l'article 23 du décret n° 76/166 du 27 avril 1976 prévoit par exemple que : « Les indemnités de déguerpissement dues à la suite de l'incorporation [au domaine privé de l'État] doivent correspondre à la

---

donc sur une appropriation privée. L'attribution définitive, au contraire, ouvre la voie à une immatriculation et à la délivrance d'un titre foncier à son bénéficiaire.

[194] Il faudrait toutefois distinguer, avec le Pr J. OWONA, l'expropriation pour cause d'utilité publique de l'expropriation pour cause d'absence de mise en valeur. Voir, Joseph OWONA, *Domanialité publique et expropriation pour cause d'utilité publique au Cameroun,* L'Harmattan, 2012, pp. 51 et 54.

[195] Elle se fera par voie de déguerpissement pour les occupants illégaux du domaine national.

valeur des constructions ou des cultures que supportait le terrain au moment de l'enquête ».

En conséquence du principe de l'inapplicabilité du régime de l'expropriation de la terre aux occupants du domaine national, aucune indemnisation ni compensation ne leur est due en cas de dépossession.

Cette rigidité est une source de frustration pour une catégorie de population notamment celles qui font des cultures saisonnières sur les dépendances du domaine national. C'est ainsi que lors d'une séance plénière de juin 2017, Madame le Sénateur DJAKAOU FOUTCHOU Julienne interpella Madame le ministre des Domaines, du Cadastre et des Affaires foncières sur le drame de ceux qui étaient « expropriés » des terres arables dans la partie septentrionale du pays. Elle précisa que leur situation était d'autant plus pathétique que la Commission de constat et d'évaluation procédait assez souvent aux enquêtes après les récoltes, de telle sorte que leurs procès-verbaux signalaient des terres nues non immatriculées, ne donnant lieu à aucune compensation[196].

La rigueur de ce principe est cependant atténuée par un certain nombre de textes :

D'une part, l'article 7 de l'Ordonnance n° 74/2 du 6 juillet 1974 fixant régime domanial qui dispose que les occupants de bonne foi qui tiennent sur les dépendances du domaine public des droits antérieurs à 1974 ne peuvent être dépossédés que si l'intérêt général l'exige et moyennant une indemnisation calculée comme en matière d'expropriation.

Pourrait-on, suivant une approche téléologique, considérer que cette protection est due aux occupants de bonne foi du domaine national, lorsque la procédure d'immatriculation n'a pas abouti au jour de l'expropriation et, de manière générale, à ceux déchus de leur droit de transformer leurs titres d'occupation en titre foncier ?

La jurisprudence n'est pas établie sur ce point. Cependant, l'équité serait dans ce sens, d'autant que l'alinéa 2 de l'article 7 suscité précise

[196] Répondant à cette Question orale, Madame le ministre, prenant en compte l'idée d'une compensation, déclara que « la problématique des expropriations, d'indemnisation, fait partie des grands axes de la réforme foncière engagée par le Gouvernement et prescrite par le Président de la République, S.E. Paul BIYA. Il y est en effectivement question d'aller au-delà des biens mis en valeur, des terrains avec titre foncier ». Il est question de tenir compte de l'activité, et non seulement du manque à gagner.

qu'il « en serait de même pour l'exercice des servitudes prévues à l'article précédent, de la démolition des constructions ou de l'enlèvement clôtures ou plantations établies par lesdits propriétaires ou occupants ».

En pratique, les autorités administratives procèdent souvent à des opérations de recasement des personnes déplacées pour cause d'assainissement urbain sans pour autant faire valoir un véritable droit à indemnisation.

La référence à l'expropriation peut faire douter de la nature administrative ou judiciaire du contentieux de l'indemnisation des occupants du domaine national. Toujours est-il que l'acte décidant du principe de l'expropriation peut faire l'objet d'un recours devant le juge administratif, comme en matière de protection des droits réels immobiliers.

D'autre part, la législation forestière reconnaît aux titulaires de droits fonciers coutumiers, un droit d'usage sur les ressources ligneuses. En vertu de ce droit, les occupants du domaine national peuvent procéder à une exploitation domestique – donc non commerciale – des produits[197] forestiers du fonds. Ils ont le droit d'extraire les produits forestiers correspondant à leurs besoins. Lorsque l'exercice de ce droit est reconnu incompatible avec les objectifs assignés à la forêt située sur son fonds, l'occupant du domaine national bénéficie d'une compensation[198].

Enfin, l'article 7 alinéa 1 de la loi n° 85/09 du 4 juillet 1985 relative à l'expropriation pour cause d'utilité publique et aux modalités d'indemnisation prévoit que l'indemnité allouée aux victimes de l'expropriation couvre les terrains nus, les cultures, les constructions ainsi que les mises en valeur de toutes natures constatées par la Commission de constat et d'évaluation. Dans cette veine, l'arrêté

---

[197] Les produits sont constitués par tout ce qui résulte de l'exploitation d'une chose en l'altérant. Ils se distinguent des fruits par deux caractères principaux : ils n'ont pas de périodicité alors que les fruits en ont une ; ils altèrent la substance de la chose alors que les fruits les préservent en principe.

[198] Voir Analyse des conflits et du cadre juridique et institutionnel de l'environnement au Cameroun. Document rédigé sous les auspices du Ministère de l'Environnement et des Forêts dans le cadre de l'élaboration du Plan National de Gestion de l'Environnement au Cameroun, octobre 1995, p. 113 ; cité par MIENDJIEM (I.L), « Le droit des occupants du domaine national », Thèse de doctorat d'État, Université de Yaoundé II, 2007, p. 292.

n° 00832/Y.15.1/MINUH/DOO et le décret n° 2003/418 PM du 25 février 2003 ventilent ces différents chapitres d'indemnisation en tenant compte, respectivement, de la valeur des constructions établies ainsi que de celles des cultures sur les terres expropriées[199].

Relativement au domaine national, l'administration peut donc intervenir pour procéder à des concessions[200] ou plutôt à des expropriations.

Les actes administratifs attribuant des parcelles de terre en concession, provisoire ou définitive, ainsi que ceux déclarant ou décidant de l'expropriation pour cause d'utilité publique sont soumis au contrôle du juge administratif suivant les principes classiques du contentieux administratif.

- **Le contentieux de l'immatriculation**

L'immatriculation d'une parcelle du domaine national de deuxième catégorie suppose une attribution administrative. En cas de concession définitive, la transformation de l'acte d'attribution en titre foncier est une procédure qui ne génère pratiquement pas de contestation ; l'acte de concession demeure pour autant un acte administratif soumis au principe du contrôle juridictionnel traditionnel. On parle davantage de contentieux de la concession. Cela n'appelle pas davantage de développement ici.

Le contentieux de l'immatriculation proprement dit concerne davantage les occupants du domaine national de première catégorie. Il prend la forme d'une opposition, s'il y a contestation sur l'auteur ou l'étendue de la mise en valeur, ou d'une demande d'inscription de droits, en cas de prétention élevée sur l'existence d'un droit réel ou d'une charge susceptible de figurer au titre foncier à établir[201].

La demande d'inscription de droits a lieu pour défendre une prétention relative à une servitude, un droit de superficie, un bail emphytéotique, une hypothèque voire une copropriété sur l'immeuble en voie d'immatriculation, etc. Il s'agit donc, ici, de droits réels immobiliers, principaux ou accessoires. C'est, en tout cas, une autre

---

[199] Cités par Joseph OWONA, *Domanialité publique et expropriation pour cause d'utilité publique au Cameroun,* L'Harmattan, 2012, p. 59.

[200] La concession peut prendre plusieurs formes : concessions forestières ou de terrains nus, concessions provisoires ou définitives, etc.

[201] Article 16 du Décret n° 76/165 du 27 avril 1976 fixant les conditions d'obtention du titre foncier.

forme de contentieux de la propriété foncière qui peut se retrouver devant le juge administratif.

Les contestations sur l'auteur ou l'étendue des mises en valeur sont introduites par voie d'opposition : c'est le cas d'un cohéritier qui essaie d'immatriculer un patrimoine familial en son seul nom ou d'un voisin expansif qui étend sa demande d'immatriculation à un ou plusieurs lots avoisinants, par empiètements ou envahissement complet.

En pratique, des oppositions ont lieu pour dénoncer une composition irrégulière de la Commission consultative, l'absence du chef de village ou d'un notable[202], et de manière générale l'accomplissement irrégulier des formalités d'immatriculation ou par des autorités incompétentes à l'instar d'un bornage par un géomètre agissant seul[203]. Dans ces cas, en réalité, le contentieux de l'immatriculation apparaît comme un bastion avancé du contentieux du titre foncier irrégulièrement délivré.

Les contestations sont portées par requêtes formulées dans un délai qui court du jour de l'introduction de la demande d'immatriculation à la sous-préfecture jusqu'à l'expiration d'un délai de trente (30) jours suivant la publication de l'avis de clôture de bornage au bulletin des avis domaniaux et fonciers[204].

Elles sont examinées par la Commission consultative, par le gouverneur ou par le ministre en charge des questions foncières, selon le cas[205]. La procédure est publique et contradictoire.

La Commission consultative apprécie les contestations portées devant elle avant ou pendant sa descente sur les lieux. Elle constate, le cas échéant, un règlement amiable intervenu entre les parties ou un

---

[202] CS/CA, jugement n° 29 du 25 mars 1982, BEYISSA Adolphe Mazarin contre État du Cameroun, cité par EBANG MVE (U.N.), *Le titre foncier au Cameroun*, L'Harmattan, 2011, p. 157.

[203] CS/CA, jugement n° 01 du 26 novembre 1998, ZIBI ZANGA Jean contre État du Cameroun, cité par EBANG MVE (U.N.), *Le titre foncier au Cameroun*, L'Harmattan, 2011, p. 158.

[204] Article 16 du décret n° 76/165 du 27 avril 1976 fixant les conditions d'obtentions du titre foncier, modifié et complété par le décret n° 2005/481 du 16 décembre 2005

[205] Les oppositions et demandes d'inscription non réglées le jour du constat de la mise en valeur ou présentées après sont adressées à l'administration des domaines et des affaires foncières, notamment au conservateur foncier et, le cas échéant, au chef de service provincial des domaines. Elles sont soumises au Gouverneur compétent, sauf main levée du requérant (art. 17, 18(2) et 20 du Décret n° 76/165 du 27 avril 1976).

désistement intervenu. À défaut, elle délibère et émet un avis, à soumettre au Gouverneur.

Le Gouverneur de Région est saisi des contentieux de l'immatriculation transmis avec l'avis de la Commission consultative ou de ceux intervenus après la descente de ladite Commission. Dans ce dernier cas, il requiert l'avis du chef de Service régional des affaires foncières avant de se présenter par arrêté.

L'arrêté du gouverneur est susceptible de recours hiérarchique devant le ministre chargé des Affaires foncières dont la décision est elle-même susceptible de recours devant le juge administratif.

On pourrait, dès lors, s'interroger sur la nature juridique de la décision du Gouverneur de Région, en matière de contentieux d'immatriculation, pour plusieurs raisons :

- la loi dispose expressément que le recours effectué devant le ministre est un recours hiérarchique et non un recours gracieux[206] ;
- la loi est muette sur le délai et l'effet du recours hiérarchique dont s'agit.

En fin de compte, l'arrêté du Gouverneur est-il un acte administratif exécutoire et donc susceptible de recours devant le juge ?

La réponse n'est pas tranchée : on peut considérer qu'il s'agit d'un acte administratif devant bénéficier de l'exécution provisionnelle ; on peut plutôt y voir un acte administratif de nature particulière dont la force exécutoire serait suspendue notamment en cas de recours hiérarchique, attendant l'approbation du ministre en charge des affaires foncières pour sa pleine efficacité.

Dans la première hypothèse, le recours hiérarchique est d'ordre facultatif et la décision du Gouverneur peut faire l'objet d'un recours

[206] Tout comme le recours gracieux, le recours hiérarchique est un recours précontentieux dont la finalité est de requérir de l'Administration qu'elle revienne sur une décision prise auparavant. Il en est d'ailleurs de même d'autres recours administratifs comme le recours de tutelle ou même le « *fiat justicia anglais* ». Cependant, le recours hiérarchique, contrairement au recours gracieux préalable, est adressé non pas à l'autorité auteur de l'acte, mais plutôt à son supérieur hiérarchique. Bien plus, l'article 17 de la loi n° 2006/022 du 29 décembre 2006 fixant l'organisation et le fonctionnement des tribunaux administratifs dispose formellement que : *« Le recours devant le tribunal administratif n'est recevable qu'après rejet d'un recours gracieux adressé à l'autorité auteur de l'acte attaqué ou à celle statutairement habilitée à représenter la collectivité ou l'établissement public en cause ».*

gracieux et donc d'un recours contentieux devant le juge. Dans la seconde hypothèse, l'acte du Gouverneur ne serait pas décisionnel par lui-même, son efficacité étant subordonnée à un acte d'approbation du ministre compétent, lequel pourrait plutôt lui substituer une autre décision. La jurisprudence aller semble dans ce sens.

Dans tous les cas, le moins que l'on puisse dire est que l'arrêté du Gouverneur est un acte de la plus haute autorité administrative à compétence régionale, laquelle décide sous le contrôle et l'autorité du pouvoir central, notamment le ministre des Domaines, du Cadastre et des Affaires foncières.

Les contestations d'immatriculation n'apparaissent véritablement efficaces pour les particuliers que si elles sont exercées avant l'aboutissement de la procédure, car, en effet, lorsque la procédure a été conduite jusqu'à son terme et le titre foncier délivré au requérant, le contentieux devient en quelque sorte un contentieux de la propriété confié au juge judiciaire. Celui-ci n'a pas le pouvoir de revenir sur le caractère inattaquable, intangible et définitif du titre foncier[207]. Dès lors, toute personne lésée, désormais dépourvue de recours sur l'immeuble, ne disposera et seulement en cas de dol, que d'une action personnelle en dommages-intérêt contre l'auteur du dol[208].

Pour autant subsiste une sorte de contentieux administratif de ce droit de propriété certifié par le titre foncier.

---

[207] Le titre foncier est un document administratif, avec cette conséquence que l'essentiel du contentieux qui le concerne tombe dans le champ du juge administratif. Le principe de la séparation des pouvoirs, et subséquemment des ordres juridictionnels, interdit en principe au juge judiciaire de se prononcer sur les actes administratifs. Mais le juge judiciaire demeure le principal juge des droits individuels, même lorsqu'ils sont matérialisés par les actes administratifs. En l'occurrence, le titre foncier est la certification officielle de la propriété foncière ; le juge judiciaire, gardien du droit de propriété, veille et protège la propriété foncière justifiée par le titre foncier, Voir : TCHANTCHOU (H), « Le contentieux judiciaire du titre foncier », Communication faite à Yaoundé, le 3 octobre 2017, aux jeunes avocats de la promotion promo 008.

[208] Article 2 du décret 76/165 du décret n° 76/165 du 27 avril 1976 fixant les conditions d'obtentions du titre foncier, modifié et complété par le décret n° 2005/481 du 16 décembre 2005

B. Les contentieux administratifs touchant à la propriété foncière

L'immixtion du juge administratif dans le contentieux de la propriété peut paraître étonnante, dans un système juridique où le juge judiciaire est gardien du droit de propriété. Ceci peut s'expliquer par plusieurs raisons. D'abord, le fait que les contentieux concernés impliquent l'administration[209] ; la nature essentiellement administrative des documents probants en matière de droits fonciers dont le plus emblématique demeure le titre foncier[210].

Le contentieux peut être caractérisé suivant que l'acte de propriété en cause est un titre foncier ou pas.

En l'absence de titre foncier, le contentieux de la propriété devant le juge administratif est davantage un contentieux de reconnaissance de droits. Il en est ainsi lorsque l'administration refuse de transcrire au livret foncier ou prononce la déchéance de certains droits de propriété reconnus par les articles 2, 3 de l'ordonnance n° 74/1 du 6 juillet 1974 fixant le régime foncier et 3 du décret n° 76/165 du 27 avril 1976 fixant les conditions d'obtention du titre foncier ; il en est de même du contentieux de la transformation en titre foncier de documents spécifiés[211] prévus par les dispositions des articles 4, 5 de l'ordonnance visée ci-dessus, 7 et 8 du décret n° 76/165 du 27 avril 1976 fixant les conditions d'obtention du titre foncier.

En présence du titre foncier, deux hypothèses sont envisageables :

Dans un premier cas, l'administration s'est trompée, volontairement ou involontairement ; elle a commis une erreur pouvant donner lieu à rectification ou une faute pouvant entraîner la nullité ou le retrait du titre foncier irrégulièrement délivré (1). Dans le second cas, l'administration porte atteinte aux droits immobiliers des particuliers,

---

[209] KEUTCHA TCHAPNGA (C.), « Le juge administratif camerounais et la protection de la propriété privée contre les empiètements de l'administration », note sous : Cour suprême, Assemblée Plénière, arrêt du 16 août 1990, Albert ONO NGAFOR contre État du Cameroun, *Juridis-Périodique*, n° 46, 2001, pp. 39-45.

[210] Le titre foncier, certification officielle de la propriété foncière, est un acte administratif de nature particulière. Voir, à ce sujet, Urbain Noël EBANG MVE, *le Titre foncier au Cameroun* (Recherche sur la spécificité d'un acte administratif unilatéral), L'Harmattan, Paris, 2011, 268 p.

[211] Livrets fonciers, « certificates of occupancy », jugements définitifs, concessions définitives.

régulièrement ou irrégulièrement, par voie d'expropriation, d'emprise ou de voie de fait (2).

1. Le contentieux de la nullité, du retrait et de la rectification des titres fonciers

La nullité, le retrait, l'abrogation et, dans une certaine mesure, la rectification sont des voies de sortie de vigueur de l'acte administratif.

- **Nullité et annulation**

L'acte administratif est nul, en général, en cas d'illégalité source d'irrégularité d'une gravité ne pouvant être couverte ; plus que les droits de particuliers[212], l'illégalité est de nature à porter atteinte à l'ordre public ou à un intérêt collectif[213].

La théorie classique des nullités prenant en compte l'intensité du vice ou de l'irrégularité distingue la nullité, l'annulabilité et l'inexistence des actes juridiques[214]. Elle rapproche la nullité[215] de l'inexistence. L'acte - le semblant d'acte- nul ou inexistant est inefficace *erga omnes,* de plein droit, par le fait de la loi. L'intervention du juge, s'il est saisi, sera de constater et dire que l'on se trouve bien en présence du néant et qu'il n'y a jamais eu d'acte : l'acte inexistant ne peut avoir une quelconque reconnaissance juridique. L'acte annulable demeure efficace tant que son annulation n'est pas prononcée ; il est susceptible de régularisation et de confirmation par ceux qui y ont intérêt, et demeure efficace dans ce cas[216].

---

[212] Le droit positif, construit à partir d'une jurisprudence assez complexe, exige que l'acte administratif attaqué en annulation soit susceptible de faire grief.

[213] Les moyens d'annulation ou cas d'ouverture du recours en annulation pour excès de pouvoir sont constitués de diverses hypothèses de vices d'illégalité (art. 2 de la loi n° 2006/022 du 29 décembre 2006). MM. NGOLE Philip NGWESE et BINYOUM Joseph, *Éléments de contentieux administratif camerounais*, L'Harmattan, 2010, pp. 166-170, procèdent à une classification distinguant les illégalités externes (incompétence et vice de forme) des illégalités internes (violation d'une disposition légale ou réglementaire, détournement de pouvoir).

[214] La nullité et l'inexistence ont lieu lorsque l'acte est entaché d'un vice pour défaut d'une condition d'existence, de solennité ou de formation de l'acte ; l'acte est annulable lorsqu'il est entaché d'un vice lié à l'absence d'une condition de validité ou à l'imperfection d'une condition d'existence. Dans tous les cas, il paraît acquis aujourd'hui que toute nullité doit être prononcée en justice.

[215] La nullité est conçue comme une sanction qui rend inefficace l'acte juridique, parce que atteint d'un vice originel

[216] Une autre approche basée sur le but de la nullité préfère distinguer les nullités relatives qui protègent des intérêts privés et donc susceptibles de régularisation, des

En droit foncier camerounais, le contentieux de la nullité et de l'annulation se présente sous un double visage. Un régime de droit commun applicable à tous les actes administratifs, y compris le titre foncier, côtoie le régime spécifique de nullité absolue, pour cause d'ordre public, prévu par l'article 2(6) du décret n° 76-165 du 27 avril 1976 fixant les conditions d'obtention du titre foncier. Ce texte dispose qu'un titre foncier est nul d'ordre public dans les cas suivants : - lorsque plusieurs titres fonciers sont délivrés sur un même terrain ; dans ce cas, ils sont tous déclarés nuls de plein droit, et les procédures sont réexaminées pour déterminer le légitime propriétaire. Un nouveau titre foncier est alors établi au profit de celui-ci ; - lorsque le titre foncier est délivré arbitrairement sans suivi d'une quelconque procédure, ou obtenu par une procédure autre que celle prévue à cet effet ; - lorsque le titre foncier est établi en totalité ou en partie sur une dépendance du domaine public ; - lorsque le titre foncier est établi en partie ou en totalité sur une parcelle du domaine privé de l'État, d'une collectivité publique ou d'un organisme public, en violation de la réglementation.

On s'aperçoit que dans toutes ces hypothèses, l'irrégularité est tellement manifeste que le législateur n'a donné aucune autre possibilité de régularisation à l'administration. L'exigence traditionnelle d'un « acte faisant grief » aux droits des particuliers n'est pas mise en relief, considérée comme évidente lorsque le titre est établi à leur préjudice. L'alinéa 7 du même texte ajoute que la nullité du titre foncier prévue à l'alinéa 6 ci-dessus est constatée par un arrêté du ministre chargé des affaires domaniales et foncières. Il s'agit d'un cas singulier où l'autorité administrative est habilitée à constater elle-même la nullité de son acte[217].

Pour autant, l'acte administratif constatant la nullité peut faire l'objet d'un recours pour excès de pouvoir. Ainsi, le titre foncier peut être entaché de nullité ; en dehors des hypothèses spécifiques de nullité, il est soumis au principe du recours en annulation pour excès de pouvoir.

---

nullités absolues dont le dessein est de protéger un ordre social, opérant en général de plein droit et qui ne peuvent être couvertes. Dans cette mesure, l'acte annulable - susceptible d'annulation- parce que vicié de nullité relative, se distingue de l'acte nul de plein droit, entaché de nullité absolue ou d'ordre public. L'annulation est la sanction normale de l'acte administratif illégal, mais en droit administratif, les nullités sont en général absolues.

[217] Traditionnellement, l'annulation incombe au juge et le retrait à l'autorité administrative.

L'acte faisant droit au recours en nullité est aussi susceptible d'annulation[218]. En effet, aux termes de l'article 2 alinéa 3 de la loi n° 2006/022 du 29 décembre 2006 fixant l'organisation et le fonctionnement des tribunaux administratifs, le recours en annulation pour excès de pouvoir a lieu pour : vice de forme, incompétence, violation d'une disposition légale ou réglementaire et détournement de pouvoir. Les formes jurisprudentielles de l'annulation sont multiples : fraude d'une partie qui fait immatriculer en son seul nom un immeuble familial[219], immatriculation au profit des personnes étrangères à la collectivité[220], etc.

Les motifs de la nullité, par eux-mêmes, s'apparentent à ceux élaborés dans le contentieux de l'excès de pouvoir, mais aussi se réfèrent aux hypothèses qui auraient justifié un retrait. Il en résulte que le contentieux de la nullité du titre foncier, en principe distinct, mais inscrit dans la veine du contentieux de l'annulation, s'apparente également au contentieux des droits subjectifs. En cela, il est tout particulier.

On peut alors considérer qu'un contentieux de la nullité, en réalité spécifique au titre foncier, côtoie celui de l'annulation des actes administratifs en matière foncière. La pratique jurisprudentielle semble cependant les regrouper sous l'appellation générique de contentieux de l'annulation[221].

L'annulation de l'acte peut relever de l'ordre virtuel, lorsqu'elle se conçoit en l'absence de tout texte. Il en est ainsi lorsqu'il y a violation des formalités substantielles d'établissement d'un acte juridique, c'est-à-dire des formalités sans lesquelles l'acte ne serait pas concevable. Tel

---

[218] TA-Centre, jugement n° 65/2018/TA-YDE du 6 mars 2018, TCHAKOUNTE David contre État du Cameroun (MINDCAF) et NGAMGA Etienne : en l'espèce, il s'agissait d'un recours en annulation contre un arrêté faisant droit à un recours en retrait de titre foncier.

[219] TA-Centre, n° 210/2016/TA-YDE du 19 juillet 2016, Famille EKOBENA NGA NYONGO (ESSONO Aloys) c/ État du Cameroun, inédit.

[220] TA-Centre, n° 169/2016/TA-YDE du 19 juillet 2016, MANGA BIHINA Michel c/ État du Cameroun (dans cette espèce, le juge procède à une substitution de nom sur le titre foncier), inédit...

[221] La doctrine tente une systématisation distinguant les cas de nullité d'ordre public auxquels n'appartiendraient pas les hypothèses de retrait : voir, à ce sujet, *Manuel du Représentant de l'État devant les Instances Judiciaires (Dans le cadre du contentieux foncier et domanial)*, ministère des Domaines et des Affaires foncières, Jurilex International.

est le cas, du titre foncier qui a été délivré sous l'effet de la contrainte physique ou morale, de celui résultant d'un morcellement, d'un double bornage[222] ou d'une mutation établis sur la base d'un acte de vente ou de donation irrégulier, d'une fraude consistant à faire établir le titre foncier d'un immeuble successoral au seul nom de la défenderesse[223], etc.

Tout compte fait, le droit positif prévoit un régime quasi manichéen de nullité, un système de « tout ou rien » sans état intermédiaire ; cette donnée se combine avec les limites traditionnelles de la compétence du juge dans les contentieux de l'annulation pour engendrer un système parfois inéquitable : en principe, le juge fait droit à la requête, ou pas. Il accède à la demande d'annulation ou la rejette, sans devoir se substituer à l'autorité compétente pour faire acte d'administration.

Par ailleurs, des interrogations se posent sur le sort des titres fonciers régulièrement délivrés sur la base d'un titre mère ultérieurement annulé ou sur celui de l'acquéreur de bonne foi d'un titre foncier invalidé par la suite. Ces interrogations sont intéressantes et se ramènent à une question principale, celle de l'étendue de la protection de l'acquéreur de bonne foi d'un titre foncier vicié ; le sort de titres fonciers dérivant d'un titre-mère ou d'un titre originel annulé, en cas de morcellement ou de mutation.

Cette problématique n'est pas formellement adressée par la législation foncière.

On pourrait cependant s'inspirer d'une disposition tirée de l'article 163 du décret de 1932 instituant le régime de l'immatriculation dans l'ex-Cameroun oriental, sur la pré-notation judiciaire[224], qui dispose que : « Toute demande portée devant les tribunaux, tendant à faire prononcer l'annulation ou la modification des droits réels immobiliers ou charges inscrits, pourra être mentionnée sommairement sur le titre… Si la demande n'a pas été inscrite, le jugement n'aura effet, à l'égard des tiers, qu'à compter du jour de son inscription et, dans tous les cas, ne pourra être opposé aux tiers de bonne foi ».

---

[222] CS/CA, jugement n° 34/04-05 du 29 décembre 2004, NOUMSI Jean Bosco c/ État du Cameroun (MINDCAF), inédit.

[223] CS/CA, jugement n° 43/05-06 du 18 janvier 2006, Succession OWONA c/ État du Cameroun (MINDAF), inédit.

[224] Voir, à ce sujet, infra, titre 2, chapitre 1, section 1, paragraphe 2.

Cette formulation susurre que faute de publicité par inscription préventive, le tiers de bonne foi ne sera pas atteint par la nullité du titre précédent duquel découle le sien.

Cette conclusion n'est pas unanimement admise dans la pratique. En effet, devant l'absence d'un régime de protection semblable à celui prévu en matière mobilière par les articles 2279[225] et suivants du Code civil, les vices du titre foncier originel atteignent souvent ceux qui en découlent. Cela d'autant plus qu'il est prévu que « le retrait du titre foncier délivré entraîne la mutation sans frais dudit titre au nom du propriétaire initial, s'il s'agit d'un immeuble immatriculé. L'immeuble est remis au même et semblable état où il se trouvait avant la délivrance du titre, s'il s'agit d'un immeuble non immatriculé »[226].

Dans tous les cas, l'acquéreur de bonne foi ne serait dépossédé de l'immeuble qu'après une juste et préalable indemnité d'éviction [227]; sans préjudice, le cas échéant, de la responsabilité de l'État, en cas de faute notamment, ou de tout autre intervenant fautif ou convaincu de fraude. La rigueur de l'annulation tout comme l'irrégularité du titre originel qui atteint parfois le titre dérivé de façon radicale sont porteuses de malaise.

Devant cette gêne, la pratique jurisprudentielle se montre inventive, en construisant un droit prétorien restrictif des hypothèses d'annulation, procédant à des annulations partielles voire à des rectifications avec insertion ou substitution de noms[228], à des modifications de droits[229] ou titulaires de droits inscrits aux titres. C'est ainsi que les juges décident des annulations partielles par suppression et remplacement de noms[230],

---

[225] Article 2279 du Code civil : « En fait de meuble, possession vaut titre ».

[226] Article 2, alinéa 4, du décret n° 76/165 du 27 avril 1976 fixant les conditions d'obtention du titre foncier.

[227] Article 555 du Code civil.

[228] TA-Centre à Yaoundé, jugements n° 126/2016/TA-YDE du 19 avril 2016, YENE François Xavier contre État du Cameroun (MINDCAF), n° 169/2016/TA-YDE du 14 juin 2016, NOAH Joseph Vincent de Paul contre État du Cameroun (MINDCAF), n° 152/2016/TA-YDE du 24 mai 2016, MBALA Bibiane contre État du Cameroun (MINDCAF).

[229] Dans une espèce, BELLA Hélène c/ État du Cameroun, TA-Centre à Yaoundé, jugements n° 351/2016/TA-YDE du 6 décembre 2016, le juge décide que le « titre foncier N° 8312/Mfoundi est partiellement annulé par extraction de la superficie de 280 m2 occupée et exploitée par la recourante avant le 05 août 1974 ».

[230] TA-Centre à Yaoundé, jugement n° 239/2016/TA-YDE du 9 août 2016, OMGBA OWONA contre État du Cameroun (MINDCAF).

par suppression et adjonction de noms[231], à l'annulation au cas par cas d'actes de titres dérivés[232].

Cependant, devant cette pratique d'annulation partielle, d'extraction de lots ou parcelles, de substitution ou d'insertion de noms, on peut se demander si le juge administratif ne fait pas acte d'administration ; on peut s'interroger sur la légalité de cette approche qui sans doute incite à une réforme législative.

Il reste que la nullité sanctionne l'illégalité et que, dans tous les cas, l'annulation anéantit rétroactivement l'acte. Cette conséquence rétroactive est également celle du retrait de l'acte.

- **Retrait et abrogation**

Le Contentieux du retrait s'inscrit, lui aussi, dans la droite ligne de la théorie générale. Le retrait de l'acte administratif, au même titre que sa nullité, l'anéantit rétroactivement[233]. Il ne concerne que les actes irréguliers[234].

L'irrégularité apparaît, dans ce cas, davantage comme la conséquence d'une méprise que d'une violation délibérée des procédures, des textes réglementaires ou de la loi. Pour autant, il s'agit d'une irrégularité ou d'une fraude[235] pouvant justifier une annulation de l'acte. C'est pourquoi dans la théorie juridique, le retrait est considéré comme un substitut, un équivalent de l'annulation juridictionnelle.

Le dessein du retrait est davantage, pour l'administration, de réparer une irrégularité que de sanctionner une illégalité ; d'anticiper par contrition sur une annulation du juge. Sauf cas de fraude du

---

[231] TA-Centre à Yaoundé, jugement n° 1358/2014/TA-YDE du 17 septembre 2014, EKOBENA NGA NYONGO contre État du Cameroun (MINDCAF).

[232] TA-Centre à Yaoundé, jugement n° 207/2016/TA-YDE du 19 juillet 2016, ATANGANA ESSOMBA Protais contre État du Cameroun (MINDCAF).

[233] Il peut cependant arriver que le juge décide de limiter dans le temps les effets d'une annulation, au nom de la sécurité juridique.

[234] En droit administratif général, le retrait des actes administratifs réguliers est interdit. Il n'est possible, à titre exceptionnel, que dans trois cas alternatifs : si l'acte n'a pas créé de droit, à la demande du bénéficiaire ou s'il est imposé à l'administration par une loi ou par le juge.

[235] CS/CA, jugement n° 76/04-05 du 27 avril 2005, YONGO Marc c/ État du Cameroun (MINUH) et DELANGUE KOLOKO Michel, CS/CA, jugement n° 50/06-07 du 28 février 2007, Succession EKOBENA FOUDA Jean c/ État du Cameroun (MINDAF) ; inédits.

bénéficiaire, le retrait du titre foncier ne peut intervenir que dans le délai du recours contentieux[236].

Il faudrait cependant distinguer le retrait pur et simple de l'abrogation, forme particulière de retrait normalement inspirée par des motifs d'opportunité. Le retrait rétroagit ; l'abrogation, elle, prive l'acte d'effet pour l'avenir sans remettre en cause les effets du passé.

La législation ne se prononce pas formellement sur la possibilité d'une abrogation de titre foncier ; pourtant, on eût pu envisager formellement, à défaut d'un retrait rétroactif, au moins un anéantissement pour l'avenir du titre foncier dans certaines hypothèses[237]. Il en sera ainsi, spécialement, du titre foncier obtenu à la suite d'une mise en valeur sur concession, suivi d'une cessation d'exploitation pendant une période plus ou moins longue et, de manière général de toutes les hypothèses où le maintien du titre foncier ne se justifie plus. Au lieu de cela, le législateur s'est arc-bouté sur les caractères intangible et définitif du titre.

Ces caractères innervent également le principe du retrait. Il n'a lieu qu'en cas d'irrégularité fautive de l'administration. L'article 2(3) du décret n° 76/165 du 27 avril 1976 fixant les conditions d'obtention du titre foncier dispose, à cet effet, que *: « ... le ministre chargé des Affaires foncières peut, en cas de faute de l'administration, résultant notamment d'une irrégularité commise au cours de la procédure d'obtention du titre foncier, et au vu des actes authentiques produits, procéder au retrait du titre foncier irrégulièrement délivré ».*

En matière foncière, l'exigence d'un fait fautif de l'administration fondant le retrait est ainsi formelle. Il semblerait alors qu'en cas d'irrégularité sans fautes imputable à l'administration, " toute personne dont les droits ont été lésés par suite d'une immatriculation n'a pas de recours sur l'immeuble, mais seulement, en cas de dol, une action personnelle en dommages-intérêts contre l'auteur du dol »[238].

---

[236] Art. 2(5) du Décret n° 76/165 du 27 avril 1976 fixant les conditions d'obtention du titre foncier, modifié et complété par Décret n° 2005/481 du 16 décembre 2005

[237] A priori, rien n'interdit à l'autorité administrative et au juge administratif d'appliquer le régime de droit commun de l'abrogation des actes administratifs au titre foncier

[238] Cette action en paiement des dommages-intérêts pour dol est portée devant le juge civil et obéit aux règles du contentieux y relatif.

En cas de retrait et en vertu du principe de l'effet rétroactif, le terrain objet du titre foncier retiré retrouve son *statu quo ante*[239]. Il revient au propriétaire précédent, si le terrain était immatriculé ; le retrait entraîne alors la mutation sans frais dudit titre en son nom. L'immeuble est remis au même et semblable état où il se trouvait avant la délivrance du titre, s'il s'agit d'un immeuble non immatriculé.

Le contentieux du retrait du titre foncier semble le plus abondant dans la pratique. Pourtant, en décidant que le titre foncier est « inattaquable, intangible et définitif »[240], le législateur manifestait son intention de clore tout débat une fois le titre foncier délivré.

Il n'en a rien été, ainsi que le démontre une casuistique de choix : le juge administratif considère comme faute grave pouvant justifier un retrait de titre foncier, la délivrance d'un titre sur les terres de la succession au seul nom d'un administrateur des biens, en violation des dispositions de l'article 10 du Décret 76/165 du 26 avril 1976, le fait de délivrer un titre sans statuer sur une opposition régulièrement introduite[241], ou pour la Commission consultative d'émettre deux avis favorables à deux personnes qui se disputent un même immeuble[242] ; pour ces faits, le juge annule les décisions attaquées. La possibilité de retrait du titre foncier apparaît ainsi comme une limite à son caractère définitif.

En réalité, la loi ne se détermine pas sur une typologie de fautes pouvant entraîner le retrait. Il suffit que l'administration ait commis une faute, quelle qu'elle soit[243], et spécialement un vice de procédure, en délivrant le titre foncier ainsi irrégulier.

---

239 Le retrait comporte donc un effet rétroactif, contrairement au principe de la non-rétroactivité des actes administratifs : CE 26 oct. 2001, TERNON, Rec. Lebon 497, concl. Séners ; RFDA 2002.77, concl. Séners, note P. Delvolvé ; LPA 2002, n° 31, p. 7, note Chaltiel ; CE, 3 nov. 1922, dame Cachet (Lebon 790 ; RDpub. 1922.552, concl. Rivet ; S. 1925.3.9, note Hauriou).

240 Décret n° 76/165 du 27 avril 1976 fixant les conditions d'obtention du titre foncier, modifié et complété par le décret n° 2005/481 du 16 décembre 2005.

241 Cour suprême, Chambre administrative, jugement n° 124/04-05 du 27 juillet 2005, MBIDA Barthélémy.

242 Cour suprême, Chambre administrative, jugement n° 25/03-04 du 25 janvier 2004, NKUENDA Jean.

243 La jurisprudence a une interprétation extensive de la faute en l'espèce. Elle considère que la faute peut être la conséquence d'une erreur provoquée par la fraude d'une partie intéressée qui obtient en son seul nom un titre foncier sur un immeuble collectif. Dans ce sens, Cour suprême, Chambre administrative, jugement n° 133 du

La faute de l'administration peut prendre des formes diverses : délivrance d'un titre foncier à un privé sur un domaine privé appartenant à une communauté urbaine[244], appropriation indue ou illégitime des mises en valeur d'autrui [245] et, de manière générale, de toute fraude[246], clandestinité, illégalité ou irrégularité pouvant justifier le retrait[247].

L'administration a la faculté de se rétracter, dans les délais du recours contentieux[248], sauf cas de fraude du bénéficiaire[249]. Par fraude, il faut entendre les malices de toutes sortes. La fraude, c'est connu, « *omnia corrumpit* » ; elle corrompt tout, même les délais de recours. Les hypothèses ne sont pas rares : le fait pour le gérant d'une société commerciale de faire immatriculer en son nom, un terrain acquis par ladite société ; le fait de faire immatriculer en usant d'artifice un terrain qui appartient à une autre personne ; le fait pour un mandataire, portant le même patronyme que son mandat, de faire immatriculer un terrain en son nom[250].

---

2 juillet 2009, dame veuve MEKONGO Pauline et ABOUI Marcelline c/ État du Cameroun.

244 Arrêté n° 0112/Y.09/MINUH/D31 du 26 février 1997, affaire ABESSOLO MEKA Martin, portant retrait du titre foncier n° 19500/Mfoundi.

245 Arrêté n° 0327/Y.07/MINUH/D310 du 24 juillet 1998, autorisant le retrait des titres fonciers 723, 741 et 826 du département de la Mémé.

246 Arrêté n° 0326/Y.09/MINUH/D114 du 11 juin 2006, NGUEMETA Jean, autorisant retrait du titre foncier n° 1410/Bamboutos.

247 Arrêté n° 0253/Y.09/MINUH/D310 du 6 juillet 1998, NGAKAM SILENOU Jean, NKOTO Albert, NJOH Philibert et consorts, portant retrait des titres fonciers n° s 24888/Wouri et 24983/Wouri

248 La jurisprudence se montre exigeante quant au respect de ce délai. Voir, à ce sujet, CS/CA, jugement du 18 décembre 1986, WOUAZE Michel contre Commune urbaine de DSCHANG, cité par EBANG MVE (U.N.), *Le titre foncier au Cameroun*, L'Harmattan, 2011, p. 159.

249 Article 2 alinéa 6 du décret n° 76/165 du 27 avril 1976 fixant les conditions d'obtention du titre foncier « le retrait du titre foncier prévu à l'alinéa 3 du présent article ne peut, sauf cas de fraude du bénéficiaire, intervenir que dans le délai du recours contentieux ».

250 Respectivement, CS/CA jugement N° 61 du 27 mars 1997 Société africaine commerciale de diffusion C/État du Cameroun ; CS/CA jugement N° 74 du 28 septembre 2000 succession NDEFO MBEWOU C/État du Cameroun ; CS/CA jugement N° 01 du 26 novembre 1998 ZIBI ZANGA C/État du Cameroun ; cités par M. BILLONG (S.P.), « le contentieux de l'annulation du titre foncier », conférence sur La problématique de la propriété foncière au Cameroun, hôtel de ville de MBALMAYO 18 nov. 2005, disponible sur le site web (www.environnement-

Dans tous les cas, il reste que le titre foncier est inattaquable, intangible et définitif. Seuls des motifs d'illégalité ou des hypothèses d'irrégularité, débouchant sur la nullité, le retrait ou la rectification peuvent apporter des tempéraments à ce principe.

- **Rectification**

La procédure de rectification du titre foncier n'a véritablement pas une vocation contentieuse. Elle intervient en cas d'omissions ou d'erreurs commises, soit dans le titre de propriété, soit dans les inscriptions[251].

Normalement, la rectification n'a lieu que pour des erreurs ou omissions susceptibles de régularisation. Elle n'est pas envisageable en cas d'illégalité ou d'irrégularités pouvant donner lieu à nullité ou au retrait du titre. Cette distinction n'est pas toujours bien perçue dans la pratique[252].

Aux termes des dispositions des articles 39 et suivants du Décret n° 76/165 du 27 avril 1976 fixant les conditions d'obtention du titre foncier, deux hypothèses de rectification doivent être distinguées :

Le conservateur foncier peut d'office rectifier, sous sa responsabilité, les irrégularités provenant de son fait ou du fait d'un de ses prédécesseurs, dans les documents ayant servi à l'établissement du titre foncier ou à toutes inscriptions subséquentes. Il s'agit dans ce cas des irrégularités typiquement matérielles, mais aussi, semble-t-il, des demandes de rectification n'ayant a priori pas d'incidence sur les droits des tiers bien que pouvant bouleverser la substance des droits que confère le titre. Dans tous les cas, cette rectification n'a lieu que si elle n'entraîne pas des conséquences sur les droits d'autrui.

La rectification proprement dite est accordée par décret du Premier ministre. Il en est ainsi si elle porte atteinte aux droits des tiers, le décret

---

propriete.org. /français/documentation/doc/la problématique de la propriété foncière au cameroun.pdf.

[251] Art. 39 (2) du décret n° 76/165 du 27 avril 1976 fixant les conditions d'obtention du titre foncier, modifié et complété par le décret n° 2005/481 du 16 décembre 2005.

[252] Le juge administratif assimile parfois la rectification à l'annulation partielle pour fonder sa compétence (TA-Centre, n° 251/2016/TA-YDE du 16 août 2016 NGOUMOU Ignace c/ État du Cameroun). Dans une espèce où le titre foncier avait été délivré malgré des contestations, qui se sont avérées fondées, sur l'étendue de la mise en valeur, le juge administratif ordonne plutôt « la rectification par adjonction de nom au titre foncier querellé » (CS/CA, jugement n° 96/02-03 du 31 juillet 2003, ENOBO Béatrice c/ État du Cameroun.

devant alors, le cas échéant, fixer les modalités de sauvegarde des droits des tiers[253]. Cela se comprend, car pareille mesure est susceptible de contestation.

Bien que la notion de tiers demande à être clarifiée par une jurisprudence foncière spécifique, ce qui n'est pas encore le cas, il faudrait déjà admettre qu'il s'agit des tiers étrangers, de véritables *penitus extranéi*, c'est-à-dire des personnes sans lien de droit avec la personne ou la collectivité inscrite au titre.

2. *Les contentieux de l'expropriation, de la préemption et de la réquisition, de l'emprise et de la voie de fait*

À l'exception du contentieux de la réquisition, les contentieux de l'expropriation, de l'emprise et de la voie de fait sont typiquement des contentieux d'atteintes à la propriété foncière. Ces contentieux ressortissent de la compétence du juge judiciaire. C'est donc à titre exceptionnel, à cause des prérogatives de la puissance publique, qu'ils sont portés devant le juge administratif, lorsque l'administration est auteur des faits.

L'atteinte à la propriété privée, du fait de l'administration, peut apparaître à la suite d'une mise en œuvre plus ou moins abusive d'un acte administratif, d'une disposition législative ou d'un acte réglementaire. L'atteinte peut résulter d'un fait complètement étranger au droit, se rapprochant carrément de l'arbitraire. Le requérant saisira alors le juge pour engager la responsabilité de la puissance publique ou pour demander l'annulation de l'acte administratif.

Plusieurs formes d'atteintes, que nous regroupons sous trois rubriques, sont souvent évoquées : l'expropriation et la réquisition, l'expropriation et la préemption, l'emprise et la voie de fait.

- **Expropriation et réquisition**

Le contentieux de l'expropriation est très abondant. Selon la formule du Pr André de LAUBADERE, pratiquement reprise par la jurisprudence[254], il s'agit d'*« une opération administrative par laquelle l'État oblige un particulier à lui céder la propriété d'un immeuble dans*

[253] Art. 39 (3) du décret n° 76/165 du 27 avril 1976 fixant les conditions d'obtention du titre foncier, modifié et complété par le décret n° 2005/481 du 16 décembre 2005.
[254] CFJ/CAY, Arrêt n° 78, 17 septembre 1966, *FOUDA MBALLA Moïse.*

un but d'utilité publique, moyennant une juste et préalable indemnité »[255].

L'expropriation pour cause d'utilité publique doit être distinguée de certaines notions voisines telles que la réquisition administrative, la nationalisation, même pour cause d'utilité publique[256].

L'expropriation survient pour la seule cause d'utilité publique, ce qui n'est pas le cas de la nationalisation qui peut avoir lieu pour cause d'utilité publique, pour cause d'indépendance économique, d'orientation idéologique, etc. La nationalisation est une procédure législative[257] cependant que l'expropriation est une procédure administrative, tout comme le pouvoir de réquisition.

L'expropriation se distingue de la réquisition par son objet et par son régime de réparation. L'expropriation porte sur des droits réels immobiliers, en particulier le droit de propriété, moyennant une juste et préalable réparation alors que la réquisition porte en principe sur des biens meubles[258] ainsi que des prestations de services et ne donne lieu à indemnisation qu'après la prestation ou la dépossession.

L'expropriation a lieu pour cause d'utilité publique alors que les pouvoirs publics ont la possibilité de réquisitionner, c'est-à-dire de se saisir d'autorité et en cas de nécessité, de personnes qui doivent accomplir certaines diligences ou des biens pour des besoins d'opérations militaires ou civiles. La nécessité peut tenir à un besoin d'utilité publique ou une condition de déficit logistique pour faire face à l'accomplissement d'une mission de service public, à une circonstance d'accident, un état de catastrophe ou une hypothèse de calamité. La Justice procède souvent aux réquisitions de véhicule pour les déplacements des tribunaux en audiences foraines.

La réquisition mobilière peut se faire en jouissance ou, comme l'expropriation, en propriété ; la réquisition foncière ne peut se faire qu'en jouissance. Si l'administration envisage une prise en propriété d'un immeuble, elle se doit de procéder à une expropriation.

---

[255] De Laubadère (A), *Droit administratif des Biens*, Montchrestien, 2002, p. 247.

[256] Voir, Joseph OWONA, *Domanialité publique et expropriation pour cause d'utilité publique au Cameroun*, L'Harmattan, 2012, p. 51 et 52.

[257] En droit camerounais et en droit français, qui l'inspire, tout au moins.

[258] Article 2 de loi n° 68/LF/04 du 11 juin 1968 portant organisation du régime des réquisitions.

Le régime de l'expropriation résulte de diverses dispositions constitutionnelles, législatives et réglementaires :

Le Préambule de la Constitution[259], faisant partie intégrante du texte[260], énonce que « La propriété est le droit d'user, de jouir et de disposer des biens garantis à chacun par la loi. Nul ne saurait en être privé si ce n'est pour cause d'utilité publique et sous la condition d'une indemnisation dont les modalités sont fixées par la loi » ;

L'article 12 de l'Ordonnance n° 74-1 fixant le régime foncier, quant à lui, dispose que : « pour la réalisation des objectifs d'intérêts généraux, l'État peut recourir à la procédure d'expropriation. Cette procédure est engagée soit directement lorsqu'elle vise à réaliser des opérations d'intérêt public, économique ou social, soit directement à la demande des communes, des établissements publics ou des concessionnaires de services publics, lorsque les tentatives de règlement à l'amiable entre ces organismes et les propriétaires se sont révélées infructueuses » ;

Enfin, l'article 545 du Code civil ajoute que « nul ne peut être contraint à céder sa propriété si ce n'est pour cause d'utilité publique et moyennant une juste et préalable indemnité ».

C'est sur la base de ces textes que la loi n° 85-09 du 4 juillet 1985 relative à l'expropriation pour cause d'utilité publique et aux modalités d'indemnisation a été élaborée. L'article 2 de cette loi est tranché : « L'expropriation pour cause d'utilité publique affecte uniquement la propriété privée telle que reconnue par les lois et règlements ».

Il faudrait alors se souvenir de l'article 1er du décret n° 76/165 du 27 avril 1976 fixant les conditions d'obtention du titre foncier qui dispose que « le titre foncier est la certification officielle de la propriété immobilière ».

Par ailleurs, les autres formes de preuve de la propriété, prévues avant la grande réforme de 1974, sont de nos jours inopérantes, soit qu'elles ont été transformées en titres fonciers, soit qu'elles sont frappées de péremption ou de déchéance, et leurs auteurs déchus de la qualité de propriétaires[261].

---

259 Constitution du 2 juin 1972 révisée par la loi n° 96/06 du 18 janvier 1996 et la loi n° 2008/001 du 14 avril 2008.

260 Article 65 de la Constitution.

261 Voir, à ce sujet, les développements du chapitre préliminaire ci-dessus.

Il en découle que seuls les droits de propriété établis, au moyen d'un titre foncier[262], sont soumis au droit de l'expropriation moyennant indemnisation. Autrement dit, les occupants d'espaces domaniaux et même les bénéficiaires de certaines concessions administratives ou municipales ne bénéficient pas du régime de l'expropriation pour cause d'utilité publique, et donc du contentieux qui en découle.

Le contentieux de l'expropriation est double, réparti entre le juge administratif et le juge judiciaire. Il en est de même de celui de la réquisition administrative, révélée ci-dessus comme une variante d'expropriation :

Le juge administratif connaît du principe même de l'expropriation ou de la réquisition et, en conséquence, de l'acte administratif qui en décide.

Normalement, en ce qui concerne l'expropriation, il s'agit du décret présidentiel décidant de l'expropriation, car les actes intermédiaires à cette intervention sont considérés comme ne faisant pas grief parce que non-décisoires[263] à cet effet.

C'est pourquoi, à la suite de l'article 5 de la loi n° 85-09 du 4 juillet 1985 relative à l'expropriation pour cause d'utilité publique et aux modalités d'indemnisation, l'article 14 du décret n° 87/1972 du 18 décembre 1987, décret d'application de ladite loi, précise que : « ... l'arrêté de déclaration d'utilité publique est suspensif de toute transaction, de toute mise en valeur et de toute délivrance de permis de construire. Toutefois, il ne fait pas obstacle à la poursuite des procédures d'immatriculation du domaine national de première catégorie au profit de leurs occupants et de leurs exploitants »[264].

---

262 Dans une certaine mesure des actes d'emphytéose ou de concessions administratives définitives.

263 Le Pr. TIENTCHEU affirme, en effet, que le REP est exclu contre l'arrêté du ministre, car la déclaration d'utilité publique ne repose pas sur un terrain précis, celui-ci devant être choisi par la Commission de Constat et d'Évaluation désignée par l'arrêté. Il en déduit que l'arrêté du ministre portant déclaration d'utilité publique ne saurait être reconnu comme acte administratif créateur de droits ; en conséquence, il est insusceptible de recours contentieux. Voir A. TIENTCHEU NJIAKO, *Droits fonciers urbains au Cameroun,* Yaoundé, PUA, 2012, p. 390.

264 Si on peut aisément comprendre le principe de la suspension de transactions postérieures à l'arrêté déclarant l'utilité publique, on pourrait en revanche se demander pourquoi la poursuite des procédures d'immatriculation antérieures n'est permise que pour les terres du domaine national de première catégorie.

En pratique, cependant, on observe que les fonctionnaires du Ministère des domaines, du cadastre et des Affaires foncières refusent de procéder à une quelconque diligence – bornage, plans, certificats et, a fortiori, délivrance de titre foncier – dans les zones faisant l'objet d'un arrêté ministériel d'utilité publique. Ce qui est porteur de griefs et donc susceptible de faire naître des contentieux

En matière de réquisition, les autorités administratives compétentes sont davantage variées : autorités ministérielles, gouverneurs, préfets, maires et même, dans certaines conditions, autorités judiciaires.

Le juge administratif examine la forme de l'acte, ses motifs, sa motivation, ainsi que les procédures mises en œuvre. Il vérifie, dans un cas, la nécessité de recourir à la réquisition et, dans l'autre cas, le motif d'utilité publique et le principe d'indemnisation. Cet examen peut déboucher sur une annulation pour excès de pouvoir ou engendrer une responsabilité administrative pour grief.

Lorsque le principe de la réquisition est fondé, l'article 12 de la loi n° 68/LF/04 du 11 juin 1968 portant organisation du régime des réquisitions procède à une répartition délicate des compétences juridictionnelles en ces termes : « 1- les Tribunaux judiciaires sont compétents pour connaître des demandes en réparation en matière de logement et cantonnement à raison des vols, incendies, pillage, dégradation, etc. L'indemnité est accordée dans les conditions de droit commun ; 2- les règles du contentieux administratif sont applicables pour toute autre réclamation en matière d'indemnité ».

On en déduit que « la compétence du juge judiciaire est strictement limitée à la réparation des dommages matériels causés à l'immeuble objet de la réquisition. La réparation de tout autre préjudice causée au prestataire, par exemple le manque à gagner sur les loyers que lui procurait l'immeuble, ou le préjudice moral du fait de la profanation d'une sépulture, les frais de déménagement et de réinstallation, relève de la compétence du juge administratif »[265].

Pour ce qui est de l'expropriation pour cause d'utilité publique, l'article 12 de la loi n° 85-09 du 4 juillet 1985, suscitée, prévoit que : « en cas de contestation sur le montant des indemnités, l'exproprié adresse sa réclamation à l'administration chargée des domaines. S'il

[265] MBUNJA (Y.), « la protection de la propriété immobilière privée par le juge civil », actes de la Conférence sur la problématique de la propriété foncière au Cameroun, MBALMAYO, 18 novembre 2005.

n'obtient pas satisfaction, il saisit dans un délai d'un mois, à compter de la notification de la décision contestée, le tribunal judiciaire compétent du lieu de situation de l'immeuble ».

Le juge judiciaire est donc chargé, dans ce cas, de vérifier l'adéquation de l'indemnisation accordée. Il s'agit ainsi d'un contentieux d'appendice, portant sur l'appréciation des mesures d'accompagnement de l'expropriation. Nous y reviendrons[266].

En pratique, le contentieux de l'utilité publique[267], devant le juge administratif, est suffisamment nourri et se complète de celui de la rétrocession, en cas de caducité de l'acte d'expropriation, qui intègre difficilement le prétoire camerounais du juge administratif[268].

Plusieurs options dans le droit camerounais de l'expropriation sont porteuses de gêne : la répartition des compétences entre le juge administratif, compétent pour statuer sur le principe de l'expropriation, et le juge judiciaire chargé de garantir une indemnisation juste. L'orientation de la notion d'expropriation, en principe conçu pour les terrains immatriculés[269] et l'ouverture conséquente du droit

---

[266] Voir, titre 2 : le règlement judiciaire du contentieux foncier.

[267] Arrêt n° 159/A/CFJ/CAY du 13 mai 1971, aff. Nlibas NGUIMBOUS c/ État Fédéré du Cameroun Oriental et arrêt n° 160/CFJ/CAY du 8 juin 1971, aff. FOUDA MBALLA Maurice c/ État Fédéré du Cameroun Oriental, cités par J. OWONA, *Domanialité publique et expropriation pour cause d'utilité publique au Cameroun*, L'Harmattan, 2012, p.95. et A.TIENTCHEU NJIAKO, *Droits fonciers urbains au Cameroun,* Yaoundé, PUA, 2012, p. 363.

[268] CS/CA jugement n° 12/83/84 du 26 mai 1984, dame veuve ONGONO Régine c/ État du Cameroun ; CS/CA jugement n° 544/94/95 du 30 novembre 1995 sur Recours n° 544/94/95 du 9 novembre 1994, Société Renault Cameroun c/ État du Cameroun, Juridis-Périodique n° 32, Octobre-Novembre-Décembre 1997, p. 28-38. Il s'agit d'une question soutenue par une circulaire du Secrétaire général de la Présidence de la République à l'intention du ministre de l'Urbanisme et de l'Habitat, recommandant « d'examiner cas par cas les modalités de rétrocession des terrains non utilisés aux anciens propriétaires ainsi qu'aux victimes non indemnisées pour les terres affectées à des projets finalement abandonnés ». La question de la valeur de cette prescription s'est posée, dès lors qu'elle en rajoute aux dispositions de la loi n° 85-09 du 4 juillet 1985 relative à l'expropriation, muette sur la rétrocession des droits expropriés. Voir, à ce sujet, J. OWONA, *Domanialité publique et expropriation pour cause d'utilité publique au Cameroun*, L'Harmattan, 2012, p.95.

[269] L'article 2 de la loi n° 85-09 du 4 juillet 1985 relative à l'expropriation pour cause d'utilité publique et aux modalités d'indemnisation dispose que « l'expropriation pour cause d'utilité publique affecte uniquement la propriété privée telle qu'elle est reconnue par les lois et les règlements ».

d'indemnisation aux seuls titulaires du titre foncier[270], alors même qu'un véritable droit foncier est indéniable aux collectivités coutumières ainsi qu'aux occupants de bonne foi des parcelles du domaine national[271] ; enfin, l'absence de toute disposition claire sur la rétrocession, son principe et ses modalités de mise en œuvre, qui reste soumise aux aléas d'une jurisprudence encore tatillonne.

Sur cette dernière problématique, en effet, les juges ont commencé par déclarer irrecevables, pour faute de procédure – absence de recours gracieux préalable-, un certain nombre de requêtes en rétrocession de terres expropriées[272]. Parce qu'ils n'avaient pas cru devoir se prononcer sur le fond, la doctrine a reproché aux juges d'avoir sacrifié le fond à l'autel de la forme.

C'est plus tard, que la Chambre administrative de la Cour suprême affirma que : « ... *en dehors des 6000 mètres carrés du marché du MFOUNDI, le reste du terrain, soit près de 27 000 mètres carrés, n'a pas fait l'objet d'une expropriation effective et par conséquent le décret attaqué, qui, en même temps déclare cause d'utilité publique et exproprie, est caduc en ce qui concerne cette contenance superficielle qui doit de ce fait revenir au propriétaire initial* »[273], avant de se faire

[270] La rigueur de la loi cette disposition aurait conduit à exclure du champ de l'indemnisation les bénéficiaires des droits d'usufruit, d'emphytéose, de servitudes de superficie, de préemption, d'hypothèques ou de privilèges divers. Ayant perçu le malaise, l'article 4 du décret n° 87/1872 du 18 décembre 1987 portant application de la loi n° 85/09 du 4 juillet 1985 a prévu que la Commission de constat et d'évaluation sera chargée de « constater les droits et d'évaluer les biens mis en cause, d'identifier leurs titulaires et propriétaires... ». On peut donc conclure avec M. MBUNJA (Y.), « la protection de la propriété immobilière privée par le juge civil », actes de la Conférence sur la problématique de la propriété foncière au Cameroun, MBALMAYO, 18 novembre 2005, que l'exproprié serait le propriétaire de l'immeuble, mais aussi toute victime recensée et figurant dans le décret d'indemnisation. Dans ce sens, CS/AP, arrêt du 16 août 1990, Albert ONO NGAFOR c/ État du Cameroun, Juridis-Périodique n° 46, avril-mai-juin 2001, pp. 39-41, Note Célestin NKEUTCHA TCHAPNGA.

[271] MIENDJIEM (I.L.), Le droit des occupants du domaine national, Thèse de doctorat d'État, Université de Yaoundé II-SOA. 2007.

[272] CS-CA, Jugement N° 12/83/84 du 26 mai 1984 Dame veuve ONGONO Régime c/ État du Cameroun ; Jugement n° 70/85-86 du 29 mai 1986, dame ONGONO, Penant, 1989, p. 521, note KAMTO (M.) ; Jugement n° 56/92/93 du 24 juin 1993, DZOU ESSOMBA c/ État du Cameroun.

[273] CS/CA, Jugement du 30 novembre 1995, Renault Cameroun c/État du Cameroun, Juridis-Périodique n° 32 décembre 1997, note Aba'a Oyono (J.C) ; confirmatif : AP/CS N° 8A du 26 décembre 1995. Cette jurisprudence est en droit ligne de

à nouveau rétive. S'appuyant, cette fois, sur une distinction entre l'arrêté d'expropriation, qui n'est qu'une étape vers l'expropriation effective, et le décret d'expropriation qui accomplit le dessein administratif, le juge décide que la question de la rétrocession n'est envisageable qu'en cas d'expropriation effective[274].

Le droit de préemption, en matière administrative, est une prérogative qui permet à la puissance publique de se porter acquéreur prioritaire d'un bien immobilier qu'un propriétaire désire vendre[275]. Il s'agit d'une préférence légale qu'il faudrait distinguer du droit de préemption que les particuliers ou même les personnes morales de droit public peuvent se ménager par voie conventionnelle, très souvent dans certaines formes de baux[276]. La préemption administrative s'applique dans les zones où l'État ou les collectivités territoriales décentralisées souhaitent s'assurer de la maîtrise du sol, contrôler l'évolution des prix fonciers ou acquérir certains immeubles, sans avoir recours à la procédure d'expropriation.

À la différence de l'expropriation pour laquelle l'État prend l'initiative de déposséder le propriétaire de son immeuble, c'est à celui-ci, s'il entend aliéner son immeuble, de le soumettre à la préemption de la personne morale de droit public. À la différence de l'expropriation, l'exercice du droit de préemption n'est donc pas un acte de cession forcée, mais un privilège d'acquéreur qui évince tout autre acquéreur aux mêmes conditions d'achat.

---

l'article 13 du décret n° 87/1972 du 18 décembre 1987, portant application de la loi n° 85/09 du 04 juillet 1985, qui dispose : « l'arrêté de déclaration d'utilité publique devient caduc si, dans un délai de deux ans, à compter de la notification au service ou à l'organisme bénéficiaire, il n'est pas suivi d'expropriation effective ».

[274] CS-CA, Jugement n° 39/2009 du 28/1/2009 CONTOSLAVLOS Marie C/État du Cameroun. Pour aller plus loin sur la question, voir : BILONG (S.), « Histoire d'une vraie fausse fausse couche d'une garantie du droit fondamental de propriété ; le droit de rétrocession en droit camerounais », *Juridis-Périodique*, n° 108, 2016, p. 80.

[275] Article 86 de la loi n° 2004/003 du 21 avril 2004 régissant l'urbanisme au Cameroun.

[276] L'article 5 alinéa 2 de l'Ordonnance n° 74-1 du 6 juillet 1974 fixant le régime foncier contient un droit de préférence au profit des occupants de bonne foi qui habitent des immeubles, objet de droits réels reconnus par un jugement définitif, en cas de vente desdits immeubles.

La vente au Cameroun de tout immeuble par une mission diplomatique ou consulaire[277] situé dans une zone de préemption[278] est soumise à la personne publique pour l'exercice facultatif de son droit. Celle-ci dispose d'un délai de deux (2) mois pour lever l'option de préemption. Son silence vaut renonciation au droit.

En dehors, semble-t-il de l'hypothèse concernant les étrangers où l'extranéité pourrait suffire à motiver la préemption, la mise en œuvre du droit de préemption doit être justifiée par l'un des motifs prévus par la loi, notamment la réalisation de certaines opérations répondant à des objectifs tels que : la restructuration urbaine, l'organisation ou le développement d'activités économiques, la réalisation d'équipements collectifs, la mise en place d'une politique globale de l'habitat, la stabilisation des prix immobiliers[279].

Le principe est que les contestations relatives à l'exercice du droit de préemption relèvent de la compétence du juge administratif puisqu'elle est mise en œuvre au moyen d'un acte administratif, avant la finalisation de la vente par un acte notarié[280]. L'autorité qualifiée pourrait d'ailleurs, à notre sens, prendre l'acte portant préemption après une vente finalisée en fraude de ses droits, fraude du propriétaire-vendeur, ou collusion frauduleuse avec l'acquéreur, par exemple sur le prix. Le cas échéant, il pourrait précéder l'exercice du droit de préemption d'un retrait du titre foncier délivré.

- **L'emprise et la voie de fait administratives**

L'emprise, au sens ordinaire, est le fait pour l'Administration de déposséder un particulier d'un bien immobilier, légalement ou

---

[277] Article 10 – 3) de l'Ordonnance n° 74-1 du 6 juillet 1974 fixant le régime foncier.

[278] La zone de préemption est définie par l'article 88 de la loi n° 2004/003 du 21 avril 2004 régissant l'urbanisme au Cameroun. Il s'agit les terrains classés dans les documents de planification urbaine approuvés en tant que : a) quartier à restructurer et/ou à rénover ; b) immeuble à démolir pour non-respect d'un plan d'alignement ou de servitude de construction ; c) espace à aménager en : voie ou place ; espace vert public ou de loisirs ; équipement collectif ; zone de logements sociaux ; zone de restauration de bâtiment ; zone d'activités industrielles ; zone sensible à sauvegarder pour des raisons environnementales, culturelles, historiques ou touristiques ; réserve foncière.

[279] Article 87 de la loi n° 2004/003 du 21 avril 2004 régissant l'urbanisme au Cameroun.

[280] Les autres litiges liés à la vente (garanties et obligations des cocontractants, validité de l'acte notarié…), en dehors de la problématique de la préemption, seront du domaine juge judiciaire puisqu'il s'agit, en réalité, d'une opération de droit privé.

illégalement, à titre temporaire ou définitif, à son profit ou au profit d'un tiers. C'est pourquoi l'on distingue souvent l'emprise régulière, qui se rapprocherait de l'expropriation, de l'emprise irrégulière à laquelle la loi semble réserver l'appellation.

Dans ce sens, l'emprise est considérée comme la prise de possession irrégulière, par l'administration, d'une propriété immobilière. Trois éléments sont ainsi exigés pour caractériser l'emprise : l'irrégularité – fait administratif, la dépossession effective du propriétaire et la nature immobilière du bien ou du droit réel en cause.

La voie de fait, quant à elle, est une action grossière portant gravement atteinte au droit de propriété ou, plus largement, aux droits et libertés fondamentaux des individus. La voie de fait est un acte tellement grossier de l'administration qu'il est insusceptible de se rattacher à l'exécution d'un texte législatif ou réglementaire[281]. Elle est immobilière lorsqu'elle porte atteinte à un droit de propriété foncière et peut dans ce cas se rapprocher d'une emprise.

Les cas d'emprise ou de voie de fait sont variés : délimitation irrégulière du domaine public, transfert de propriété à l'administration à la suite d'une expropriation, dépôt d'une citerne par l'administration sur une propriété privée, creusement de canaux sur une propriété privée, destruction d'un mur sur une propriété privée, violation d'un domicile par l'administration, violation d'une sépulture, etc.

Le régime de traitement juridictionnel de l'emprise et de la voie de fait est bien nuancé. Il est acquis depuis longtemps que le juge administratif constate l'emprise ou la voie de fait et que le juge judiciaire répare et ordonne toute mesure pour y mettre fin[282].

Cette répartition de compétences, sorte de traité de paix entre les juges, est aujourd'hui menacée par un courant doctrinal qui pense notamment qu'en la matière, sans préjudice de la compétence du juge

---

[281] CFJ-AP, arrêt n° 10 du 17 octobre 1968, MVE DONGO c/ NGADA Victor ; jugement n° 12/CS/CA du 28 janvier 1982, dame BINAM née Ngo JOM Fidèle c/ État du Cameroun.

[282]Tribunal des Conflits, GUIGON contre Armées, Rec. Lebon, n° 1889, p. 830 ; JCP 1967.II.15135, conclusions. R. LINDON ; AJDA 1966. 547, note A. de LAUBADERE ; D. 1968. 7, note J.-C. DOUENCE.

administratif, le juge judiciaire dispose en réalité des pleins pouvoirs : il peut constater, réparer et y mette fin[283].

Mais aussi, en France notamment, par le juge administratif qui, jaloux de sa sphère de rayonnement en tant que juge de l'action administrative, se sert de plus en plus de la procédure d'urgence, le référé notamment, pour constater la voie de fait administrative et porter des injonctions à l'administration afin qu'il y soit mis fin[284].

Avec l'aval du tribunal des conflits, il relativise la théorie de l'emprise irrégulière en se déclarant compétent en cas d'emprise, régulière ou irrégulière, pour faire cesser et réparer. Seuls seront de la compétence du juge judiciaire les cas où l'atteinte ira jusqu'à entraîner l'extinction du droit de propriété, c'est-à-dire lorsque, plus qu'une emprise, l'agissement sera constitutif d'une voie de fait.

On aboutit presque à un nouveau schéma de compétence, où le juge administratif sera pleinement compétent pour constater et réparer les cas d'emprises et le juge judiciaire pleinement compétent pour constater et réparer les voies de fait. Ce dernier, on le verra, s'étant déjà, lui aussi, engouffré dans cette brèche[285].

Dans tous les cas, l'article 3 de la loi n° 2006/022 du 29 décembre 2006 fixant l'Organisation et le fonctionnement des tribunaux administratifs prévoit que les tribunaux de droit commun connaissent « ... des emprises et des voies de fait administratives et ordonnent toute mesure pour y mettre fin ».

Le même texte ajoute, toutefois, qu'il est statué par la chambre administrative de la Cour suprême sur l'exception préjudicielle soulevée en matière de voie de fait administrative et d'emprise.

On peut en déduire que le traitement juridictionnel de l'emprise et de la voie de fait diffère selon que le contentieux est conduit par voie d'action ou présenté à titre d'incident. Par voie principale, le contentieux peut être porté devant tout juge administratif

[283] BIPELE KEMFOUEDIO (J.), « le contentieux de la voie de fait administrative et de l'emprise irrégulière au Cameroun : contribution à la répartition des compétences entre le juge judiciaire et le juge administratif », *Juridis-Périodique*, n° 93, 2013, p. 65.

[284] T. confl., 12 mai 2010, Alberigo, T., p. 694-904.

[285] Voir infra, titre 2, chapitre 1, section 1, paragraphe 1.

territorialement compétent [286]; par voie d'exception, il est attribué à la chambre administrative de la Cour suprême.

Cependant, il faudrait distinguer deux hypothèses, selon que l'exception est soulevée devant le juge administratif ou pas :

Dans un premier temps, s'il est admis que tout juge administratif peut connaître de l'emprise ou de la voie de fait, il est alors juge du principal et juge de l'exception. Pour autant, et malgré la compétence de principe qui leur est reconnu pour connaître, en premier ressort, de l'ensemble du contentieux administratif, les tribunaux administratifs doivent, lorsqu'ils se retrouvent devant une difficulté d'interprétation ou d'appréciation de la légalité d'un acte législatif ou réglementaire, surseoir à statuer et renvoyer la question devant la chambre administrative de la Cour suprême[287].

Ce recours consultatif, qui instaure un dialogue entre les juges inférieurs et supérieurs, devrait être distingué des recours juridictionnels traditionnels ; il aurait dû, surtout, être davantage démarqué du renvoi préjudiciel traditionnel[288]. En décidant que le tribunal administratif doit « surseoir à statuer et renvoyer » devant la chambre administrative qui rend un avis dans les trois mois de sa saisine, le législateur camerounais institue une question préjudicielle et une obligation de renvoi au sein même de l'ordre administratif, entre juges administratifs de fond[289].

---

[286] Cour suprême, Chambre administrative, jugement du 30 novembre 1978, ATANGANA NTONGA Sylvestre c/ État du Cameroun. L'article 14 de la loi n° 2006/022 du 29 décembre 2006 fixant l'organisation et le fonctionnement des tribunaux administratifs dispose que : (1) « les tribunaux administratifs sont, sauf dispositions contraires de la loi, juges de droit commun du contentieux administratif en premier ressort ».

[287] Article 14 de la loi n° 2006/022 du 29 décembre 2006 fixant l'organisation et le fonctionnement des tribunaux administratifs

[288] Il s'agit d'un point de vue, d'autant que la formulation législative est en ces termes : art. (2), « Nonobstant les dispositions de l'alinéa 1 ci-dessus, les tribunaux administratifs doivent, lorsqu'ils se retrouvent devant une difficulté d'interprétation ou d'appréciation de la légalité d'un acte législatif ou réglementaire, surseoir à statuer et **renvoyer** la question devant la chambre administrative de la Cour suprême ».

[289] Il résulte de diverses dispositions combinées de la loi n° 2006/022 du 29 décembre 2006 fixant l'organisation et le fonctionnement des tribunaux administratifs et de celle n° 2006/016 du 29 décembre 2006 fixant l'organisation et le fonctionnement de la Cour suprême que la Chambre administrative de la Cour suprême est juge d'appel des décisions rendues en premier ressort par les tribunaux administratifs.

Pourtant, la procédure d'avis est classiquement une procédure de « juge à juge », facultative, permettant à une juridiction supérieure d'anticiper à la demande d'un juge de fond, sur le sens et la portée d'une norme ou d'un principe de droit[290]. La procédure d'avis administratif devant le Conseil d'État ou d'avis contentieux devant la Cour de cassation, en France, n'est pas préjudicielle en principe, au sein d'un même ordre juridictionnel bien qu'il soit admis que « la doctrine de la Cour s'impose aux juges avec la même force d'airain que la loi dont elle est chargée d'assurer le respect : la cassation »[291].

Devant le malaise, le défunt Pr KEUTCHA TCHAPGAN[292] plaide pour que cette « question de droit préjudicielle » ne soit pas considérée comme une marque de défiance à l'égard des tribunaux administratifs. Il affirme que l'enjeu est de pallier les balbutiements des juridictions administratives nouvellement déployées dans les régions, mais indexe l'embarras créé par la loi qui ne dit pas si la Chambre administrative délivrera l'avis comme juge d'appel ou juge de cassation.

Par ailleurs, la problématique du renvoi devant la chambre administrative de la Cour suprême des difficultés d'interprétation ou d'appréciation de la légalité d'un acte législatif est un clair-obscur, car l'entendement de la « légalité d'un acte législatif » n'est pas facile, d'autant plus que le juge administratif n'a pas vocation à connaître de la juridicité des lois[293]. C'est, peut-être, à comprendre qu'il s'agit des

---

[290] Article 14 alinéa 3. Sur le régime général des avis sur contentieux, en droit OHADA et en droit français, voir TCHANTCHOU (H.), *La supranationalité judiciaire dans le cadre de l'OHADA* (*Étude à la lumière du système des Communautés Européennes*), L'Harmattan, 2009, pp. 121-129.

[291] ZENATI (F.), « la saisine pour avis de la Cour de cassation », DS., 1992, Chron. 247. Devant le malaise, le Pr KEUTCHA TCHAPNGA (C.), « La réforme attendue du contentieux administratif au Cameroun », *Juridis-Périodique*, n° 70, 2007, p. 27, plaide pour que cette « question de droit préjudicielle » ne soit pas considérée comme une marque de défiance à l'égard des tribunaux administratifs. Il affirme que l'enjeu est de pallier les balbutiements des juridictions administratives nouvellement déployées dans les régions, mais indexe l'embarras créé par la loi qui ne dit pas si la Chambre administrative délivrera l'avis comme juge d'appel ou juge de cassation.

[292] KEUTCHA TCHAPNGA (C.), « La réforme attendue du contentieux administratif au Cameroun », *Juridis-Périodique*, n° 70, 2007, p. 27.

[293] Réserve faite des nuances en matière de contrôle de conventionalité des lois. Voir, à ce sujet, et en droit français : Conseil Constitutionnel, Décision n° 74-54, 15 janvier 1975, IVG ; Conseil d'État, n° 108243, 20 octobre 1989, NICOLO.

actes relevant du pouvoir réglementaire des autorités parlementaires, en dehors de toute hypothèse de contrôle de constitutionnalité[294].

Dans un second temps, il faudrait repréciser qu'il est statué par la chambre administrative sur l'exception préjudicielle soulevée devant le juge judiciaire, juge de droit commun [295]; c'est un cas de compétence réservée en matière de renvoi préjudiciel, quel que soit le degré ou la compétence territoriale du tribunal de droit commun concerné. Il s'agit là d'un avatar de la centralisation du contentieux administratif au niveau de la Cour suprême qui a perduré jusqu'en 2006.

On assiste ainsi à une étrange situation où il est retiré au juge administratif de premier ressort la possibilité d'examiner par voie d'exception ce qu'il est en droit de connaître par voie d'action principale. Ce constat, en fin de compte, contrarie la logique ; il est alors cohérent de penser que le législateur du 29 décembre 2006 a simplement voulu écarter le juge administratif régional des contentieux de l'emprise et de la voie de fait.

Cette option peut être critiquée en ce sens qu'elle rétablit l'éloignement de la justice administrative par rapport aux justiciables aux confins de l'État, ce qui constitue une source d'épuisement. Cette orientation discrédite la qualité de la justice et remet en cause l'échelle de notation de l'État de droit. Il est à souhaiter que ce verrou soit levé pour permettre à tout juge administratif territorialement compétent d'apprécier l'ensemble des questions préjudicielles de nature administrative qui lui serait présenté, d'autant plus qu'il dispose de la latitude de consulter la haute juridiction, s'il y a lieu. Tout compte fait, le juge administratif se limite à constater le principe de l'emprise ou de la voie de fait ; c'est au juge judiciaire de prendre des mesures pour faire cesser le trouble et condamner l'administration aux réparations nécessaires.

En clair, le juge administratif est seul compétent pour constater l'existence d'une emprise ou d'une voie de fait administrative ; le juge judiciaire est seul habilité à décider des réparations nécessaires,

[294] La question du contrôle de conventionalité des lois est en suspens, le tout récent Conseil Constitutionnel n'ayant pas encore pris position sur sa compétence en la matière.

[295] Article 3(2) *in fine* de la loi n° 2006/022 du 29 décembre 2006 fixant l'organisation et le fonctionnement des tribunaux administratifs.

d'octroyer des dommages-intérêts[296], et pour prendre les mesures appropriées afin qu'il y soit mis fin.

L'emprise et la voie de fait engagent donc la responsabilité de l'État. Une fois constaté par le juge administratif, le juge judiciaire condamne l'État à réparer les préjudices causés par ces agissements. Il peut même donner des injonctions à l'administration afin de faire cesser le trouble. La répartition des compétences entre le juge administratif, compétent pour constater l'emprise ou la voie de fait, et le juge judiciaire ayant compétence pour prendre des mesures de cessation et accorder une juste réparation a pu se justifier par le principe de la séparation des pouvoirs et l'incapacité du juge administratif à donner des injonctions à l'administration ou prononcer contre elle des condamnations[297].

Cette parturition du contentieux donne lieu à une navette qui se révèle parfois inutile, voire fastidieuse pour le justiciable. Elle est source de lenteur et de difficulté pour le juge de la constatation qui prend la mesure de l'atteinte, mais ne peut pas sanctionner et celui de la réparation qui a besoin de prendre la mesure de l'atteinte pour prendre des mesures de cessation ou de réparation adéquates.

La dispersion du contentieux apparaît ainsi comme une source d'inefficacité ; elle entrave la bonne administration de la justice et, une fois de plus, préjudicie à sa qualité. De ce point de vue, le droit camerounais n'est pas attractif. La théorie juridique et le régime législatif de l'emprise et de la voie de fait demandent donc à être revus, du moins pour ce qui est de certains aspects de procédure.

Section 2 : La procédure devant la juridiction administrative

La procédure administrative en matière foncière suit le régime général du contentieux administratif. Le juge administratif, malgré les apparences et son éloignement[298], est un juge facile d'accès. La

---

[296] Cour suprême, Chambre administrative, jugement n° 56/85-86 du 24 avril 1986, aff. KOUME JEMBA Joseph c/ État du Cameroun (MINEFI).

[297] Ce qui n'est plus tout à fait vrai, de nos jours, avec le renforcement des pouvoirs du juge administratif.

[298] Pendant longtemps, le contentieux administratif pour l'ensemble du territoire camerounais était confié à la Cour suprême, statuant en première saisine et compétente en cas de recours. C'est la loi n° 2006/022 du 29 décembre 2006 fixant l'organisation et le fonctionnement des tribunaux administratifs qui procède à une déconcentration de la juridiction administrative, établissant des tribunaux administratifs compétents en premier ressort au niveau des chefs-lieux de régions. Il est donc à souhaiter que cette

procédure devant le juge administratif est en effet soumise à un formalisme limité (paragraphe 1). Par contre, l'office du juge apparaît délicat, voire complexe, du fait d'un encadrement assez rigoureux des mécanismes d'instruction (paragraphe 2).

Paragraphe 1 : La saisine du juge administratif

Un certain nombre de conditions préalables doivent être remplies pour la saisine du juge (A). La saisine proprement dite obéit à un formalisme particulier, à travers l'exigence d'un recours gracieux préalable (B).

A. Les conditions générales de la saisine

Ces conditions générales peuvent être regroupées sous trois rubriques : D'abord, le droit même de saisir la juridiction ou droit d'agir (1), ensuite la forme de saisine, notamment la requête introductive d'instance (1) et, enfin, l'existence d'une contestation préalable à la saisine (3).

1. Le droit de saisir le juge

Le droit d'agir en justice est un préalable classique exigé de tout plaideur, à peine d'irrecevabilité. Ce droit d'agir en justice est, pour le demandeur, le droit d'être entendu sur le fond de sa demande ; pour le défendeur, c'est le droit de discuter le bien-fondé de cette prétention.

La vérification du droit d'agir en justice est faite lorsque le plaideur dispose de la qualité à agir en justifiant d'un intérêt pour ce faire. Cette vérification est elle-même tributaire d'un préalable : la capacité à agir.

La capacité à agir est l'aptitude du plaideur à ester devant le juge, la juridiction administrative en l'occurrence. C'est le pouvoir d'agir. Il s'agit davantage de la capacité d'exercice tiré de la majorité civile du requérant que de la capacité de jouissance. Cette majorité est de 21 ans pour les personnes physiques ; elle est liée à la personnalité juridique, c'est-à-dire l'existence légale pour les personnes morales[299]. L'absence

---

déconcentration se poursuive, afin de rapprocher davantage la justice administrative des justiciables. L'objectif pourrait être, à terme, de créer un tribunal administratif dans chaque unité administrative, depuis la base.

[299] La jurisprudence semble favorable à une certaine flexibilité ; elle déclare recevable les actions des associations non déclarées (CS/CA jugement du 29 novembre 1979, les élites Banka) et même des associations dissoutes CFS/CAY arrêt 28 mars 1972, MOUELLE KOULA EITEL/C /État du Cameroun).

de capacité d'agir empêche le mineur ou le majeur incapable d'ester en justice par lui-même.

La qualité, par contre, est le titre ou la qualification en vertu duquel on agit. Elle est en principe personnelle,[300] car « nul ne plaide par procureur ». Cependant, la loi et la jurisprudence permettent des actions intentées sur le fondement d'un intérêt collectif, spécialement lorsque l'intérêt collectif ne constitue que la somme d'intérêts individuels. Cet aménagement permet de recevoir les actions de certains groupements tels que les syndicats professionnels[301] et les associations.

L'intérêt à agir, c'est l'avantage juridique, pécuniaire ou moral espéré de l'action en justice[302]. On dira tout simplement : « pas d'intérêt, pas d'action ». En principe, l'intérêt à agir doit être né et actuel, mais la jurisprudence admet, dans certains cas, des actions à intérêt futur notamment en cas de péril menaçant ou de dommage futur comme dans l'hypothèse d'une action en dénonciation de nouvel œuvre.

L'intérêt à agir se couple avec un élément pas souvent mis en relief : l'existence d'une contestation préalable à la saisine. L'exigence d'une contestation, c'est-à-dire d'un litige, est un préalable à la saisine du juge administratif, car celui-ci, comme tout juge d'ailleurs, ne donne pas les consultations ; il tranche les contentieux. En l'espèce, il doit s'agir d'un litige foncier. L'observation pratique révèle que la plupart des contestations ont trait à la procédure d'immatriculation et se cristallisent autour des contentieux de la validité ou de l'efficacité du titre foncier[303].

Relativement à ces conditions d'ordre général, la jurisprudence se montre assez libérale dans le contentieux de l'excès de pouvoir, mais beaucoup moins dans le plein contentieux, celui des droits. Cela s'explique par le fait que le plein contentieux est davantage subjectif que le contentieux de l'excès de pouvoir, qui est un contentieux de la légalité, plutôt objectif. Cette disparité n'apparaît cependant pas dans la forme de saisine.

---

[300] CS/CA, n° 20 du 2 avril 1978, MINYEM Flaubert contre État du Cameroun.

[301] TE, arrêt n° 261 du 12 avril 1963, syndicat national des Administrateurs Civils.

[302] CS/CA, n° 51 du 29 mars 1979, BABA YOUSSOUFA contre État du Cameroun.

[303] Urbain Noël EBANG MVE, *Le titre foncier au Cameroun*, Paris, L'Harmattan, 2011, 268 p.

2. La requête de saisine

Le juge administratif est saisi suivant les formes indiquées aux articles 32 à 37 de la loi n° 2006/022 du 29 décembre 2006 fixant la procédure devant les tribunaux administratifs.

Contrairement aux tribunaux de l'ordre judiciaire, généralement saisis par voie d'assignation, acte d'huissier de justice, le juge administratif est saisi par requête.

La requête est timbrée, à peine d'irrecevabilité[304]. Elle est écrite en langue française ou anglaise[305], et doit contenir les noms, prénoms, profession et domicile du demandeur, la désignation du défendeur, l'exposé des faits qui servent de base à la demande, les moyens et l'énumération des pièces produites à l'appui de la demande[306]. Elle est signée du requérant ou de son mandataire.

À la requête est joint l'acte contesté ainsi que toute pièce pertinente, en copie certifiée conforme.

Si la loi prévoit que la requête doit contenir l'exposé des faits et moyens ainsi que l'énumération des pièces soumises aux juges, ces derniers se montrent dans la pratique peu exigeants et acceptent facilement de requalifier une demande imprécise dans des termes plus juridiques.

Cette flexibilité est dans le sens de l'esprit de la loi ; elle prévoit par exemple que le Président du tribunal peut dispenser le requérant de produire les copies des documents volumineux ou que le requérant illettré, dépourvu de mandataire, puisse apposer son empreinte digitale sur la requête, en guise de signature[307].

Le déclenchement d'une procédure est peu coûteux. Le requérant qui ne bénéficie pas de l'assistance judiciaire ou de toute autre dispense légale, à l'instar des personnes morales de droit public, est tenu de payer une consignation de vingt mille (20 000) FCFA, au moment de

---

[304] CFJ-CAY, 8 décembre 1970, BILAC Jean contre État du Cameroun oriental, cité par KAMDEM Jean Claude, Contentieux administratif, Cours polycopié, Université de Yaoundé, 1985-1986, p. 160.

[305] L'article premier aliéna 3 de la constitution du Cameroun prévoit que le français et l'anglais sont des langues officielles d'égale valeur.

[306] Article 35 de loi n° 2006/022 du 29 décembre 2006 fixant l'organisation et le fonctionnement des tribunaux administratifs.

[307] Articles 35 et 36 de loi n° 2006/022 du 29 décembre 2006 fixant l'organisation et le fonctionnement des tribunaux administratifs.

l'introduction de sa demande[308]. Ce montant déterminé est sans doute modique au regard des taux de consignation appliqués devant le juge civil et même, en cas de citation directe, devant le juge pénal.

Par ailleurs, le ministère d'avocat n'est pas obligatoire, chaque partie étant libre de plaider par elle-même[309] ou de se faire représenter par un mandataire de son choix[310].

Enfin, la requête n'est recevable que si elle est introduite dans un délai de soixante (60) jours[311] à compter de la décision de rejet du Recours gracieux préalable[312].

B. La condition spécifique de saisine : le Recours gracieux préalable[313]

La seule véritable contrainte existant devant le juge administratif tient au respect par le justiciable d'une importante condition de recevabilité de sa requête : celle-ci doit porter sur une décision préalable de l'administration, qu'elle soit explicite ou implicite, intervenue à la suite d'un Recours gracieux préalable (RGP).

L'exigence du Recours gracieux préalable est une condition spécifique au contentieux administratif. Elle prévue à l'article 17 (1) de

---

308 Article 34 de loi n° 2006/022 du 29 décembre 2006 fixant l'organisation et le fonctionnement des tribunaux administratifs.

309 Le Ministère d'avocat est obligatoire devant la Cour suprême statuant comme juridiction de cassation en toute matière, y compris donc en cas de contentieux administratif. Voir, à ce sujet, les articles 46 et 49 de la loi n° 2006/016 du 29 décembre 2006 fixant l'organisation et le fonctionnement de la Cour suprême.

310 L'avocat dispose cependant du monopole de la représentation devant toute juridiction dans le ressort de laquelle il existe au moins quatre cabinets d'avocats. Voir, à ce sujet, les articles 2 et 3 de la loi n° 90/059 du 19 décembre 1990 portant organisation de la profession d'Avocat.

311 Ce délai est prorogé lorsque le requérant a introduit une demande d'assistance judiciaire ou a saisi une juridiction incompétente. Dans ces cas, le délai de 60 jours court à compter de la décision sur la demande d'assistance judiciaire ou de celle sur la compétence.

312 TA – Centre à Yaoundé, Jugements n° 299/2016/TA-YDE du 4 octobre 2016, BOULI André et Consorts c/ État du Cameroun, n° 114/2016/TA-YDE du 12 avril 2016, EYEBE BILAI Ferdinand et Consorts c/ État du Cameroun, inédits.

313 MESCHERIAKOFF (A.S), *« Le régime juridique du recours gracieux préalable dans la jurisprudence administrative camerounaise »*, RCD n° 15 et 16, Série II, 1978, p. 42-55 ; AMBOMO ONANA (A.M.), « Le Recours gracieux préalable au Cameroun est-il efficace ? », Mémoire Licence, U. Yaoundé, mai 1971 ; NLEP (R-G.), Observations sous le jugement n° 1/CS-CA du 29 novembre 1979, ESSIMI Fabien c/ État du Cameroun, Penant n° 779, janvier 1983, p. 69 et s.

loi n° 2006/022 du 29 décembre 2006 fixant l'organisation et le fonctionnement des tribunaux administratifs, en ces termes : « Le recours devant le tribunal administratif n'est recevable qu'après rejet d'un recours gracieux adressé à l'autorité auteur de l'acte attaqué ou à celle statutairement habilitée à représenter la collectivité publique ou l'établissement public en cause ». Véritable pierre de touche de la procédure administrative contentieuse, le Recours gracieux préalable a une signification bien particulière (1) et obéit à un régime d'exercice suffisamment contraignant (2).

1. La signification du Recours gracieux préalable

Le Recours gracieux préalable est avant tout une mesure de prévention pour l'administration que le justiciable ne devrait pas surprendre par une action en justice. Par ce recours, l'administration est appelée, par le justiciable, à se prononcer au préalable sur sa propre décision avant toute saisine du juge administratif. La possibilité est ainsi offerte à l'autorité administrative de préjuger au préalable de la légalité ou des conséquences de sa décision, avant toute saisine éventuelle du juge.

Il s'agit d'une obligation très ancienne, une survivance du système du ministre-juge, tel qu'il a prévalu en France. Il est apparu au Cameroun avec l'Ordonnance n° 61/OF/6 du 4 octobre 1961 instituant la Cour Fédérale de Justice.

Le Recours gracieux préalable est une exigence de portée générale et d'ordre public ; il lie le contentieux :

Il est de portée générale et d'ordre public. Cela signifie qu'il s'impose à tout requérant[314] et que son défaut peut être soulevé d'office par le juge [315]; cette exigence s'étend parfois aux contentieux judiciaires impliquant l'administration[316]. L'absence de Recours gracieux

[314] Ordonnance n° 31/OSE/Cab/PCA/CS/03-04 du 10 mai 2004 ; CS/CA, jugement n° 26/03-04 du 28 janvier 2004.

[315] CS/CA, jugement n° 12/77-78 du 27 avril 1978, ITEM Dieudonné c/ État du Cameroun ; CS/CA, jugement n° 1/77-78 du 27 avril 1978, ATANGANA Protais c/ État du Cameroun ; CS/CA, jugement n° 30/77-78 du 13 juillet 1978, AKA'A Jules c/ État du Cameroun. Cités par KAMTO (M.) *Droit administratif processuel*, Presses universitaires du Cameroun Yaoundé, 1990, p. 40.

[316] En matière d'expropriation pour cause d'utilité publique, par exemple, nul ne peut saisir le juge judiciaire de sa contestation sur le montant d'indemnité sans le Recours gracieux préalable.

préalable est systématiquement sanctionnée d'irrecevabilité par le juge administratif[317].

Le droit positif admet cependant quelques exceptions au principe du Recours gracieux préalable : ainsi en est-il des décisions consécutives au contrôle des ordonnateurs, gestionnaires, gérants des crédits publics et des entreprises d'État qui peuvent directement faire l'objet de recours en annulation devant le juge[318] ; de celles relatives à l'élection des conseils municipaux et des membres des chambres consulaires, des actes ayant trait à certaines libertés publiques, liberté d'expression – censure des journaux- , liberté d'association – refus de légaliser un parti politique-[319].

De même, ce recours préalable n'est plus exigé si le requérant a d'abord saisi, par erreur, le juge judiciaire avant de porter le contentieux par la suite devant le juge administratif[320]. Aussi, en cas de requête prématurée, le RGP ne sera pas exigé, pourvu que le délai expire en cours de contentieux[321].

Le Recours gracieux préalable lie le contentieux. Il indique clairement l'objet de la contestation et fixe ainsi le cadre du contentieux. Le litige porté devant le juge est déterminé et délimité par ce recours. Une analyse de l'article 52 de la loi n° 2006/022 du 29 décembre 2006 fixant l'organisation et le fonctionnement des tribunaux administratifs laisse penser que le requérant limiter la saisine du tribunal à certains chefs contenus dans le recours gracieux ; il ne peut cependant aller au-delà de ce qui a été soumis au recours administratif.

---

317 CFJ/AP, arrêt n° 15 du 20 mars 1968, EKINDI Joël c/ État du Cameroun ; CS/CA, jugement n° 71/75-76 du 13 mars 1976, BENE BELLA Lambert c/ État du Cameroun ; CS/CA, jugement n° 17/82-83 du 27 janvier 1983, SIMO Thomas c/ État du Cameroun ; CS/CA, jugement n° 17/82-83 du 27 janvier 1983, El Hadj MOHAMET ALER Lamine c/ État du Cameroun. Cités par KAMTO (M.) Droit administratif processuel, Presses universitaires du Cameroun Yaoundé, 1990, p. 39.

318 CS/CA, jugement du 15 juillet 1978, NYEMECK NYEMECK c/ État du Cameroun.

319 Voir sur ce point, NGOLE Philip NGWESE et BINYOUM Joseph, *Éléments de contentieux administratif camerounais*, Harmattan, Cameroun, 2010, p. 77.

320 CS/CA, jugement du 27 mai 1982, DZIETHAM Pierre c/ État du Cameroun.

321 CS/CA, jugement du 28 décembre 1978, MBOCKA née MUSSONGO Jeannette c/ État du Cameroun.

L'administration peut faire droit au recours gracieux ou la rejeter, expressément ou implicitement. C'est sa décision sur recours gracieux qui sera portée devant le juge administratif.

2. L'exercice du Recours gracieux préalable

Le Recours gracieux préalable est une étape obligatoire dans la procédure administrative contentieuse. En tant que tel, il ne peut être intenté qu'une seule fois[322], devant l'autorité compétente et dans des délais appropriés.

Les délais du recours en matière de Recours gracieux préalable sont fixés par l'article 17 de la loi n° 2006/022 du 29 décembre 2006 fixant l'Organisation et le fonctionnement des tribunaux administratifs. Il s'agit des délais francs, c'est-à-dire qu'ils se comptent en mois de quantième à quantième, le jour de la notification ou de la publication, jour de départ -*dies a quo*-, ne compte pas et le jour de l'échéance, jour d'arrivée -*dies ad quem*-, non plus[323].

Le délai est de trois (3) mois à compter de la notification –acte individuel- ou de la publication –acte réglementaire- de l'acte attaqué[324]. Si la demande a pour objet une indemnisation, le délai est de six mois à compter de la réalisation du dommage ou sa connaissance[325]. Enfin, le délai est de quatre ans en cas d'abstention d'une autorité ayant compétence liée, à compter de la date à laquelle ladite autorité était défaillante[326].

Historiquement, la question de l'autoritaire adressataire du Recours gracieux préalable a fait débat. En effet, avant l'adoption de la loi n° 2006/022 du 29 décembre 2006 fixant l'organisation et le fonctionnement des tribunaux administratifs, l'indication de l'autorité habilitée à recevoir le Recours gracieux préalable était imprécise,

---

322 CS/AP, arrêt n° 19 du 16 mars 1967, TAGNY Mathieu c/ État du Cameroun.

323 Lorsque le dernier jour du délai tombe un samedi, un dimanche ou un jour férié, le recours peut être déposé le premier jour ouvrable suivant.

324 CFJ-CAY, jugement n° 137/CFJ-CAY du 26 janvier 1971, ALAI BELOBO Nestor c/ État du Cameroun ; CS/CA, jugement n° 34/82-83 du 24 février 1983 1983, BENG ELOUGA Jean Louis c/ État du Cameroun.

325 CS/CA, jugement du 3 février 1977, NGOH Joseph c/ État du Cameroun.

326 CS/CA, jugement n° 8 du 25 novembre 1976, LIBAM KOUANG Melchiade c/État du Cameroun ; jugement n° 57/CS-CA du 29 juin 1989, BIKANDA Jean c/ État du Cameroun.

donnant lieu à des hésitations, à des confusions et parfois à des frustrations[327].

L'article 17 (1) de la loi suscitée dispose désormais que : « le recours devant le tribunal administratif n'est recevable qu'après rejet d'un recours gracieux adressé l'autorité auteur de l'acte attaqué ou à celle statutairement habilitée à représenter la collectivité publique ou l'établissement public en cause ». Cette formulation remplace notamment le recours devant le « Ministre compétent », source de difficultés, institué par l'Ordonnance n° 72/6 du 6 août 1972 fixant l'organisation de la Cour Suprême, alors en vigueur.

La notion d'auteur de l'acte doit cependant être bien comprise, ainsi que l'indique la haute juridiction : « *Attendu qu'il résulte des mentions du message Radio-Porté reprises dans l'ordonnance querellée qu'il a été signé par le Directeur de la Police judiciaire agissant comme officier de police judiciaire et non comme Représentant du Délégué général à la Sûreté nationale »*[328].

C'est le lieu d'interpeller, à la lumière de cette doctrine jurisprudentielle, sur une pratique qui a cours dans l'ex-Cameroun occidental où les Recours gracieux préalables, en matière de retrait ou d'annulation du titre foncier, sont adressés au Conservateur de la propriété foncière pris comme auteur de l'acte. Il est certain que le Conservateur de la propriété foncière peut procéder à des rectifications d'erreurs matérielles sur le titre foncier ; cela participe de son statut en tant qu'auteur purement matériel du titre foncier dont l'auteur juridique reste et demeure le ministre compétent. Le conservateur n'est pas, à notre sens, une « autorité auteur de l'acte », mais un collaborateur du Délégué départemental des domaines, du cadastre et des affaires foncières, autorité déconcentrée ainsi qu'énoncée ci-dessus[329] ; la délivrance du titre foncier apparaît comme une diligence d'exécution de diverses décisions administratives décidées en amont, ainsi que nous

---

[327] CS/CA, jugement n° 41 du 25 mai 1989 TCHATCHOUA Jean Pierre c/ État du Cameroun ; n° 36 du 6 mai 1982, OYIE TSOGO Joseph c/ État du Cameroun ; n° 62 du 22 avril 1976, BICIC c/ État du Cameroun.

[328] CS/CA, arrêt n° 1/P/2009 du 9 septembre 2009, BABA AHMADOU c/ État du Cameroun, cité par NGOLE Philip NGWESE et BINYOUM Joseph, *Éléments de contentieux administratif camerounais*, Harmattan, Cameroun, 2010, p. 80.

[329] Voir, supra, Titre 1, Chapitre 1, Section 2, Paragraphe I-B.

le soutenons ci-dessous[330], dont le véritable auteur serait le ministre compétent.

Cette approche est d'autant plus soutenable que c'est l'auteur juridique, le ministre en charge des questions foncières et domaniales qui est investi du pouvoir de procéder au retrait ou à l'annulation du titre foncier[331]. On peut donc s'étonner du choix du Conservateur de la propriété foncière, par certains justiciables, comme adressataire du Recours gracieux préalable. Devrait-il, dans ces circonstances, transmettre la requête à l'autorité qualifiée pour endosser la décision ou au ministre compétent ?

Une fois saisie, l'autorité compétente dispose d'un délai de trois mois pour répondre favorablement ou négativement au recours. La réponse positive est en principe expresse : l'autorité procède dans ce cas au retrait de l'acte décrié, à sa substitution, ou aux réparations sollicitées, etc. La réponse défavorable peut être expresse ou tacite. Dans ce cas, il suffit que l'autorité garde silence pendant trois mois à compter de sa saisine ; on parle alors de silence-rejet et le recourant peut alors lier le contentieux, c'est-à-dire porter le litige devant le juge.

Paragraphe 2 : L'examen de la demande par le juge administratif

Une fois saisi, le juge procède à une instruction rigoureuse de l'affaire (A) avant de rendre sa décision (B).

A. L'Instruction de la demande

Le tribunal instruit l'affaire en la forme et sur le fond. En la forme, il s'assure de la recevabilité de la demande (1). Le cas échéant, il peut examiner l'objet de la saisine et, en conséquence, vider l'affaire au fond (2).

1. Le déroulement de la procédure

L'instance se déroule conformément aux dispositions des articles 48 et suivants de la loi n° 2006/022 du 29 décembre 2006 fixant l'organisation et le fonctionnement des tribunaux administratifs. La procédure est essentiellement écrite, le débat oral étant secondaire, voire résiduel. Les notifications sont assurées par le greffier en chef,

---

[330] Voir, Titre 2, Chapitre 1, Section 1, Paragraphe 1.

[331] Article 2 du décret n° 76/165 du 27 avril 1976 fixant les conditions d'obtention du titre foncier.

soit dans la forme administrative, soit par lettre recommandée avec accusé de réception, soit par exploit d'huissier, soit par tout autre moyen laissant trace écrite. L'audience est publique, sauf huis clos pour motifs exceptionnels.

Un juge-rapporteur est désigné pour étudier l'affaire, de manière quasi inquisitoriale. Cependant, son rapport est soumis au contradictoire tout comme la conduite de l'ensemble de l'instruction à l'audience. La contradiction s'applique aux interventions, écritures et pièces versées au dossier de procédure par les parties, mais aussi aux réquisitoires, conclusions et documents produits par le Ministère public.

Le juge administratif peut ordonner toute mesure d'instruction qu'il juge appropriée : enquête, expertise, descente sur les lieux, audition des parties, etc.

Les parties peuvent plaider et postuler en personne devant les tribunaux administratifs ou la chambre administrative statuant comme juge de fond. Le ministère d'avocat n'est donc pas obligatoire, à moins qu'il ne s'agisse d'une instance en cassation devant la chambre administrative de la Cour Suprême ou celle-ci saisie d'un pourvoi.

2. L'examen de la demande

L'instruction de l'affaire se fait en deux étapes : un examen de forme précède l'instruction sur le fond de l'affaire :

S'agissant de l'examen en la forme, le juge s'assure de la recevabilité de la demande en vérifiant que les conditions générales de saisine et celles du Recours gracieux préalable, développées ci-dessus, sont accomplies.

Ensuite, il se prononce sur le délai de sa propre saisine : le délai du recours contentieux. La loi n° 2006/022 du 29 décembre 2006 fixant l'organisation et le fonctionnement des tribunaux administratifs ne prévoit qu'un seul délai pour le recours contentieux. Il est de soixante (60) jours, à compter de la décision de rejet explicite ou implicite du Recours gracieux préalable.

À ce sujet, l'article 18 (1) de ladite loi dispose : « S*ous peine de forclusion, les recours contre les décisions administratives doivent être introduits dans un délai de soixante (60) jours à compter de la décision de rejet du recours gracieux...* »

Ainsi que nous l'avons dit, le rejet du recours gracieux peut être explicite ou implicite, déduit dans ce dernier cas du silence gardé par l'administration pendant une durée de trois mois.

Le recours contentieux intenté avant l'expiration du délai du recours gracieux est prématuré ; le tribunal n'y donne suite que si le délai expire en cours de contentieux[332]. Il n'en est autrement que dans les procédures particulières à l'instar du référé administratif et de la demande de sursis à exécution. En cas de référé-urgence[333], le demandeur qui a introduit un Recours Gracieux Préalable peut obtenir du juge administratif toutes mesures provisoires nécessaires. Pour ce qui est du sursis à exécution, l'article 30 est assez précis : « Le recours gracieux contre un acte administratif n'en suspend pas l'exécution. Toutefois, lorsque l'exécution est de nature à causer un préjudice irréparable et que la décision attaquée n'intéresse ni l'ordre public, ni la sécurité ou la tranquillité publique, le président du tribunal administratif peut, saisi d'une requête, après communication à la partie adverse et conclusion du ministère public, ordonner le sursis à exécution ».

Par contre, le non-respect du délai entraîne la forclusion du requérant, rendant son recours irrecevable[334].

Tout comme celui du Recours gracieux préalable, le délai du recours contentieux est franc puisqu'il court du lendemain du jour de la notification à personne ou à domicile[335].

---

[332] CS/CA, jugement du 28 décembre 1978, MBOCKA née MUSSONGO Jeannette c/ État du Cameroun.

[333] L'article 27 de la loi n° 2006/022 du 29 décembre 2006 fixant l'organisation et le fonctionnement des tribunaux administratifs dispose que : « dans les cas d'urgence, le président du tribunal ou le magistrat qu'il délègue peut, sur requête et si le demandeur justifie de l'introduction d'un recours gracieux, les parties convoquées et après conclusions du ministère public, ordonner, en référé, toutes les mesures utiles, sans faire préjudice au principal ».

[334] CS/CA, jugement n° 24/77-78 du 13 juillet 1978, ESSOMBA NTONGA Gabriel c/ État du Cameroun ; jugement n° 06/88-89 du 27 octobre 1988, FOUMAN EKOUMAN Jean Louis c/ État du Cameroun ; jugement n° 43/88-89 du 25 mai 1989, DAROSA Guilherme José c/ État du Cameroun (MINJUSTICE), jugement n° 62/88-89 du 29 juin 1989, Gendarme BAYIHA c/ État du Cameroun ; CS/AP, arrêt n° 16/A du 24 mars 1983, ELONG TSOUNGUI Antoine c/ État du Cameroun (MINDEF) ; cités par KAMTO (M.), *Droit administratif processuel*, Presses universitaires du Cameroun, Yaoundé, 1990, p. 46.

[335] Article 18 (2) de la loi n° 2006/022 du 29 décembre 2006 fixant l'organisation et le fonctionnement des tribunaux administratifs ; CS/CA, jugement du 27 décembre 1979, ELOKAN EBONGUE Herbert c/ État du Cameroun.

Ce délai de recours peut être prorogé dans des hypothèses bien déterminées : il en est ainsi si le requérant a, dans les délais processuels, introduit une demande d'assistance judiciaire ou saisi une juridiction incompétente.

L'instruction au fond suppose la recevabilité en la forme. Le juge s'assure que le litige relève, ou pas, du domaine du contentieux administratif. Dans le premier cas, il en vérifie le bien-fondé. Il peut alors rendre une décision de débouté ou plutôt faire droit à la demande, totalement ou partiellement. Dans l'autre cas, il se déclare incompétent et renvoie les parties à se pourvoir comme elles aviseront.

B. La décision du juge administratif

Après la clôture des débats, le tribunal se donne un temps pour délibérer à huis clos. Lorsque la formation du tribunal est collégiale, comme il en est de principe, les juges tranchent à la majorité ou à l'unanimité. La valeur de la décision du juge administratif (2) est cependant tributaire de l'étendue de ses prérogatives (1).

1. L'étendue des pouvoirs du juge administratif

Dans pratiquement tous les pays, le contentieux impliquant l'administration est particulier, car les personnes administratives ne sont pas des personnes comme les autres ; elles sont immortelles et ont des charges particulières, notamment la défense de l'intérêt général.

Dans les pays anglo-saxons, cette spécificité donnait simplement lieu à une spécialisation des juges chargés du contentieux administratif, mais au sein de l'ordre judiciaire. Cette position a évolué avec un système de règlement des conflits administratifs qui s'appuient sur des institutions créées en marge de l'administration, appelées tribunaux administratifs, qui sont en réalité des bureaux chargés de traiter des contentieux.

En France, la mise ne place d'un ordre juridictionnel distinct de l'ordre judiciaire n'est pas seulement technique : elle est politique. Ainsi, le juge administratif n'est pas une spécialisation du pouvoir judiciaire, mais se trouve à l'intérieur même du pouvoir administratif, de par la justification historique. La juridiction administrative se trouve à l'extérieur du pouvoir de juger, il exerce sa fonction juridictionnelle, mais en tant que conseiller de l'État. Cette pesanteur historique sur le juge administratif français est un héritage du droit camerounais.

Le juge administratif dispose du pouvoir de concilier, de juger et de contraindre (*juridictio et imperium*). S'il exerce le pouvoir de juge comme tout juge, il demeure conscient de ce qu'il tire son origine du besoin de préserver l'indépendance de l'administration active, conséquence de la séparation des pouvoirs entre l'exécutif et le judiciaire ; il se montre, en conséquence, assez circonspect dans l'usage du pouvoir de contrainte contre l'administration.

Dès lors, le juge administratif évite de se livrer à une activité de substitution ou de réformation des actes administratifs irréguliers ou annulés. C'est ce qu'on traduit par le principe de la prohibition au juge de faire œuvre d'administrateur ; il indique à l'administration les voies de juridicité sans pour autant lui adresser des injonctions ni l'assujettir à des astreintes.

Dans cette mesure, la décision du juge administratif qui annule l'acte de retrait d'un titre foncier ne devrait pas, par elle-même, restituer son effet au titre invalidé ; la décision de la juridiction administrative qui annule un acte de refus d'immatriculation ne se substituera pas à l'autorité administrative pour délivrer un titre foncier au requérant : l'annulation du refus de délivrer le titre foncier ne vaut pas délivrance du titre refusé par l'administration, laquelle est tenue, mais seule compétente pour procéder à ladite délivrance.

On observe ainsi que le juge administratif tient compte de sa posture de conseiller du gouvernement en faisant un usage mesuré de son glaive de juge. En s'aliénant les pouvoirs de réformation et de substitution, d'injonction et d'astreinte, la justice administrative s'est aperçue de son effondrement progressif avant de remodeler les limites de ses égards. D'autant plus cette restriction prétorienne s'est trouvée parfois renforcée pour devenir des interdictions. Ainsi, certains actes pris par les organes administratifs -qualifiés d'actes de gouvernement- ont été soustraits de tout contrôle juridictionnel[336] par la loi.

Il faudrait toutefois signaler qu'on assiste actuellement à une renaissance du juge administratif camerounais dans l'affirmation de soi. Il construit progressivement une jurisprudence courageuse, voire orageuse, et exerce la plénitude de compétence : Comme tout juge, il statue sur le principal et sur toutes les questions qui s'y attachent qui ne

[336] Cette immunité juridictionnelle des actes de gouvernement appliquée au juge administratif s'impose également au juge judiciaire.

sont pas préjudicielles,[337] mais préalables, du moins tant qu'elles restent dans l'assiette de la compétence du juge administratif.

Dans certaines polices spéciales – immeubles menaçant ruines, établissements dangereux, incommodes et insalubres – le juge administratif s'arme de véritables pouvoirs de réformation puisque, tel un supérieur hiérarchique, il substitue à la décision administrative initiale sa propre décision.

Cette empreinte s'observe spécialement dans les contentieux fonciers où le juge administratif, en anéantissant la décision administrative attaquée, procède à des rectifications de titres fonciers. Incitant à des réformes, il donne des interprétations non littérales à certaines formulations législatives : c'est ainsi qu'il ne prononcera des annulations partielles là où la loi n'a prévu que la nullité de titre foncier, il refusera de prononcer la nullité automatique de deux titres fonciers distincts délivrés sur la même parcelle de terre, etc. Cette réorientation participe de la recherche d'une plus grande efficacité de l'action de la justice administrative.

2. L'efficacité de la décision du juge

La décision du juge administratif est rendue au nom du peuple camerounais. Elle est motivée en fait et en droit. Une fois revêtue de l'autorité de la chose jugée, elle s'impose au juge lui-même et à toute personne concernée y compris l'État. On peut alors y apposer la formule exécutoire, qui traduit un ordre d'exécution volontaire ou par la contrainte.

Comme toute autre décision juridictionnelle, la décision du juge administratif peut faire l'objet de voies de recours : opposition, tierce opposition, appel, pourvoi, etc.

Devenue définitive ou assortie de l'exécution provisoire, la décision du juge administratif est un titre exécutoire, au sens de l'article 33 de l'Acte uniforme OHADA portant organisation des procédures simplifiées de recouvrement et des voies d'exécution[338] ; elle est alors

[337] Sont préjudicielles devant le juge administratif : les questions sur l'état des personnes, la capacité, la nationalité, le droit de propriété.

[338] Article 33 de l'Acte uniforme OHADA portant organisation des procédures simplifiées de recouvrement et des voies d'exécution : « *Constituent des titres exécutoires : 1) les décisions juridictionnelles revêtues de la formule exécutoire et celles qui sont exécutoires sur minutes ; 2) les actes et décisions juridictionnelles étrangers ainsi que les sentences arbitrales déclarés exécutoires par une décision*

revêtue de la formule exécutoire et demande à être exécutée, de gré ou de force.

L'exécution volontaire ne pose pas de problème particulier. Il en va différemment de l'exécution forcée, spécialement lorsque l'administration est débiteur de l'obligation qu'elle contient.

La problématique de l'exécution forcée contre l'administration est complexe, parce qu'elle dispose du monopole de la force et jouit d'immunités diverses. On comprend mal comment elle pourrait procéder à l'exécution forcée contre elle-même, d'autant que l'article 30 de l'Acte uniforme OHADA portant organisation des procédures simplifiées de recouvrement et des voies d'exécution dispose formellement que : « L'exécution forcée et les mesures conservatoires ne sont pas applicables aux personnes [État, personnes morales de droits publics] qui bénéficient d'une immunité d'exécution »[339].

Ce principe d'immunité demeure une entrave majeure à l'exécution de la décision du juge par l'administration, malgré de nombreux tempéraments apportés par la législation et la jurisprudence : possibilité de compensation entre les personnes morales de droit public et les particuliers[340], inapplication de l'immunité pour les créances de salaires ou pour la saisie des sommes affectées à une activité de droit privé, etc.[341].

C'est peut-être là, en appendice, que se trouve le ventre mou de la procédure administrative contentieuse et, au-delà, de toute la problématique de l'efficacité du règlement juridictionnel des contentieux.

Elle est davantage fragilisée, en matière foncière, par l'existence de la Lettre circulaire n° 00219/L10/MINUH/A000 du 10 août 2004, relative à l'exécution des décisions de Justice qui prévoit que : « … toute

---

juridictionnelle, non susceptibles de recours suspensif d'exécution, de l'État dans lequel le titre est invoqué ; 3) les procès-verbaux de conciliation signés par le juge et les parties ; 4) les actes notariés revêtus de la formule exécutoire ; 5) les décisions auxquelles la loi nationale de chaque État partie attache les effets d'une décision judiciaire ».

339 Dans l'ordre international, la Convention de Vienne d'avril 1961 sur les relations diplomatiques pose le principe de l'immunité d'exécution au profit des personnes morales de droit public.

340 Article 30 (2) de l'Acte uniforme OHADA portant organisation des procédures simplifiées de recouvrement et des voies d'exécution.

341 Voir à ce sujet, la Convention des Nations-Unies sur les immunités juridictionnelles des États et de leurs biens, adoptée le 2 décembre 2004.

décision de justice doit au préalable avoir l'accord du ministre de l'Urbanisme et de l'Habitat avant son exécution », ajoutant que « la délivrance des duplicatas des titres fonciers perdus ou volés se fera après autorisation du ministre de l'Urbanisme et de l'Habitat ».

Cette Lettre circulaire, prise par l'autorité ministérielle chargée à cette époque des questions foncières et domaniales, faisait « suite aux pratiques qui consistent à exécuter directement les décisions de justice au niveau des Services provinciaux des domaines ».

Sans doute, l'idée était de réguler les bonnes pratiques administratives, notamment d'empêcher aux organes déconcentrés d'exercer des prérogatives, à l'instar de l'exécution des décisions de justice, qui n'avaient pas été transférées en périphérie.

La motivation laconique de cette Lettre circulaire a débouché sur une grave incompréhension, voire une interprétation dévoyée par l'administration. Cet acte administratif a été perçu comme instituant un pouvoir d'opportunité administrative dans l'exécution des décisions de justice en matière foncière.

La Lettre circulaire que s'est appropriée le Ministère des Domaines, du Cadastre et des Affaires foncières fait l'objet de plusieurs contestations, de formes multiples. Son destin est désormais en jeu, avec certaines décisions rendues récemment par le juge administratif.

En effet, par une Ordonnance rendue le 8 février 2017, le Tribunal administratif de Yaoundé a décidé de la suspension des effets de cette circulaire attaquée au fond en annulation. L'appel du ministre des Domaines, du Cadastre et des Affaires foncières contre cette Ordonnance de suspension a été déclaré irrecevable par la Chambre administrative de la Cour Suprême, le 5 juillet 2017, en ce que « l'unique voie de recours contre une Ordonnance de sursis à exécution est le pourvoi »[342].

La motivation de l'Ordonnance de sursis par le Tribunal administratif laisse présager de la décision qui sera rendue au fond. Le Juge déclare, notamment, que cet acte réglementaire portant sur « l'exécution des décisions de Justice » empiète sur le domaine constitutionnel du pouvoir législatif en essayant de modifier la loi sur l'exécution des décisions de Justice. D'autant plus que sa portée s'étend aux décisions rendues par le juge judiciaire.

---

[342] Voir, à ce sujet, *Le Journal Kalara*, n° 247 du 24 avril 2017.

Titre 2 :

Le règlement judiciaire du contentieux foncier

Aux termes de l'article 5 (b) de l'Ordonnance n° 74-01 du 6 juillet 1974 fixant le régime foncier, « est de la compétence des juridictions judiciaires le règlement de tous les autres litiges fonciers à l'exclusion de ceux relatifs aux conflits frontaliers ». Il en résulte que le juge judiciaire apparaît et demeure le juge de droit commun en matière de litiges fonciers.

C'est le lieu de rappeler que les autres litiges fonciers attribués à la juridiction administrative ont trait aux contentieux de l'immatriculation, des opérations administratives relatives à la gestion et à la sauvegarde des domaines public et privé de l'État, ainsi que ceux relatifs aux atteintes administratives au patrimoine foncier des particuliers.

En réalité, par le fait de cette compétence attributive, l'essentiel du contentieux de droit foncier est confié par la loi à l'autorité administrative et donc à la juridiction administrative, tant et si bien que malgré sa posture de juge de droit commun, le juge judiciaire assure un champ de contentieux clairement secondaire, voire résiduel.

En fait, relativement aux compétences des ordres juridictionnels, les litiges fonciers se présentent sous la forme des deux grandes catégories de contentieux du droit camerounais : un contentieux foncier administratif, confié à l'autorité administrative et au juge administratif, et un contentieux foncier non attribué relevant du juge judiciaire.

Par juge judiciaire[343], il faudrait entendre les juridictions de droit commun, qui se distingue non seulement du juge administratif, mais aussi du juge constitutionnel ou du juge des comptes.

En instance, l'ordre judiciaire comprend : les Alkali Courts, les Customary Courts, les tribunaux de premier degré, les tribunaux

---

[343] AKAM (V.J.F.), « Les grandes étapes de la construction juridique au Cameroun de 1958 à 1978 », Penant, n° 764, 1979, p. 188 ; GUERMAN (M.), « L'organisation judiciaire au Cameroun oriental », RCD, n° 3, 1973, p. 24 ; A. MARTICOU-RIOU, « L'organisation judiciaire du Cameroun », Penant n° 723, 1969, p. 33 ; OBRIEN – QUIN (J. A.), « L'organisation judiciaire du Cameroun occidental », RCD, n° 3, 1973, p. 28 ; FOMETEU (J.), « Nul n'est censé ignorer la… coutume » (Chronique d'humeur à propos d'une législation d'un genre particulier), Lex Lata n° 017, 1995, p. 12 ; AKOMNDJA AVOM (V.), « L'énonciation de la coutume en droit camerounais de la famille : leurre ou réalité ? », RASJ, n° 2, vol. 2, 2001, p. 97 ; BOKALLI (V.E.), « La coutume, source de droit au Cameroun », RGD, n° 28, 1997, p. 37.

coutumiers, les tribunaux de première instance et les tribunaux de grande instance.

Les Alkali Courts[344] et les Customary Courts[345], héritage de l'Ex-Cameroun occidental, ainsi que les tribunaux de premier degré[346] et les tribunaux coutumiers[347], fonctionnant dans l'Ex-Cameroun oriental[348], sont appelés juridictions de droit traditionnel. Elles partagent l'ordre judiciaire avec les tribunaux de première instance[349] et les tribunaux de

---

[344] Les Alkali Courts sont compétentes pour juger de tous les litiges où les Musulmans sont intéressés. On trouve les Alkali Courts à Kumba, Ndop, Mbengwi et Kambe qui sont des villes à forte concentration musulmane. La création de cette juridiction vient du fait que pendant la colonisation, l'administration britannique avait parfois pris en considération l'appartenance religieuse dans l'organisation de la justice. Aujourd'hui, une telle juridiction porte certainement atteinte à la laïcité de l'État.

[345] Les Customary Courts sont des tribunaux indigènes chargés d'appliquer le droit coutumier ; on trouve aussi bien dans les centres urbains qu'à la campagne. Ils connaissent des litiges intéressant les personnes non musulmanes soumises au droit et aux coutumes locales.

[346] Les tribunaux de premier degré connaissent des procédures relatives à l'état des personnes, à l'état civil, au mariage, à la filiation, aux successions, aux régimes matrimoniaux.

[347] Les tribunaux coutumiers connaissent des différends d'ordre patrimonial, notamment des demandes en recouvrement de créances civiles et commerciales, des demandes en réparation de dommage matériel et corporel et des litiges relatifs aux contrats.

[348] Voir décret n° 69/544 du 19 décembre 1969 portant organisation et fonctionnement des juridictions traditionnelles dans l'ex-Cameroun oriental.

[349] Voir, loi n° 2006/015 du 29 décembre 2006 portant organisation judiciaire, article 15, « (1) Le Tribunal de Première Instance est compétent pour connaître : a) En matière pénale : • des infractions qualifiées de délits ou de contraventions ; • des demandes de mise en liberté formées par toute personne détenue et poursuivie devant lui, pour une infraction de sa compétence ; • des crimes commis par les mineurs sans coauteur ou complice majeur. b) En matière civile, commerciale ou sociale ; • des actions en recouvrement, par procédure simplifiée, des créances civiles ou commerciales certaines, liquides et exigibles n'excédant pas dix millions (10 000 000) de francs CFA ; • des différends dont le montant de la demande est inférieur ou égal à dix millions (10.000.000) de francs CFA. Nonobstant les dispositions de l'alinéa 1 ci-dessus, le Tribunal de Première Instance, compétent sur l'action principale, est également compétent pour statuer sur les demandes reconventionnelles, quel qu'en soit le montant. (2) Le Président du Tribunal de Première Instance ou le magistrat du siège par lui délégué à cet effet est compétent pour : • statuer sur les procédures en référé ; • rendre les ordonnances sur requête ; • connaître du contentieux de l'exécution des décisions du Tribunal de Première Instance et d'autres titres exécutoires, à l'exclusion de ceux émanant des Tribunaux de Grande Instance, des Cours d'Appel et de la Cour Suprême ; • connaître des demandes d'exequatur. (3) a) Lorsqu'il statue en matière pénale, le Tribunal de Première Instance est, sauf

grande instance[350], qualifiés de juridictions de droit moderne ou de droit écrit. C'est à leur sujet que le juge judiciaire est parfois qualifié de juge civil.

Au sein de l'ordre judiciaire, il existe une compétence concurrentielle en matière foncière entre les juridictions de droit moderne et les juridictions de droit traditionnel[351].

En effet, sous réserve de la nationalité des parties, personnes physiques, et de leur acceptation à être jugées selon les règles

---

dispositions contraires, compétent pour connaître de l'action en réparation du dommage causé par l'infraction. b) Nonobstant les dispositions de l'alinéa (1) paragraphe (b) du présent article, le Tribunal de Première Instance, lorsqu'il statue sur le préjudice résultant d'une infraction à la loi pénale comme prévu au paragraphe (a) ci-dessus, est compétent pour connaître des demandes en dommages-intérêts d'un montant supérieur à dix millions (10 000 000) de francs CFA. (4) Lorsque le Tribunal de Première Instance statue en matière de délinquance juvénile, sa composition ainsi que la procédure à suivre sont fixées par une loi spéciale ».

[350] Voir, loi n° 2006/015 du 29 décembre 2006 portant organisation judiciaire, article 18, « (1) Le Tribunal de Grande Instance est compétent pour connaître : a) en matière pénale : - des crimes et délits connexes, sans préjudice des dispositions de l'article 13 alinéas 1 et 3 ci-dessus ; - des demandes de mise en liberté formées par toute personne détenue et renvoyée devant lui, pour des infractions de sa compétence. b) en matière civile, commerciale et sociale ; - des actions et procédures relatives à l'état des personnes, à l'état civil, au mariage, au divorce, à la filiation, à l'adoption et aux successions ; - des demandes de paiement des sommes d'argent supérieures à dix millions (10 000 000) de francs CFA - des demandes de recouvrement, par procédure simplifiée, des créances civiles ou commerciales certaines liquides et exigibles, d'un montant supérieur à dix millions (10 000 000) de francs CFA ainsi que des créances commerciales certaines, liquides et exigibles quel qu'en soit le montant, lorsque l'engagement résulte d'un chèque, d'un billet à ordre ou d'une lettre de change. c) en matière non administrative' : - de toute requête tendant à obtenir l'interdiction à toute personne ou autorité, d'accomplir un acte pour lequel elle est légalement incompétente ; - des requêtes tendant à obtenir l'accomplissement par toute personne ou autorité, d'un acte qu'elle est tenue d'accomplir en vertu de la loi. (2) Le Président du Tribunal de Grande Instance ou le magistrat par lui délégué à cet effet est compétent pour connaître : a) du contentieux de l'exécution des décisions de ce Tribunal de Grande Instance ; b) des requêtes en habeas corpus (libération immédiate) formées par une personne arrêtée ou détenue ou en son nom par toute autre personne, et fondées sur l'illégalité d'une arrestation ou d'une détention ou sur l'inobservation des formalités prescrites par la loi ; c) des recours intentés contre les mesures de garde à vue administrative. (3) Lorsqu'il statue en matière pénale, le Tribunal de Grande Instance est compétent pour connaître de l'action en réparation du dommage causé par l'infraction, sauf dispositions spéciales contraires ».

[351] DZEUKOU (G.B.), « Réflexions sur l'évolution de la compétence des juridictions traditionnelles », in, Annales FSJP/UDS, Tome 8, 2004, pp. 271- 291

coutumières, les juridictions traditionnelles connaissent effectivement des contentieux de droits immobiliers.

C'est ainsi que dans l'affaire NGOUEGNIA Julienne contre YONKEU Paul, le Tribunal coutumier de NEW-BELL et BASSA à Douala[352], déclare : *« Attendu qu'au regard de ce qui précède… il convient d'accéder à la demande de dame NGOUEGNIA Julienne en ordonnant l'expulsion de sieur YONKEU Paul du local à usage d'habitation qu'il occupe… tant de corps que de tout occupant de son chef »*.

Cependant, la plus grande frange du contentieux foncier, en matière judiciaire, est portée devant les juridictions de droit moderne, tribunaux de première instance ou tribunaux de grande instance territorialement compétents, pour plusieurs raisons : leur compétence n'est pas limitée, comme devant les juridictions traditionnelles, par des considérations liées à l'acceptation préalable des justiciables ; elles ont une compétence exclusive en matière pénale, car, dans l'ordre juridique camerounais, les juridictions traditionnelles n'ont aucune attribution en matière répressive.

Bien plus, les juridictions de droit disposent de certains sous-organes, comme le juge des référés ou le juge des requêtes qui peuvent prendre des mesures urgentes et efficaces pour régler les contentieux, préparer ou faciliter l'office du tribunal saisi sur le fond de la contestation.

Le juge des référés sera, par exemple, sollicité pour des demandes d'expulsion des occupants sans droit ni titre, considérant qu'il s'agit d'une voie de fait pour laquelle il est naturellement compétent pour prendre des mesures de cessation[353] : *« Attendu… qu'il ressort de l'exploit… versé aux débats que sieur NGUIFFO LUC RAYMOND occupe sans droit ni titre la boutique n° 634 située au marché MBOPPI à Douala et refuse de libérer pacifiquement ; que pareille occupation s'analyse en voie de fait criarde à laquelle il est imminent d'y mettre un terme ; qu'il échet partant d'ordonner son expulsion de cette*

[352] Tribunal coutumier de NEW-BELL et BASSA, jugement n° 244/99-2000 du 21 décembre 2000.
[353] Ibid.

boutique tant de corps, de biens, ainsi que de tous les occupants de son chef »[354].

Dans tous les cas, les juridictions d'instance statuent à charge d'appel devant des cours d'appel[355] elles-mêmes placées sous l'autorité d'une Cour suprême à compétence nationale[356].

Tout compte fait, la frange du contentieux foncier relevant de l'office du juge judiciaire, juge civil et juge pénal, est bien circonscrite : il s'agit d'abord du contentieux de la propriété foncière ; il s'agit ensuite des contentieux d'occupation et de la possession des terres.

Le droit de propriété, exercé à titre individuel ou collectif, est un droit naturel de l'homme élevé depuis lors au rang de droit fondamental du citoyen. C'est ainsi qu'il fait l'objet d'une protection accrue à l'échelle universelle et dans les sphères nationales. Cette protection l'est davantage lorsqu'il s'agit de la propriété immobilière considérée comme éminente[357].

Dans l'ordre juridique camerounais, le juge judiciaire est chargé de garantir la sûreté et la sécurité du droit de la propriété foncière ainsi que celles de certains droits voisins, en faisant cesser des troubles qui s'y rapportent, où qu'ils proviennent, en sanctionnant par des peines ou des réparations les auteurs desdits troubles. En tant que gardien de la

---

[354] TPI Douala – Bonanjo, ordonnance de référé n° 994 du 17 septembre 2003, affaire Dame veuve MABOU née PONE Justine mirabelle et Dame KUISSI MABOU Jeanne c/ NGUIFFO Luc Raymond.

[355] Voir, loi n° 2006/015 du 29 décembre 2006 portant organisation judiciaire, article 18, « la Cour d'Appel est compétente pour connaître : a) des appels interjetés à l'encontre des décisions rendues par les juridictions autres que la Cour Suprême et la Cour d'appel elle-même… ».

[356] Voir loi n° 2006/016 du 29 décembre 2006 fixant l'organisation et le fonctionnement de la Cour suprême. En l'état, le droit foncier ne ressortit pas du domaine de l'Organisation pour l'Harmonisation en Afrique du Droit des Affaires (OHADA) ; la Cour Commune de Justice et d'Arbitrage (CCJA) de l'OHADA, juridiction de cassation dans l'espace communautaire de cette Organisation, ne saurait donc connaître des pourvois en cassation en matière de droit foncier.

[357] À ce sujet, le Cameroun a été condamné par la Commission *des Droits de l'Homme et des Peuples de l'Union Africaine pour* ***« 'avoir, dans des circonstances troubles, porté atteinte, sans justification suffisante et malgré l'intérêt général avancé, et exproprié sans juste dédommagement, les riverains requérants de leurs propriétés ancestrales »*** *(Commission Africaine des Droits de l'Homme et des Peuples, Décision n° 260-2003, Bakweri Land Claims Committee c/. État du Cameroun et Camerron Development Corporation, et Décision n° 108-2005, South West Traditionnal Chiefs c/. State of Cameroon and International Del Monte Ltd.)*

propriété foncière, le juge judiciaire assure donc la protection des propriétaires nantis de titres fonciers (Chapitre 1).

En l'absence de titre foncier, les contentieux fonciers sont en principe attribués au juge administratif. Dans le cadre de cette compétence, celui-ci se déploie avec force et délicatesse en tant que juge de droit commun ; le juge judiciaire n'est alors appelé qu'à exercer une compétence palliative.

Pour autant, ce champ d'incursion du juge judiciaire dans cette zone de compétence administrative n'est pas négligeable, car, au-delà des litiges concernant les droits avoisinants la propriété, le juge judiciaire se voit quelquefois autorisé à contrôler l'action administrative pour prendre des mesures de redressement et de rectification. Tout de suite, il faudrait néanmoins signaler que le dessein de cette immixtion, étroite, est de veiller au rayonnement du droit de la propriété ou de sauvegarder les intérêts de certains occupants de domaines fonciers dépourvus de titres de propriété (Chapitre 2).

Chapitre 1 :

La protection judiciaire des terrains immatriculés

Le juge judiciaire assure la protection du droit de propriété et, de manière générale, de tous les droits réels immatriculés : droits réels principaux et droits réels accessoires[358].

Il en résulte que le contentieux des droits réels immobiliers touche également aux contestations liées à la réalisation de certains droits réels accessoires.

On peut comprendre alors pourquoi le juge judiciaire apparaît comme un acteur majeur du processus des recouvrements sur l'immeuble. Dans un dessein de protection de la protection foncière, le droit de l'OHADA, applicable au Cameroun, a en effet placé le juge judiciaire au cœur de toute procédure de saisie immobilière[359].

Certes, la réforme OHADA procède à une simplification du contentieux de la saisie immobilière,[360] mais le juge civil demeure au cœur du système, afin de s'assurer que l'expropriation de l'immeuble a été conduite suivant les règles de l'art. Ce principe de compétence judiciaire est maintenu, quelle que soit la nature de la créance, du titre exécutoire ou l'identité des parties. Il en est de même lorsque les parties

---

[358] Le droit réel accessoire, tout comme le droit réel principal, porte directement sur la chose. À la différence du droit réel principal qui porte sur la chose en elle-même, pouvant en cas de pleine propriété s'y confondre, le droit réel accessoire porte sur la valeur de la chose, en tant qu'accessoire de la créance que garantit la chose.

[359] Acte uniforme du 10 avril 1998 portant organisation des procédures simplifiées de recouvrement et des voies d'exécution.

[360] Nous n'insisterons pas assez sur le contentieux de la saisie immobilière qui se présente davantage comme une voie d'exécution sur l'immeuble que d'un véritable contentieux de droits réels immobiliers.

recourent aux mécanismes de l'attribution conventionnelle[361] ou judiciaire en paiement[362].

Nous n'insisterons pas assez sur le contentieux de la saisie immobilière qui se présente davantage comme une voie d'exécution sur l'immeuble que d'un véritable contentieux foncier.

Il en également ainsi du contentieux du titre foncier, objet mobilier pris en lui-même ès qualités. Sans doute, en la matière, le titre semble se confondre avec le droit qu'il établit,[363] mais le contentieux de la délivrance et de la validité du titre foncier[364] ne ressortit pas du domaine du juge judiciaire.

Pour autant, le juge judiciaire dispose d'une prérogative particulière dans le processus de délivrance du duplicatum de titre foncier. En effet, l'article 43 du décret n° 76/165 du 27 avril 197 fixant les conditions d'obtention du titre foncier, modifié par le décret n° 2005/481 du 16 décembre 2005, dispose que : « (1) En cas de perte du duplicatum du titre foncier, le Conservateur foncier ne peut en délivrer un nouveau qu'au vu d'une ordonnance du président du tribunal civil du lieu de situation de l'immeuble, rendue à la requête du propriétaire.

---

361 Article 199 de l'AUS : « À condition que le constituant soit une personne morale ou une personne physique dûment immatriculée au Registre du Commerce et du Crédit Mobilier et que l'immeuble hypothéqué ne soit pas à usage d'habitation, il peut être convenu dans la convention d'hypothèque que le créancier deviendra propriétaire de l'immeuble hypothéqué. À l'issue d'un délai de trente jours suivant une mise en demeure de payer par acte extra-judiciaire demeurée sans effet, le créancier pourra faire constater le transfert de propriété dans un acte établi selon les formes requises par chaque État-partie en matière de transfert d'immeuble » : c'est l'affadissement de l'interdiction du pacte commissoire.

362 Article 198 de l'AUS : « à moins qu'il ne poursuive la vente du bien hypothéqué selon les modalités prévues par les règles de la saisie immobilière, auxquelles la convention d'hypothèque ne peut déroger, le créancier hypothécaire impayé peut demander en justice que l'immeuble lui demeure en paiement. Cette faculté ne lui est toutefois pas offerte si l'immeuble constitue la résidence principale du constituant » : c'est une remise en clause de l'interdiction de la clause de voie parée.

363 Le droit camerounais a construit un régime particulier de la propriété foncière. Celle-ci n'existe officiellement que si elle est attestée par un titre foncier : « avant lui, la propriété est factuelle et non juridique, officieuse et non officielle ». Le propriétaire dépourvu ou privé de son titre foncier ne peut faire valoir son droit. Son droit est tantôt inefficace en l'état, tantôt rendu inefficace. Le titre semble faire corps avec le droit réel immobilier et, pratiquement, avec le bien lui-même.

364 La procédure appropriée est contenue dans le décret n° 76/165 du 27 avril 1976 fixant les conditions d'obtention du titre foncier, modifié et complété par celui n° 2005/481 du 16 décembre 2005.

(2) l'ordonnance déclare nul et sans valeur entre les mains de tout détenteur, le duplicatum perdu. Un avis est publié dans ce sens au bulletin des avis domaniaux et fonciers, à la diligence du Conservateur Foncier »[365].

Tout autre procédé débouchant sur la délivrance d'un duplicatum de titre foncier, dans ces circonstances, est qualifié de frauduleux et emporte nullité de tout titre qui en découle[366].

Il s'agit d'une forme de reconstitution de la copie du titre perdu entre les mains du bénéficiaire. Cette reconstitution judiciaire doit être distinguée de la reconstitution administrative qui interviendrait en cas de perte du livret foncier ou du titre foncier original.

La procédure est présidentielle, portée devant le Président du Tribunal de Première Instance du lieu de situation de l'immeuble[367], en tant que juge de droit commun en matière d'Ordonnances sur requête[368].

L'opportunité de cette procédure judiciaire se trouverait dans la proximité du juge civil avec le justiciable, mais le dessein est sans doute de garantir l'efficacité du titre de propriété[369]. D'autant plus que la disponibilité dudit titre est impérative pour établir l'effectivité du droit

---

[365] Cette prérogative du juge judiciaire engendre une question : celle de savoir s'il n'est pas envisageable, en l'état actuel du droit, d'obtenir du juge civil d'interdire à un conservateur de la propriété foncière de délivrer un titre foncier lorsqu'il se trouve en situation d'incompétence territoriale ou matérielle, mais surtout de le contraindre à le délivrer lorsque les circonstances sont réunies. On ferait alors recours aux mécanismes de *l'order of prohibition et l'order of mandamus,* inscrits à l'article 18 de la loi n° 2006/015 du 29 décembre 2006 portant organisation judiciaire. La nature administrative du titre foncier et de l'autorité compétente, le ministre chargé des questions foncières et domaniales, permet d'en douter.

[366] CS/CA, jugement n° 50/06-07 du 28 février 2007, Succession EKOBENA FOUDA Jean c/ État du Cameroun (MINDAF), inédit.

[367] Cela est conforme aux indications de l'article 8 du Code de Procédure civile et commerciale.

[368] Article 15 de la loi n° 2006/015 du 29 décembre 2006 portant organisation judiciaire.

[369] Le recours au juge judiciaire, juge de proximité, était nécessaire au moment où la Chambre administrative de la Cour Suprême, siégeant à Yaoundé, était l'unique juridiction administrative du pays. Il en a été ainsi jusqu'à la loi n° 2006/022 du 29 décembre 2006 fixant l'organisation et le fonctionnement des tribunaux administratifs. Le recours au juge judiciaire, garant du respect des principaux droits et libertés individuels -dont le droit de propriété- s'explique parce que le droit de propriété du bénéficiaire est établi et certifié par le titre foncier dont le duplicatum, perdu, contribue simplement à en assurer l'efficacité.

et, partant, bénéficier d'une réelle protection tant du juge civil (section 1) que du juge pénal (section 2).

Section 1 : La protection de la propriété foncière par le juge civil

Le système foncier camerounais établit l'État comme « gardien de toutes les terres. Il peut, à ce titre, intervenir en vue d'en assurer un usage rationnel ou pour tenir compte des impératifs de la défense ou des options économiques de la nation »[370].

Pour autant, le « gardien des terres » n'est pas le « gardien du droit de propriété », droit absolu et sacré bien ancré dans la Déclaration universelle des droits de l'homme : « La propriété est un droit inviolable et sacré, nul ne peut en être privé, si ce n'est lorsque la nécessité publique, légalement constatée, l'exige évidemment, et sous la condition d'une juste et préalable indemnité ».

Le juge judiciaire garantit donc la bonne jouissance du droit de propriété. Une *summa divisio* est faite, depuis le Code civil français de 1804, en vigueur au Cameroun, entre la propriété mobilière et propriété immobilière[371].

Qu'elle soit mobilière ou immobilière, le droit de propriété demeure un droit patrimonial exclusif, absolu et perpétuel, une institution placée sous l'autorité du juge. Il s'agit du droit réel le plus achevé[372], droit réel principal autour duquel gravitent d'autres droits réels principaux et des droits réels accessoires.

L'ensemble des droits réels immobiliers font l'objet de protection spécifique par le juge civil. Celui-ci garantit la jouissance de ces différents droits contre les atteintes de toutes sortes qui peuvent provenir de l'administration (Paragraphe 1) ou être le fait des particuliers (Paragraphe 2).

---

[370] Article 1er de l'Ordonnance n° 74-01 du 6 juillet 1974 fixant le régime foncier.

[371] Article 516 du Code civil : « Tous les biens sont meubles ou immeubles ».

[372] Le droit de propriété est un droit éminent, érigé au rang des droits fondamentaux de l'homme depuis 1948. Cela résulte des dispositions de l'article 17 de la Déclaration Universelle des Droits de l'Homme selon lesquelles : « Toute personne, aussi bien seule qu'en collectivité, a droit à la propriété. Nul ne peut être arbitrairement privé de sa propriété ». Ce droit est intégré, avec valeur constitutionnelle, dans le préambule de la Constitution du Cameroun.

Paragraphe 1 : La protection de la propriété foncière contre les troubles de l'administration

La problématique de la protection de la propriété foncière par le juge civil marque un tempérament au principe de la dualité des juridictions dans l'ordre juridique camerounais, entre les juridictions de l'ordre administratif, d'une part, et les juridictions de l'ordre judiciaire, d'autre part.

En principe, et en vertu de cette séparation des ordres juridictionnels, les différends entre particuliers seraient confiés au juge judiciaire et les litiges impliquant l'administration relèveraient du juge administratif.

Mais cette séparation n'est pas un cloisonnement des juges. À ce propos, M. MARCEAU LONG[373] a eu une formule très significative : « (...) les juridictions administratives et judiciaires ne peuvent se contenter de coexister. Elles veulent aussi collaborer, confronter leurs expériences, leurs méthodes et leurs projets. Nos objectifs sont communs, répondre de manière efficace et rapide à une demande de justice en croissance constante ». Cette emphase est complétée par M. SAUVE : « A la *summa divisio* matérielle de notre droit, privé et administratif, ne s'ajuste qu'imparfaitement le partage organique de notre justice en deux ordres de juridiction distincts, soit que le juge administratif interprète ou apprécie la légalité d'actes de droit privé, soit que le juge connaisse d'actes administratifs »[374].

La répartition des compétences entre les juges ne pouvait donc se faire étanche dans un contexte où le juge judiciaire est reconnu comme le gardien des droits et libertés individuels. Et le statut du droit à la propriété s'est accru pour apparaître quasi universellement comme un droit fondamental de l'homme. Se combinant avec l'adage « *res mobilis res vilis* », le droit de la propriété s'est révélé, en conséquence, comme l'un des droits les plus éminents.

Avec le système foncier de l'immatriculation et son corollaire, l'institution du titre foncier comme unique acte probatoire de la propriété, le droit de la propriété immobilière n'existe officiellement que si elle est attestée par un titre foncier : « avant lui, la propriété est

---

373 MARCEAU LONG, « L'état actuel de la dualité de juridictions », RFDA, 1990, p. 689.

374 SAUVE (J-M.), Introduction au Colloque organisé par la Cour de cassation française, le vendredi 4 avril 2014, sur : « L'acte administratif sous le regard du juge judiciaire (les blocs et les frontières : les juges de la légalité administrative) ».

factuelle et non juridique, officieuse et non officielle »[375]. Dans cette logique, le propriétaire dépourvu ou privé de son titre foncier ne peut faire valoir son droit. Son droit est tantôt inefficace en l'état, tantôt rendu inefficace. Le titre semble faire corps avec le droit et, pratiquement, avec le bien lui-même.

La législation s'est employée à anticiper sur le risque de conflit entre l'action administrative et la protection de la propriété. Un canevas législatif a été élaboré pour définir le cadre d'intervention de l'administration dans l'enceinte foncière des particuliers. À cet effet, deux moyens d'action minutieusement réglementés ont été mis à jour : le droit d'expropriation et le pouvoir de réquisition.

C'est au juge administratif de contrôler la régularité de ces cas d'intervention, ainsi que nous l'avons affirmé ci-dessus[376]. Le juge judiciaire, civil notamment, ne sera en réalité sollicité que lorsque l'administration aura abusé de ces prérogatives ou agi en dehors de tout ressort de droit. Dans le premier cas, le juge interviendra pour protéger la propriété foncière contre les suites inadéquates d'un principe régulier d'expropriation ou de réquisition (A) ; dans le deuxième cas, il s'agira pour le juge civil de sanctionner une sorte d'arbitraire administratif qui exerce une emprise ou une voie de fait sur la propriété foncière privée (B).

A. Le contrôle de l'indemnisation en cas d'expropriation foncière et de réquisition immobilière

C'est la procédure d'expropriation qui s'applique fondamentalement en matière foncière (1) ; le régime de réquisition renvoie davantage à l'expropriation immobilière, au sens du droit de l'urbanisme, bien qu'il puisse toucher au régime foncier (2).

1. La compétence du juge judiciaire en matière d'expropriation pour cause d'utilité publique

L'expropriation est une mesure de restriction au droit de propriété, « une opération par laquelle l'administration contraint un particulier à

---

[375] ONDOA (M.), in Préface à l'ouvrage de M. EBANG MVE Urbain Noël, *Le titre foncier au Cameroun*, Paris, L'Harmattan, 2011, p. 14.
[376] Supra, Titre 1, Chapitre 2, section 1.

lui céder la propriété d'un immeuble dans un but d'utilité publique et moyennant une juste et préalable indemnisation »[377].

L'expropriation pour cause d'utilité publique n'est cependant pas une véritable atteinte au droit de propriété, mais un mécanisme légal de dépossession du propriétaire dicté par le souci de l'intérêt général[378].

L'expropriation peut donner lieu à deux sortes de contentieux : soit que l'on conteste le principe même de l'expropriation, sa procédure aussi, et l'acte administratif qui en décide est attaqué en annulation pour excès de pouvoir devant le juge administratif[379], soit que le régime d'indemnisation accordé n'est pas approprié et le recourant saisira le juge judiciaire. Dans l'un et l'autre cas, un recours gracieux préalable devant l'autorité administrative compétente est nécessaire.

Le juge judiciaire est donc le juge du contentieux de l'indemnisation des victimes d'expropriation pour cause d'utilité publique[380]. Cela découle des dispositions de l'article 12 de la loi n° 85-09 du 4 juillet 1985 relative à l'expropriation pour cause d'utilité publique et aux modalités d'indemnisation qui dispose que :

« (1)- En cas de contestation sur le montant des indemnités, l'exproprié adresse sa réclamation à l'administration chargée des domaines.

(2)- S'il n'obtient pas satisfaction, il saisit, dans un délai d'un mois, à compter de la date de la notification de la décision contestée, le tribunal judiciaire compétent du lieu de la situation de l'immeuble.

(3)- Conformément à la procédure et sous réserve des voies de recours de droit commun, le tribunal confirme, réduit ou augmente le montant de l'indemnité suivant les modalités d'évaluation fixées dans la présente loi et ses textes d'application ».

Il s'agit d'un régime de compétence spéciale, dérogatoire au droit commun de l'appréciation de l'action administrative, que le juge

---

[377] CFJ, arrêt n° 160/CFJ/CAY du 8 juin 1971, FOUDA MBALLA Maurice c/ État fédéré du Cameroun Oriental, RCD, n° 1, 1972, p. 40, obs. M. PROUZET.

[378] Article 545 du Code civil ; Loi n° 85-09 du 4 juillet 1985 relative à l'expropriation pour cause d'utilité publique et aux modalités d'indemnisation.

[379] On peut aussi attaquer l'acte d'expropriation en caducité, en cessation, en rectification, en modification ou en rétrocession.

[380] CS/CA, 29 juin 1989, FANKWE John c/État du Cameroun.

administratif rappelle constamment[381]. On peut cependant s'interroger sur cette possibilité donnée au juge, à l'alinéa 3 de l'article 12 ci-dessus, qui permet de confirmer, réduire ou augmenter le montant de l'indemnité en cause.

Il a été soutenu que l'ensemble de ces dispositions, d'une part, violait le principe de la réparation intégrale en ce que le juge apparaissait comme un « comptable assermenté »[382], ne pouvant réviser l'indemnité qu'en respectant scrupuleusement les modalités d'évaluation fixées par les textes[383] ; et que, d'autre part, la possibilité de réduire le montant de l'indemnité violait le principe de la prohibition de la « *reformatio in pejus* » qui interdit au juge d'aggraver la situation d'un recourant[384].

S'il est indéniable que le système de calcul de l'indemnité en cas d'expropriation a été rationalisé, pour limiter les abus, mais surtout protéger l'administration et la fortune publique, il est discutable que la saisine du juge civil après recours gracieux infructueux puisse être considérée comme un recours juridictionnel pouvant donner lieu à l'application de la règle de l'interdiction de la réformation en pire. À mon sens, le recours préalable en « grâce » devant l'administration n'est pas la saisine d'une juridiction et la première saisine du juge civil n'est pas un recours juridictionnel.

Par ailleurs, l'article 7 alinéas 1 de la loi de 1985 pose que : « L'indemnité porte sur le dommage matériel, direct, immédiat et certain causé par l'éviction ».

---

381 Cour suprême, chambre administrative : jugements n° 92 du 21 juillet 1983, MONVOISIN et EGCTP c/ État du Cameroun, n° 24/2012 du 25 janvier 2012, MBELEG Placide Marc c/ État du Cameroun (MINUH), n° 01/2011 du 12 janvier 2011, succession TCHOUTA MOUSSA c/ État du Cameroun (MINDAF), n° 544/94-95 du 9 novembre 1994, Renault Cameroun c/ État du Cameroun.

382 TIENTCHEU NJIAKO (A.), *Droits fonciers urbains au Cameroun*, Yaoundé, PUA, 2012, p.419 et s. Cette limitation des pouvoirs du juge rend clairement compte de ce que l'expropriation pour cause d'utilité apparaît davantage comme une cession forcée que d'une vente forcée. Aucune possibilité de spéculation n'est possible sur le prix c'est-à-dire le montant de l'indemnité.

383 Notamment l'annexe de l'arrêté N° 00832-Y-15-1-MINUH-D 000 du 20 novembre 1987 fixant des bases de calcul de valeur des constructions frappées d'expropriation pour cause d'utilité publique et le décret N° 2003-418 PM du 25 février 2003 fixant les tarifs des indemnités à l'allouer au propriétaire victime des constructions pour cause d'utilité publique de cultures et d'arbres cultivés.

384 MBUNJA (Y.), « la protection de la propriété immobilière privée par le juge civil », actes de la Conférence sur la problématique de la propriété foncière au Cameroun, MBALMAYO, 18 novembre 2005.

En mentionnant que l'indemnité porte sur le préjudice matériel, le législateur a-t-il voulu écarter les autres chapitres de réparation de droit commun, à l'instar du préjudice moral ou même des préjudices architecturaux. Par exemple la rupture du lien affectif entre les membres d'une famille habitant les immeubles contigus dont l'un est exproprié, la rupture du schéma architectural d'une chaîne d'immeubles dont l'un est exproprié.

Le juge judiciaire ne semble pas l'écouter de cette oreille. Dans une espèce FOE GORGON contre État du Cameroun, le Tribunal de Grande Instance du MFOUNDI a non seulement accordé des réparations pour préjudice matériel, mais aussi « en réparation du préjudice né de la substitution d'une profonde douleur à une joie et une fierté légitime »[385].

Enfin, le recours au juge sur l'indemnisation n'est pas suspensif du principe de l'expropriation. Une partie pourrait bien avoir intérêt à contrôler l'exécution provisionnelle de l'acte d'expropriation découlant du privilège du préalable. La demande de sursis serait-elle ouverte devant le juge administratif, le juge du contentieux de l'exécution ou le juge des référés, administratif ou judiciaire ?

Au regard des dispositions des articles 27 et 30 de loi n° 2006/022 du 29 décembre 2006 fixant l'organisation et le fonctionnement des tribunaux administratifs, la marge de succès d'une pareille demande sera très restreinte. Sur le principe, le juge judiciaire n'est pas compétent pour prescrire des mesures administratives urgentes, même par voie de référé, ni pour décider d'un sursis à l'exécution d'un acte administratif. Cependant, considéré comme un titre exécutoire, le juge du contentieux se prononcera sur les difficultés d'exécution de l'acte d'expropriation, pouvant ordonner une suspension à l'exécution.

Sur tout autre plan, il est curieux que l'ensemble du contentieux de l'indemnisation ait été confié au juge judiciaire, que l'expropriation eût été régulière ou pas. La logique de la séparation des autorités administratives et judiciaires, qui a engendré celle des ordres juridictionnels, aurait voulu que le juge administratif contrôle le montant de l'indemnité consécutive à une expropriation régulière et que le juge judiciaire n'intervienne qu'en cas d'abus du droit d'exproprier souvent qualifier d'emprise irrégulière. C'est dans ce sens qu'ont été organisés les régimes de réquisition.

---

[385]TGI MFOUNDI, Jugement civil N° 375/TGI du 19/8/1987 FOE GORGON c/ État du Cameroun.

2. L'intervention du juge civil en cas de réquisition administrative

En matière de réquisition, le système n'est pas dans la même ligne de cohérence qu'en cas d'expropriation.

Il faudrait repartir de l'article 12 de la loi n° 68/LF/04 du 11 juin 1968 portant organisation du régime des réquisitions qui dispose : « 1- Les Tribunaux judiciaires sont compétents pour connaître des demandes en réparation en matière de logement et cantonnement à raison des vols, incendies, pillage, dégradation, etc. L'indemnité est accordée dans les conditions de droit commun ; 2- Les règles du contentieux administratif sont applicables pour toute autre réclamation en matière d'indemnité ».

Il apparaît ainsi que l'ensemble du contentieux de la réquisition appartient à la juridiction administrative, le juge civil n'étant sollicité que pour les préjudices causés au propriétaire dans la logique du droit commun de la responsabilité civile.

En effet, l'appréciation du fondement juridique de la réquisition ainsi qu'aux procédures utilisées relève de la compétence exclusive du juge administratif. Il en est de même des contestations relatives au montant de l'indemnité accordée au propriétaire du fait de la réquisition. Le juge administratif est à la fois juge de la légalité et juge du contentieux de l'indemnisation en cas de réquisition.

Cela lui permet, une fois saisi, de purger l'ensemble des contestations quant à la réquisition, en faisant l'économie d'une dispersion des contentieux décriée en matière d'expropriation[386].

Il faudrait alors se rappeler la distinction entre la réquisition foncière et l'expropriation, essentiellement basée sur l'étendue de la dépossession : la réquisition se limite au droit d'usage alors que l'expropriation touche au droit de propriété, dans sa forme complète[387]. La réquisition foncière apparaît ainsi comme une « expropriation précaire aux fins d'usage », tel que nous l'avons remarqué ci-dessus[388]. Elle pourrait, dans cette mesure, se concevoir pour ceux qui, bien que dépourvus du titre foncier, occupent régulièrement des parcelles du domaine national.

---

386 Cf. Supra, Titre 1, Chapitre 2, Section 1.

387 Pour plus de détail sur la distinction entre la réquisition et l'expropriation, voir, supra, titre 1, chapitre 2, section 1, paragraphe 2.

388 Ibid.

On s'aperçoit alors que, selon que la dépossession du titulaire d'un titre foncier sera qualifiée de réquisition ou plutôt d'expropriation, les régimes de contentieux d'indemnisation pourront varier.

En matière de réquisition, spécialement, la loi décide que certains litiges intervenus à l'occasion ne seront pas considérés comme des contentieux de la réquisition proprement dits :

Il en est ainsi, d'une part, « des demandes en réparation en matière de logement et cantonnement à raison des vols, incendies, pillage, dégradation, etc. ». Il s'agit dans ces cas de contentieux purement civils que le juge judiciaire examinera en faisant valoir les règles de la responsabilité civile des articles 1382 et suivants du Code civil. On pourrait cependant s'interroger lorsque l'auteur des préjudices dont il s'agit se trouve être l'administration ou son agent, ou lorsque la victime entend mettre les dommages subis sur le compte de l'administration dont la responsabilité serait recherchée. On voit bien, dans ces hypothèses, qu'il sera fait appel aux règles de la responsabilité administrative généralement débattues devant le juge administratif.

D'autre part, il pourrait s'agir des empiètements, même provisoires, de l'administration en dehors de tout contexte de réquisition ou d'expropriation. Il sera alors demandé au juge administratif de confirmer que l'administration s'est tellement éloignée de la règle de droit que son agissement est considéré comme « irrégularité manifeste » qualifiée, selon les cas, d'emprise ou de voie de fait. Dans ces hypothèses, le juge civil aura la possibilité de sanctionner ces agissements et prendre les mesures nécessaires afin qu'il y soit mis fin.

B. La compétence judiciaire en cas d'emprise et de voie de fait administratives

Les notions d'emprise et de voie de fait sont d'origine prétorienne. Elles ont été longtemps confondues jusqu'en 1949, avant l'intervention de deux importants arrêts du Tribunal des conflits[389] en France. L'identité juridique de l'emprise et de la voie de fait administratives influence le régime du contentieux (1) qui leur est applicable (2).

[389] TC, 17 mars 1949, Société Hôtel du vieux Beffroi, et 30 juin 1949, Nogier, Rec., p. 604 ; WEIL, Emprise et Voie de fait, D. 1961, p. 612.

1. La notion d'emprise et de voie de fait administratives

L'**emprise**[390], au sens ordinaire, est le fait pour l'Administration de déposséder un particulier d'un bien immobilier, légalement ou illégalement, à titre temporaire ou définitif, à son profit ou au profit d'un tiers. C'est pourquoi l'on distingue souvent l'emprise régulière, qui se rapprocherait de l'expropriation, de l'emprise irrégulière à laquelle la loi semble réserver l'appellation.

Dans ce sens, l'emprise est considérée comme la prise de possession irrégulière, par l'administration, d'une propriété immobilière. Trois éléments sont ainsi exigés pour caractériser l'emprise : la dépossession, l'irrégularité, et la nature immobilière du bien ou du droit réel en cause.

Les hypothèses sont nombreuses : délimitation irrégulière du domaine public, transfert de propriété à l'administration à la suite d'une expropriation, dépôt d'une citerne par l'administration sur une propriété privée, creusement de canaux sur une propriété privée, destruction d'un mur sur une propriété privée, violation d'un domicile par l'administration, violation d'une sépulture, etc.

La voie de fait[391], quant à elle, est une action grossière portant gravement atteinte au droit de propriété ou, plus largement, aux droits et libertés fondamentaux des individus. La voie de fait est acte tellement grossier de l'administration qu'il est insusceptible de se rattacher à l'exécution d'un texte législatif ou réglementaire[392]. La voie de fait immobilière se rapproche et s'assimile à l'emprise irrégulière.

L'emprise immobilière apparaît ainsi comme une dépossession irrégulière de la victime de son droit réel immobilier, davantage le droit

---

[390] CFJ/CAY, arrêt n° 157 du 13 mars 1971, MEDOU Gaston contre État Fédéral du Cameroun ; CS/CA, 30 novembre 1978, ATANGANA Sylvestre contre État du Cameroun ; cités par BIPELE KEMFOUEDIO (J.), « le contentieux de la voie de fait administrative et de l'emprise irrégulière au Cameroun : contribution à la répartition des compétences entre le juge judiciaire et le juge administratif », *Juridis-Périodique*, n° 93, 2013, p. 65.

[391] CFJ/CAY, arrêt n° 20 du 4 novembre 1966, Max Keller NDONGO contre État Fédéral du Cameroun ; arrêt n° 10 du 17 octobre 1968, Procureur général et MVE NDONGO Abraham contre NGADA Victor ; CS/CA, jugement n° 63 du 26 mai 1988 NOMENY NGUISSI contre État du Cameroun (Commune urbaine de DSCHANG ; cités par BIPELE KEMFOUEDIO (J.), op. cit., ibid.

[392] CFJ-AP, arrêt n° 10 du 17 octobre 1968, MVE DONGO c/ NGADA Victor ; jugement n° 12/CS/CA du 28 janvier 1982, dame Binam née Ngo Jom Fidèle c/ État du Cameroun.

de propriété, alors que la voie de fait, qui peut être mobilière ou immobilière, peut constituer en une atteinte immobilière sans dépossession complète. Il suffit que les exigences mises en relief par la doctrine et la jurisprudence soient établies : qu'il y ait atteinte à une liberté fondamentale dont le droit de propriété et que l'acte soit insusceptible de se rattacher à l'exécution d'un texte législatif ou réglementaire[393].

2. Le contentieux judiciaire de l'emprise et de la voie de fait

Le régime de traitement juridictionnel de l'emprise et de la voie de fait est bien nuancé. À ce sujet, l'article 3 de la loi n° 2006/022 du 29 décembre 2006 fixant l'organisation et le fonctionnement des tribunaux administratifs dispose :

(1)-« Les tribunaux de droit commun connaissent, conformément au droit privé, de toute action ou litige, même s'il met en cause les personnes morales [de droit public], la responsabilité desdites personnes morales à l'égard des tiers est substituée de plein droit à celle de leurs agents auteurs des dommages causés dans l'exercice même de leurs fonctions ».

(2)-« Ils connaissent, en outre, des emprises et des voies de fait administratives et ordonnent toute mesure pour y mettre fin. Toutefois, il est statué par la chambre administrative de la Cour suprême sur l'exception préjudicielle soulevée en matière de voie de fait administrative et d'emprise ».

Il en ressort que :

- le juge judiciaire connaît de tout litige non attribué au juge administratif. Il est donc le juge des contentieux de droit commun.
- L'emprise et la voie de fait administratives sont constatées par le juge administratif[394] ; le juge judiciaire est habilité à

---

[393] PTPI de DSCHANG, Ordonnance de référé n° 19/ORD du 16 octobre 2008.

[394] Cour suprême, Chambre administrative, jugement du 30 novembre 1978, ATANGANA NTONGA Sylvestre c/ État du Cameroun. Avec la mise en place des tribunaux administratifs dans chaque Région, depuis la loi n° 2006/022 du 29 décembre 2006 fixant l'organisation et le fonctionnement des tribunaux administratifs, on comprend mal pourquoi l'exception préjudicielle soulevée en matière de voie de fait administrative et d'emprise reste de la compétence exclusive de la chambre administrative de la Cour suprême. On débouche sur une curiosité : les tribunaux administratifs, au niveau des régions, ne peuvent connaître par voie

décider des réparations nécessaires, octroyer des dommages-intérêts[395], et prendre les mesures appropriées afin qu'il y soit mis fin.

Cette répartition de compétence entre le juge administratif et le juge judiciaire a fait l'objet d'une abondante doctrine et d'une jurisprudence éprouvée. Elle apparaît de plus en plus inappropriée.

L'interdiction faite au juge judiciaire, juge de la voie de fait et gardien du droit de propriété, d'avoir à constater l'emprise et la voie de fait de nature administrative est difficilement compréhensible.

En effet, par le fait de l'emprise irrégulière, ou voie de fait[396], l'agissement de la personne morale de droit public, ou de son agent, se situe en dehors du cadre de l'action administrative. Il s'agit donc d'un contentieux de droit privé à soumettre au juge civil qui fait valoir les règles du droit privé.

Par ailleurs, la restriction des compétences du juge administratif, qui serait compétent pour constater l'emprise et la voie de fait, mais ne serait pas en mesure de tirer les conséquences de ces agissements illégaux est tout aussi incompréhensible.

Devant cette faiblesse du système, un auteur[397] a remis en cause le pouvoir exclusif du juge administratif en matière de constatation de l'emprise et de la voie de fait, en affirmant qu'il s'agit d'une compétence concurrentielle entre les deux ordres juridictionnels administratif et judiciaire. Il va d'ailleurs plus loin pour déclarer que : « La compétence principale en matière de constatation de la voie de fait et de l'emprise irrégulière revient au juge judiciaire »[398], d'autant plus que le droit camerounais « n'a pas consacré formellement le principe de la séparation des autorités administratives et judiciaires »[399].

---

d'exception ce qui leur est dévolu par voie d'action principale, à savoir la légalité de certains actes administratifs.

[395] Cour suprême, Chambre administrative, jugement n° 56/85-86 du 24 avril 1986, aff. KOUME JEMBA Joseph c/ État du Cameroun (MINEFI).

[396] L'emprise irrégulière est ainsi assimilée à la voie de fait.

[397] BIPELE KEMFOUEDIO (J.), « le contentieux de la voie de fait administrative et de l'emprise irrégulière au Cameroun : contribution à la répartition des compétences entre le juge judiciaire et le juge administratif », *Juridis-Périodique*, n° 93, 2013, p. 65.

[398] Idem.

[399] Id. En France, le Tribunal des Conflits, 12 mai 1997, Préfet de Police de Paris contre TGI de Paris, RFDA, 1997, p. 52, a dû intervenir pour prévenir : « il ne peut y

Cette affirmation rend compte d'une certaine résistance jurisprudentielle. Les juges judiciaires n'hésitent pas à constater l'illégalité grossière, la voie de fait qui place l'agissement en dehors du champ de l'activité administrative[400], afin de prendre des mesures de nature à y mettre un terme[401].

Cette hardiesse judiciaire s'exerce dans un contexte où le juge administratif, à son tour, essaie de s'approprier l'entièreté du contentieux de l'emprise régulière, l'expropriation[402], afin de pouvoir se prononcer sur la légalité de l'expropriation et sur les indemnisations qui l'accompagnent.

On s'achemine finalement vers un nouveau plan de partage de compétences entre les autorités juridictionnelles, où le juge administratif sera entièrement compétent pour constater, réparer et faire cesser les cas d'emprises (régulières) et le juge judiciaire totalement compétent pour constater, réparer et mettre un terme aux voies de fait[403].

En attendant, il faudrait réaffirmer que le principe demeure que le juge judiciaire garde la compétence exclusive en matière de réparation et de cessation de l'emprise et de la voie de fait. Il sera compétent pour statuer, qu'il soit saisi au fond ou en matière de référés. Cette dernière voie est plus usitée, car, traditionnellement, le juge des référés est compétent en cas de voie de fait, sans qu'il soit besoin d'établir une urgence ou un péril menaçant[404].

Dans tous les cas, le contentieux de l'emprise irrégulière et de la voie de fait, placé dans le champ du droit privé soumis aux règles de droit civil ouvre la voie à un régime de responsabilité plus rigoureux pour

---

avoir voie de fait sans atteinte à une liberté fondamentale ou au droit de propriété, mais il faut, en outre, que l'acte ne soit pas susceptible d'être rattaché à un pouvoir de l'administration ». p. 66.

[400]T. confl., 12 mai 2010, Alberigo, T., p. 694-904.

[401] PTPI de DSCHANG, Ordonnances des référés n° 06/ORD du 15 décembre 2006, n° 19/ORD du16 octobre 2008, n° 21 du 14 décembre 2011 ; PTPI de DOUALA, Ordonnance de Référé n° 791 du 10 janvier 2002 ; cités par BIPELE KEMFOUEDIO (J.), op. cit. pp. 66-67.

[402] L'emprise régulière est ainsi rapprochée de l'expropriation.

[403] Voir supra, titre 1, chapitre 2, section 1, paragraphe 2.

[404] Contra, PTPI de DSCHANG, Ordonnances des référés n° 06/ORD du 15 décembre 2006, n° 19/ORD du16 octobre 2008, n° 21 du 14 décembre 2011, cités par BIPELE KEMFOUEDIO (J.), op. cit. p. 70.

l'administration et l'expose à un système de condamnation moins protectrice.

L'administration sera donc considérée comme une partie ordinaire au procès civil, responsable devant le Tribunal de Première Instance ou celui de Grande Instance territorialement compétent[405] avec faculté pour elle, le cas échéant, de se retourner contre son agent notamment en cas d'agissement détachable de la fonction.

Le juge judiciaire pourra ainsi, contre l'administration, prononcer des injonctions, ordonner l'expulsion ou la suppression d'ouvrage, la radiation des inscriptions, l'enlèvement de scellés, etc.

Paragraphe 2 : Les garanties judiciaires contre les troubles des particuliers

Les atteintes à la propriété foncière par les particuliers sont plus usuelles : accaparements, empiètements divers, occupations de toutes sortes. Le fautif peut agir de bonne ou de mauvaise foi et la sanction du juge en tient compte. L'occupation de la propriété d'autrui par un particulier peut s'appuyer sur des motifs plus ou moins fallacieux. L'occupant a pu légitimement croire qu'il était propriétaire ou en droit de s'installer sur la parcelle d'autrui. Dans ce cas, l'occupant pourrait être reconnu de bonne foi et le droit le ménage de ce fait. Le particulier peut également investir le domaine d'autrui en exhibant des nécessités d'ordre privé, tel un squatter menacé par l'hiver faute d'abri ou même sans aucun motif déclamé, simplement par volonté d'accaparement ; dans cette hypothèse l'intrusion s'apparente à une expropriation pour cause d'utilité privée, non prévue par la loi et l'occupant reconnu sans droit ni titre est traité avec sévérité.

L'empiètement est une occupation restreinte de l'espace foncier d'un particulier. Il s'agit d'un chevauchement partiel de la propriété d'autrui dont les règles de traitement sont similaires à celles prévues en cas d'occupation totale.

Les hypothèses pratiques de troubles émanant des particuliers sont nombreuses : cultures ou constructions sur terrain d'autrui, locataire qui fait des édifications sans l'accord du propriétaire, occupant coutumier

[405] Sur la répartition des compétences entre ces deux juridictions de l'ordre judiciaire, voir, ANOUKAHA (F.), « la réforme de l'Organisation judiciaire au Cameroun », commentaire de la loi n° 2006/022 du 29 décembre 2006 portant Organisation judiciaire, *Juridis-Périodique*, n° 68, décembre 2006, p. 45 et s.

contre lequel un titre foncier est délivré à une autre personne, intrusion sans droit ni titre[406].

L'ensemble de ces contentieux, situés dans le cadre des actions patrimoniales[407], donnent naissance à une panoplie d'actions que la doctrine essaie de systématiser.

On retrouve, ici, les trois catégories traditionnelles d'actions en justice dictées par la nature des droits poursuivis ou la finalité des actions engagées : les actions réelles, personnelles ou mixtes, les actions mobilières et immobilières et, enfin, les actions possessoires et pétitoires.

L'action réelle porte sur un droit réel, principal ou accessoire ; il défend un droit sur une chose[408]. L'action personnelle promeut un droit de créance, vise la sanction d'un droit personnel[409] ; elle apparaît comme la catégorie de droit commun en ce sens que toute action qui n'est pas réelle est personnelle. L'action mixte défend un droit réel et un droit personnel successifs ou confondus dans une même opération juridique[410], sans que cela signifie qu'il existe des droits mixtes à côté des droits réels et des droits personnels.

---

[406] TPI Douala, jugement civil n° 372 du 22 août 1987, NGUEA MOUSSONGO Marie.

[407] Les droits subjectifs sont de deux ordres : droits patrimoniaux et droits extra patrimoniaux. Sur cette base, les actions patrimoniales sont différenciées des actions extrapatrimoniales dont le dessein est de sauvegarder les droits extrapatrimoniaux de la famille, de la personne et de la personnalité.

[408] L'action en revendication, l'action en bornage, l'action en protection d'une servitude, l'action en reconnaissance d'un droit de suite sont des exemples d'actions réelles.

[409] L'action en paiement de loyer, l'action aux fins d'injonction de payer, les actions de toutes sortes aux fins d'exécution d'une obligation de donner, de faire ou de ne pas faire sont des actions personnelles. En fait, et à la différence des actions réelles limitées tout comme le nombre de droits réels, les actions personnelles sont autant illimitées que les obligations personnelles.

[410] L'acheteur qui réclame la délivrance de l'immeuble agit à la fois en qualité de créancier de l'obligation de livraison vis-à-vis du vendeur (action personnelle), mais aussi la reconnaissance de son droit de propriété sur la chose (action réelle) ; La demande du vendeur d'immeubles en annulation est une action personnelle de celui-ci contre son cocontractant, à caractère réel puisqu'il recherche restitution d'un bien. L'action est mixte qui tend à résolution, la révocation, la rescision ou l'annulation d'un acte translatif d'un droit réel immobilier : elle cherche à restaurer un droit réel sur la chose en libérant le demandeur d'une obligation vis-à-vis de son cocontractant.

L'action est dite mobilière quand elle porte sur un meuble, et immobilière lorsqu'elle concerne directement un immeuble. À titre d'exemple, l'action en rescision d'une vente d'immeuble pour lésion est nécessairement immobilière alors que l'action en exécution des travaux sur un immeuble est mobilière[411].

Ainsi se côtoient les actions personnelles mobilières, les actions personnelles immobilières, les actions réelles mobilières, les actions réelles immobilières, et les actions mixtes.

Il faudrait cependant prendre garde, afin de ne pas confondre certaines actions personnelles avec des actions réelles immobilières. Par exemple, les assignations en vente forcée, en mutation ou en morcellement forcé d'immeubles ne sont ni des actions réelles, ni des actions immobilières, mais des demandes tendant à obtenir du défendeur une prestation, l'exécution d'une obligation de faire ou même, le cas échéant, de ne pas faire. Ces actions mobilières, assez récurrentes dans la pratique doivent être traitées avec délicatesse[412].

Enfin, on distingue, au sein de la catégorie des actions réelles, les actions pétitoires de celles possessoires. L'action pétitoire appartient au propriétaire du droit, propriétaire véritable et vérifiable ; elle défend le droit de propriété. L'action possessoire est celle ouverte au possesseur, propriétaire apparent ; elle protège une maîtrise de fait.

Cette distinction du pétitoire et du possessoire est typiquement de l'ordre du droit immobilier, car, en matière mobilière, l'article 2279 du Code civil est formel : « En fait de meuble, possession vaut titre ». Le possesseur d'un bien mobilier n'est donc pas un propriétaire apparent, mais un propriétaire aux yeux de loi, jusqu'à preuve du contraire. Il ne dispose, en conséquence, que de la voie pétitoire pour faire valoir ses droits, puisqu'il n'est pas prévu d'action possessoire en matière mobilière.

Le principe du non-cumul du pétitoire et du possessoire fait en sorte que le propriétaire foncier ne dispose que de la voie pétitoire, plus

---

[411] La liste des immeubles étant limitative en droit camerounais, tout ce qui n'est pas immeuble est meuble.

[412] En retenant par exemple que la vente immobilière est un contrat solennel qui n'est pas noué par le seul échange de consentements, mais par la conclusion d'un acte notarié ; en retenant aussi que le morcellement et la mutation sont des diligences administratives puisque le demandeur n'est pas encore en mesure d'établir qu'il est propriétaire, par la production d'un titre foncier.

rayonnante au demeurant, pour faire valoir ses droits. Cette action est également ouverte à tous ceux qui défendent un droit réel immobilier (B). Afin de lui garantir pleine efficacité, le droit positif organise autour du droit de propriété un certain nombre de mesures tantôt préparatoires, préventives ou conservatoires, tantôt réparatrices des dommages causés ; ce sont des actions de sauvegarde du droit de propriété (A).

A. Les actions de sauvegarde du droit de propriété immobilière

Dans son rôle de gardien et protecteur du droit de propriété et de ses démembrements, le juge judiciaire peut être amené à intervenir avant, pendant ou après la certification officielle de la propriété, pour prendre des mesures de sauvegarde ou conservatoires.

Les mesures conservatoires sont essentiellement transitoires. Elles cherchent à préserver un *statu quo*, dans l'attente de procédures administratives ou juridictionnelles appropriées qui viendront éclairer une dispute ou dénouer une situation confuse en droit ou en fait.

Elles peuvent se faire nécessaires pour garantir un droit de propriété latent ou limiter un trouble de fait. Dans le premier cas, la loi organise une procédure qui restreint les prérogatives traditionnellement attachées au droit de propriété : il en est spécialement ainsi de la prénotation judiciaire (1) ; dans le second cas, la jurisprudence intervient pour limiter le droit de jouissance d'un occupant de fait ou même d'un propriétaire (2).

1. La prénotation judiciaire

La prénotation judiciaire est une mesure conservatoire prise par un juge pour rendre indisponible une propriété foncière. Il s'agit d'un acte grave qui paralyse l'un des attributs essentiels du droit de propriété : l'abusus, le pouvoir de disposer de son bien.

La procédure de prénotation est prévue par un texte colonial, le décret du 21 juillet 1932 instituant au Cameroun le régime foncier de l'immatriculation[413]. C'est ce texte qui ouvrait, pour la première fois, une possibilité de « propriété quiritaire[414] » aux indigènes.

---

[413] J.O.C., 1934, p. 230.

[414] Propriété des résidents.

Le décret de 1932, abrogé par morceaux pour le moins à dire[415], apparaît ainsi comme un héritage de l'ex-Cameroun oriental[416]. La prénotation judiciaire n'a pas été étendue à l'ensemble du pays, après la réunification et l'unification intervenues en 1961 et 1972.

Aux termes de l'article 163 dudit décret, intitulé « des inscriptions conservatoires ou prénotations », « toute demande portée devant les tribunaux, tendant à faire prononcer l'annulation ou la modification des droits réels immobiliers ou charges inscrits, pourra être mentionnée sommairement sur le titre. Cette inscription devra être autorisée par ordonnance du président du tribunal ou du juge de paix à compétence étendue, rendue sur requête, à charge de lui en référer. Elle sera portée en regard du droit qui fait l'objet du litige. La validité des inscriptions ultérieures restera subordonnée à la décision judiciaire. Si la demande n'a pas été inscrite, le jugement n'aura effet, à l'égard des tiers, qu'à compter du jour de son inscription et, dans tous les cas, ne pourra être opposé aux tiers de bonne foi ».

La prénotation judiciaire est donc ouverte à tous les bénéficiaires de droits réels immobiliers : droit réel complet du propriétaire, droit réel principal de l'usufruitier, du nu-propriétaire, du bénéficiaire d'une servitude, droit réel accessoire du créancier hypothécaire, etc. La procédure obéit cependant à des conditions de fond et de forme.

En la forme, l'analyse du texte révèle qu'il s'agit d'une procédure présidentielle, relevant de la compétence du Président du Tribunal de Première Instance du lieu de situation de l'immeuble[417]. Ce Président statue par Ordonnance sur requête, « à charge de lui en référer ».

Il en résulte que, conformément au droit commun en la matière, le recours contre l'Ordonnance de prénotation judiciaire est porté devant le juge des référés, lequel, à son tour, statue à charge d'appel.

---

[415] Les réformes foncières successives, culminées par celle issue de l'Ordonnance n° 74-01 du 6 juillet 1974 fixant le régime foncier, ont annihilé l'essentiel des dispositions du décret du 21 juillet 1932 instituant le régime foncier de l'immatriculation dans l'ex-Cameroun oriental. Certains affirment même que ce décret a été complètement abrogé, de telle sorte que la procédure de prénotation judiciaire a perdu de sa base légale.

[416] Son application.

[417] Application combinée des articles 15 de la loi n° 2006/015 du 29 décembre 2006 portant organisation judiciaire et 8 du Code de Procédure civile et commerciale.

En pratique, le juge est saisi par une requête aux fins de prénotation judiciaire assortie de pièces[418] justifiant des conditions de fond.

Les conditions de fond de la prénotation judiciaire se résument en l'existence préalable d'une contestation pendante devant les tribunaux et « tendant à faire prononcer l'annulation ou la modification des droits réels immobiliers ou charges inscrits ».

Une action de fond doit donc être pendante, portant contestations sur les droits réels immobiliers ou charges inscrites. Il s'agit donc d'un contentieux patrimonial, ce qui permet de dire qu'un contentieux extrapatrimonial sur l'identité, le nom ou la nationalité d'une partie ne saurait par lui-même justifier une prénotation. Le cas échéant, le plaideur serait astucieux à introduire dans le contentieux de la personnalité une demande réelle en relation avec les droits contenus dans le titre foncier. De même, une action réelle mobilière, recouvrement de créance, revendication de meubles meublant l'immeuble... ne saurait justifier une inscription conservatoire par prénotation sur l'immeuble.

Par contre, une demande d'inscription hypothécaire, une action en nullité ou en retrait du titre foncier, en établissement d'une servitude ou en reconnaissance d'un droit d'usage sur l'immeuble sont autant d'exemples d'actions réelles de fond pouvant justifier une prénotation judiciaire.

La pratique est cependant incertaine sur la nature de l'instance du fond : si par tribunaux, on peut aisément comprendre les juridictions de l'ordre judiciaire et celles de l'ordre administratif, la question se pose lorsque le litige est encore pendant devant l'autorité administrative.

Une lecture littérale des textes conduirait à décider qu'en dehors des organes juridictionnels classiques, la saisine de l'autorité administrative ou, a fortiori traditionnelle ou privée, ne pourrait justifier la délivrance d'une ordonnance de prénotation judiciaire.

Cette rigidité est concevable pour ce qui est des autorités traditionnelles ou des organes privés de règlement des conflits, car, dépourvues d'imperium, ces institutions ne sauraient modifier les droits réels contenus dans le titre contre la volonté d'une partie.

---

418 Titre foncier, certificat de propriété, acte notarié, jugement d'hérédité, preuve de l'instance en contestation de droits réels ou charges inscrits, etc.

Pour ce qui de la saisine de l'autorité administrative, il faudrait se souvenir, d'une part, que la disposition a été conçue au moment où l'ensemble du contentieux foncier appartenait au juge judiciaire, et que l'idée est de permettre à une partie de se prémunir contre une éventuelle cavalerie d'un justiciable de mauvaise foi qui, se sentant attaqué, se dessaisirait de l'immeuble entre les mains d'un acquéreur de bonne foi qui ne serait alors pas renseigné du risque faute d'inscription préventive.

Il faudrait aussi se rappeler que le Recours gracieux préalable enclenche la procédure administrative contentieuse, en incitant le « ministre-juge » ou toute autre autorité compétente à « pré-juger » de l'affaire. Dans cette mesure, l'instance en contestation de droits réels pendante devant l'autorité administrative saisie dans le cadre du Recours gracieux préalable pourrait justifier la délivrance d'une Ordonnance de prénotation judiciaire. Pour autant, toute autre saisine de l'autorité administrative, recours hiérarchique, recours de tutelle, ne pourrait valoir saisine d'un tribunal en contestation de droits réels ou charges inscrits ouvrant la possibilité d'une prénotation judiciaire.

Dans tous les cas, s'il est clair que seules les actions réelles ou mixtes – personnelles et réelles- préalables peuvent fonder une demande de prénotation judiciaire, on voit bien tout l'embarras des praticiens sur la notion de tribunal préalablement saisi, notamment pour ce qui est du contentieux administratif dont le déroulement suppose une étape administrative obligatoire : le Recours gracieux préalable. La période dédiée à cette phase administrative est faite de tous les dangers si le justiciable n'est pas autorisé à faire des inscriptions conservatoires.

Il s'agit bien là d'un autre point sombre de la procédure foncière contentieuse, que le législateur devrait actualiser en l'étendant à l'ensemble du pays et en clarifiant davantage les préalables de mise en œuvre.

2. Les autres mesures conservatoires

Le législateur conçoit la prénotation judiciaire comme une inscription conservatoire dont le dessein est de paralyser le droit de disposition qui est l'un des attributs du droit de propriété.

Il existe d'autres mesures conservatoires qui n'entravent pas le droit pour le titulaire de disposer de l'immeuble, mais les droits d'usage et de jouissance. Ces mesures sont de deux ordres, suivant qu'elles sont assujetties, ou pas, à la formalité de publicité par inscription au livre foncier.

Lorsqu'elles restent occultes, non-inscrites, ces mesures apparaissent parfois inéquitables, voire inefficaces, à moins qu'ils ne s'accompagnent d'une emprise de fait sur l'immeuble.

- **Mesures non-inscriptibles**

Certaines mesures conservatoires ne sont pas inscriptibles, par leur nature, parce qu'elles constituent des situations précaires sans générer un quelconque droit réel pour les intéressés. Elles tempèrent l'usus ou le fructus, avec cependant la faiblesse de laisser au débiteur la possibilité de disposer du bien. C'est pourquoi, en pratique, on leur associe presque toujours une prénotation judiciaire. Il en est ainsi des hypothèses de séquestre immobilier, d'arrêt ou de suspension des travaux sur des immeubles et même, parfois, des appositions de scellés.

Le séquestre consiste à confier une chose litigieuse à un tiers, dans l'attente d'un dénouement conventionnel ou judiciaire.

Aux termes de l'article 1961 du Code civil, la justice peut ordonner le séquestre d'un immeuble disputé, d'un immeuble offert en paiement ou d'un immeuble appartenant à un débiteur[419]. La mise sous séquestre d'un immeuble entraîne le dessaisissement de toutes les parties au contentieux, auxquelles le juge substitue un séquestre[420] chargé de l'administrer sans pouvoir en disposer.

Le séquestre se rapproche du placement sous scellé par le dessaisissement des parties litigantes. Cependant, la mise sous scellé conserve le bien en l'état alors que le séquestre peut le faire fructifier.

Le séquestre et l'apposition des scellés sont des mesures conservatoires marginales. Ils ne sont au demeurant pas spécifiques au contentieux foncier, à l'instar de la prénotation judiciaire ou de l'arrêt des travaux.

La procédure d'arrêt des travaux est essentiellement prétorienne, et consiste pour une partie de solliciter du juge qu'il soit sursis par son

---

419 Article 1961 du Code civil : « La justice peut ordonner le séquestre : 1° des immeubles saisis sur un débiteur ; 2° d'un immeuble ou d'une chose mobilière dont la propriété ou la possession est litigieuse entre deux ou plusieurs personnes ; 3° des choses qu'un débiteur offre pour sa libération ».

420 Institution, personne physique ou morale, chargée de recueillir le bien placé sous séquestre.

adversaire à des travaux de construction ou de plantation sur une parcelle de terre en dispute. L'arrêt des travaux maintient l'immeuble en l'état, en attendant que des procédures judiciaires ou administratives aboutissent sur la propriété ou l'occupation des lieux.

Cette procédure empêche des constructions, améliorations ou mises en valeur qui pourraient s'avérer gênantes, le moment venu, pour le titulaire de droits sur les lieux et contribuent à mettre en relief la mauvaise foi du débiteur de l'obligation qui passerait outre. Afin de lui conférer plus de force et de contrainte, le juge assortit généralement la mesure d'astreintes comminatoires ou même fermes.

La demande d'arrêt des travaux est souvent portée devant le juge des référés, mais rien n'interdit au juge de fond de se prononcer par jugement avant dire droit sur cette demande, lorsqu'une action pétitoire est pendante devant le tribunal.

Une précision doit être faite : le caractère absolu du droit de propriété empêche à toute personne qui se prévaut d'un droit inférieur de le paralyser.

Ainsi, seul celui qui se prévaut d'un droit de propriété pourra obtenir des mesures de nature à neutraliser l'intégralité des prérogatives attachées à ce droit. De ce point de vue, on pourrait affirmer une possibilité de cantonnement d'une prénotation judiciaire à l'étendue des droits que revendique son requérant ; un plaideur ne saurait invoquer un droit de créance pour paralyser un droit d'usage ou, a fortiori, l'usufruit, la propriété.

Dans cette mesure, une partie dépourvue de titre foncier ne pourrait obtenir, devant le juge judiciaire, l'arrêt des travaux engagés par le titulaire d'un titre foncier sur une parcelle de terre qu'ils se disputent, d'autant plus que, par-dessus tout, le titre foncier est un acte administratif. Il ne pourrait en être autrement que si la demande émane d'un occupant dont l'emprise sur la terre rend compte d'un certain nombre de droits réels, en dehors de la propriété complète dont la certification et la certitude résultent d'un titre foncier.

La demande inverse est toujours pertinente, lorsque le propriétaire voudra faire précéder sa demande en revendication d'une mesure conservatoire, l'arrêt des travaux en l'occurrence. Cette mesure de sauvegarde serait également concevable lorsque deux détenteurs de titres fonciers s'en prévalent pour se disputer une seule et même parcelle de terre.

- **Inscription conservatoire de droits réels immobiliers**

D'autres mesures conservatoires peuvent consister en une publication par inscription de droits réels immobiliers. Ces inscriptions conservatoires constituent des charges qui, en principe, n'entravent aucun attribut du droit de propriété. Les droits d'user, de fructifier ou de disposer de la chose ne sont en réalité pas compromis ; ils s'exercent simplement en tenant compte des inscriptions conservatoires qui peuvent en limiter l'efficacité.

On s'aperçoit ainsi que ces inscriptions concernent essentiellement les droits réels accessoires, car les inscriptions de droits réels principaux restreignent clairement la disponibilité, totale ou partielle, des attributs de la propriété. Le cas du droit de préemption sur la propriété immobilière est un cas spécifique sur lequel il convient de s'attarder.

Le droit de préemption[421], ou droit de préférence, est défini par le Wikipédia[422] comme *« un droit légal ou contractuel accordé à des personnes privées ou publiques d'acquérir un bien par priorité à toute autre personne, et ce lorsque le propriétaire manifeste sa volonté de le vendre »*. Il s'agit d'un droit prioritaire d'achat, de nature ambivalente,[423] voire mixte, qui n'est pas bien structuré dans l'ordre juridique camerounais. Il est énoncé dans plusieurs dispositions textuelles éparses, traitant de la préemption de la personne publique[424] ou de la préférence de certains occupants de bonne foi de portions de terres relevant du domaine national[425].

Dans le même ordre, l'article 24 du décret du 21 juillet 1932[426] l'évoque en ces termes : *« Le droit de préemption sur un même immeuble s'exercera, par voie de préférence, dans l'ordre suivant ; 1° le propriétaire du sol vis-à-vis du superficiaire et réciproquement ; 2° les cohéritiers ; 3° les copropriétaires divis ou indivis... »*. Cette

---

[421] À distinguer du droit d'emption, pouvoir donné conventionnellement à son titulaire d'acquérir ultérieurement l'immeuble aux conditions fixées dans le contrat. En vertu de l'exigence de publicité foncière, le droit d'emption n'est opposable aux tiers que s'il est inscrit.

[422] Dictionnaire en ligne : https://fr.wikipedia.org/wiki/Droit_de_préemption.

[423] Elle présente tantôt des caractéristiques d'un droit de créance, tantôt celles d'un droit réel.

[424] Article 86 de la loi n° 2004/003 du 21 avril 2004 régissant l'urbanisme au Cameroun ; l'article 10-3 de l'Ordonnance n° 74-1 du 6 juillet 1974 fixant le régime foncier.

[425] Article 10 – 3) de l'Ordonnance n° 74-1 du 6 juillet 1974 fixant le régime foncier.

[426] Voir, pour plus de détails, les articles 24 à 28 du décret du 21 juillet 1932.

disposition est complétée par la prescription de l'article 28 du même décret qui dispose que : *« Le droit de préemption se prescrit, dans tous les cas, par six mois à partir du jour de la vente »*. La question de l'abrogation, ou pas, de ces normes du décret de 1932 est en débat, ce qui appelle une réforme législative qui, en cas de maintien, étendrait ces règles à l'ensemble du pays et préciserait que la notion de propriétaire immobilier qui n'est plus strictement celui en vigueur en 1932[427].

Il convient, ici, de signaler que malgré les imprécisions légales, l'efficacité du droit de préemption immobilière serait davantage garantie par son inscription au livre foncier, du moins lorsqu'il concerne un immeuble immatriculé sur lequel le bénéficiaire de la préemption n'exerce aucune emprise matérielle ou un quelconque droit de possession.

En dehors de la préemption, l'inscription conservatoire peut porter sur des droits traditionnellement occultes, à l'instar de certains privilèges[428], mais aussi sur ceux normalement soumis à la règle de publicité comme les droits du créancier hypothécaire.

Ainsi, rien n'interdit aux bénéficiaires de privilèges généraux occultes d'inscrire leurs droits, à titre conservatoire, au livre foncier. La question peut cependant se poser de savoir s'il est permis d'inscrire sur les immeubles, avant toute exécution infructueuse sur les meubles, au regard des dispositions de l'article 28 de l'Acte uniforme OHADA portant organisation des procédures simplifiées de recouvrement et des voies d'exécution[429] qui pose le principe de la subsidiarité des

---

[427] Avant l'Ordonnance n° 74-1 du 6 juillet 1974, le titre foncier n'était pas l'acte unique de certification de la propriété immobilière.

[428] Avec l'OHADA, toute sûreté ou privilège, sans dépossession est en principe inscrit, au Registre du commerce et du crédit mobilier pour les meubles ou au livre foncier pour les immeubles. Les privilèges occultes sont désormais résiduels, à l'instar des privilèges généraux de l'article 180 de l'Acte uniforme portant organisation des sûretés : frais d'inhumation, frais de dernière maladie, frais de dernière subsistance, certains salaires des travailleurs et apprentis, saisie des biens et décision judiciaire d'ouverture d'une procédure collective, certains montants de créances de sécurité et prévoyance sociale, certains montants de créances fiscales et douanières, etc.

[429] Article 28 de l'Acte uniforme OHADA portant organisation des procédures simplifiées de recouvrement et des voies d'exécution : « À défaut d'exécution volontaire, tout créancier peut, quelle que soit la nature de sa créance, dans les conditions prévues par le présent acte uniforme, contraindre son débiteur défaillant à exécuter ses obligations à son égard ou pratiquer une mesure conservatoire pour assurer la sauvegarde de ses droits. Sauf s'il s'agit d'une créance hypothécaire ou

poursuites sur l'immeuble. Dans tous cas, l'inscription se fera en temps opportun avant toute éventuelle mise en œuvre d'une réalisation sur l'immeuble.

L'inscription hypothécaire, quant à elle, est une obligation légale inscrite à l'article 195 de l'Acte uniforme OHADA portant organisation des sûretés[430]. Cette exigence est d'autant plus prégnante que le législateur a transformé en hypothèque tous les anciens privilèges immobiliers spéciaux, jadis occultes et énumérés par l'article 2103 du Code civil.

La publicité concerne donc toutes les formes d'hypothèques, hypothèques forcées ou conventionnelles, hypothèques légales[431] ou judiciaires[432], hypothèques sur le droit de propriété ou sur un démembrement de ce droit. Le cas de l'hypothèque judiciaire conservatoire, prévue à l'article 213 de l'Acte uniforme OHADA portant organisation des sûretés, est digne d'intérêt, puisqu'elle est

---

privilégiée, l'exécution est poursuivie en premier lieu sur les biens meubles et, en cas d'insuffisance de ceux-ci, sur les immeubles ».

[430] Article 195 de l'Acte uniforme OHADA portant organisation des sûretés : « Tout acte conventionnel ou judiciaire constitutif d'hypothèque doit être inscrit conformément aux règles de publicité édictées par l'État partie où est situé le bien grevé et prévues à cet effet. L'hypothèque régulièrement publiée prend rang du jour de l'inscription. Lorsque le droit réel immobilier, objet de l'hypothèque, consiste en un démembrement du droit de propriété tel que l'usufruit, le bail emphytéotique ou le bail à construction, l'inscription de l'hypothèque doit également être notifiée, par acte extrajudiciaire, au propriétaire, au tréfoncier ou au bailleur ».

[431] Les articles 74 et 135 de l'Acte uniforme sur les procédures collectives d'apurement du passif ouvrent une hypothèque légale de la masse des créanciers dans les procédures de redressement judiciaire et de liquidation des biens ; les articles 210, 211, 212 de l'Acte uniforme OHADA portant organisation des sûretés prévoient l'hypothèque légale du vendeur d'immeubles, du copartageant, de l'échangiste, du prêteur de deniers, celle des architectes, entrepreneurs et employés de bâtiments ; l'article 2121 du Code civil applicable au Cameroun y ajoute l'hypothèque de la femme mariée sur les biens du mari, chef de la communauté conjugale, des mineurs et incapables sur les biens de leur tuteur, de l'administration sur les immeubles des comptables et receveurs publics ; le Code général des Impôts mentionne également l'hypothèque de l'administration fiscale sur ses débiteurs, etc. La liste n'est pas fermée et les États nationaux sont autorisés à en créer.

[432] L'article 2123 du Code civil traite de l'hypothèque des jugements de condamnation cependant que l'article 213 de l'Acte uniforme OHADA portant organisation des sûretés organise l'hypothèque judiciaire conservatoire

mobilisée sans titre exécutoire et est envisagée avant l'immatriculation formelle de l'immeuble[433].

B. Les actions pétitoires en matière foncière

L'action pétitoire est une action réelle immobilière par laquelle une personne fait valoir sa qualité en se prévalant d'un acte ou d'une situation juridique qui lui confère un droit de propriété, complète ou démembrée, ou tout autre droit réel immobilier. Le propriétaire, l'usufruitier, le nu-propriétaire, le bénéficiaire d'une servitude et bien d'autres disposent ainsi de l'action pétitoire pour faire reconnaître leurs droits, pour autant qu'ils sont inscrits au livre foncier.

L'action pétitoire tend à faire reconnaître et protéger les droits du titulaire et à le protéger contre tous. Cette action s'impose au possesseur, celui-ci ne pouvant faire valoir une action possessoire contre le propriétaire. Le pétitoire a donc préséance sur le possessoire, parce que la propriété est plus forte que la possession.

Pour obtenir gain de cause, le propriétaire est cependant tenu d'établir son droit par la production de la copie du titre foncier, document certificateur de la propriété foncière[434]. L'effet probatoire du titre foncier empêche le défendeur sans titre de faire échec à l'action pétitoire, même momentanément.

C'est le lieu de relever pour le décrier, l'astuce des plaideurs assignés au pétitoire qui feraient valoir des contentieux sur la validité du titre foncier, aux fins de nullité ou de retrait, afin de soulever « une exception préjudicielle de nature administrative sur la validité du titre foncier invoqué » et demander, en conséquence, au juge judiciaire de surseoir à statuer sur la demande de suppression d'ouvrage ou d'expulsion en attendant la décision du juge administratif.

Cette manœuvre ne devrait pas prospérer, car le principe demeure que le titre foncier est intangible, inattaquable et définitif. Son titulaire dispose, de manière absolue, d'un droit de jouissance et de disposition, et bénéficie d'une protection tout aussi absolue du juge judiciaire, gardien de la propriété. Cela, aussi longtemps qu'il n'est pas retiré ou annulé par l'autorité compétente.

---

433 Art. 216-4° in fine de l'AUS.

434 Article 1er du décret n° 76/165 du 27 avril 1976 fixant les conditions d'obtention du titre foncier.

Surseoir à statuer sur une demande pétitoire, dans l'attente d'une action en nullité ou retrait du titre foncier, reviendrait à suspendre les effets du titre, prérogative qui est de la seule compétence du juge administratif. En tant qu'acte administratif, le titre foncier bénéficie du privilège du préalable et, en conséquence, de l'exécution provisionnelle dont la suspension ressortit du juge administratif.

Ce serait confondre le contentieux de la validité du titre foncier et de son exécution provisoire, qui relèvent de la compétence du juge administratif, avec celui de l'efficacité du titre, traduite par une action en revendication, en suppression d'ouvrage ou en expulsion, prérogative du juge judiciaire garant du rayonnement de la propriété.

Dès lors, on pourrait affirmer que tant que le juge administratif n'a pas suspendu les effets d'un titre foncier et en dehors de l'hypothèse d'une prénotation judiciaire, le propriétaire devrait continuer de jouir de tous les droits y attachés à savoir : l'usus, le fructus et l'abusus.

Par l'exigence du titre foncier, le droit camerounais consacre le principe de la légalité de preuve en la matière[435]. De ce fait, la voie du pétitoire est fermée à tout occupant de fait, même séculaire, ainsi qu'aux détenteurs de documents autres que ledit titre. Les actes de concessions administratives, d'attributions municipales, les jugements des tribunaux ainsi que les actes notariés, documents révélateurs de l'existence d'un droit de propriété virtuelle, ne sauraient suffire par eux-mêmes de titres probatoires justifiant une action pétitoire relativement au droit de propriété immobilière. Il en est beaucoup moins, a fortiori, des actes sous seing privé[436].

Il existe deux variantes de l'action pétitoire, en fonction de la nature du droit à promouvoir : d'une part, l'action en revendication pour défendre le droit de propriété (1) et, d'autre part, l'action confessoire et l'action négatoire de droits réels autre que le droit de propriété (2).

1. L'action en revendication

L'action en revendication peut être mobilière ou immobilière. Il s'agit d'une procédure par laquelle le propriétaire dépossédé d'un bien

---

[435] Le droit français évolue sur le principe de la liberté de preuve ; il recourt aux présomptions de fait (possession, titre) et aux indices (paiement des impôts, configuration des terrains…).

[436] Aux termes de l'article 8 de l'ordonnance n° 74-01 du 6 juillet 1974 fixant le régime foncier, « les actes constitutifs, translatifs ou extinctifs de droits réels immobiliers doivent à peine de nullité, être établis en la forme notariée »

poursuit la reconnaissance de son droit, et donc la fin de la dépossession. L'action en revendication d'un titre foncier irrégulièrement détenu est mobilière, mais celle en expulsion de l'occupant d'une parcelle de terre objet de titre foncier est immobilière.

En tant que telle, l'action en revendication immobilière est une procédure de droit moderne qui relève de ce fait de la compétence des juridictions de droit écrit, en l'occurrence le Tribunal de Première Instance ou le Tribunal de Grande Instance. Cependant, la loi n° 2006/015 du 29 décembre 2006, portant organisation judiciaire, ne l'attribue pas expressément à l'une des deux juridictions citées ci-dessus.

Pourtant, l'action en revendication doit être distinguée de la demande pécuniaire au montant indéterminé attribué par la Cour suprême au Tribunal de Grande Instance, juridiction compétente pour les demandes de paiement des sommes d'argent supérieures à dix millions (10 000 000) de francs CFA, en application de la maxime selon laquelle « qui peut le plus peut le moins »[437].

La problématique des demandes indéterminées autres que les demandes en numéraires est en débat. Partant d'un postulat selon lequel le Tribunal de Grande Instance, en droit camerounais, est le tribunal de droit commun[438], certains auteurs considèrent que toutes les demandes non déterminées, c'est-à-dire non attribuées, sont de la compétence dudit tribunal. Cette considération guide la pratique judiciaire, dominante, qui tend à confier les contentieux portant sur les droits réels immobiliers au Tribunal de Grande Instance[439].

Un autre courant penche pour une compétence concurrente dès lors que la loi portant organisation judiciaire n'établit aucune hiérarchie formelle entre le Tribunal de Grande Instance et le Tribunal de Première Instance, et qu'aucune disposition de droit national ne consacre le Tribunal de Grande Instance comme juridiction de droit commun.

---

437 POUGOUE (P-G.), TCHOKOMAKOUA (V.) et ANOUKAHA (F.), Commentaires de la loi n° 89/019 du 29 décembre 1989 modifiant et complétant certaines dispositions de l'Ordonnance n° 72/4 du 26 août 1972 portant organisation judiciaire, Juridis-Info n° 2, 1990, p. 5 et s.

438 CCJA,

439 Il en est ainsi spécialement du contentieux de la saisie immobilière.

C'est donc le lieu d'appeler, une fois de plus, à une réforme législative qui mettrait un terme à cette divergence d'approche source d'insécurité judiciaire pour le justiciable.

En matière mobilière, l'action vient se heurter à l'art 2279 du Code civil ; elle ne sera efficace que dans trois cas alternatifs : la possession est viciée ; le possesseur est de mauvaise foi ; elle est intentée dans un délai de 3 ans pour les meubles perdus ou volés.

L'action en revendication immobilière est imprescriptible, d'autant plus que l'usucapion est sortie de l'ordre juridique camerounais. Elle est dirigée contre tout possesseur ou occupant actuel de l'immeuble, en vertu du droit de suite attaché au droit de propriété[440].

L'action aboutira, si elle est fondée, à l'éviction de toute personne qui exerce une emprise sur l'immeuble revendiqué, quelle qu'elle soit.

Le possesseur évincé devra alors restituer la chose revendiquée au demandeur. La restitution s'accompagne d'autres obligations qui varient suivant que ledit possesseur est de bonne foi, ou pas[441] :

- le possesseur de mauvaise foi sera comptable des fruits alors que ces fruits seront acquis pour celui de bonne foi[442].
- L'occupant de mauvaise foi sera condamné au paiement des dommages-intérêts, pour les détériorations de la chose ; le possesseur de bonne foi, en principe, ne répondra pas des détériorations[443].
- L'occupant de mauvaise foi supprimera à ses frais les plantations et édifices qu'il aura faits sur les lieux ou recevra le remboursement de la contre-valeur des matériaux et du prix de la main d'œuvre, si le propriétaire décide de conserver ses mises en valeur. Par contre, l'occupant de bonne foi recevra

---

[440] Estimant que l'occupant du domaine national dispose d'un droit réel de propriété non soumis à l'immatriculation, le Pr MIENDJIEM (I-L.), Le droit des occupants du domaine national, Thèse de doctorat d'État, Université de Yaoundé II, 2007, p. 368, affirme que celui-ci dispose d'une action en revendication. Il attribue au juge administratif la compétence pour connaître de cette action qui serait, à notre avis, davantage un contentieux relevant du possessoire devant le juge civil ou de l'immatriculation devant la juridiction administrative.

[441] Voir les articles 547 et suivants du Code civil.

[442] Article 549 du Code civil.

[443] Les juges pourront néanmoins exonérer l'occupant de mauvaise foi en cas de fait fortuit imprévisible et irrésistible ; ils pourront retenir l'occupant de bonne foi en cas de fait fautif de sa part, notamment depuis la saisine du tribunal.

nécessairement une indemnité d'éviction avant son expulsion des lieux, sous-entendu que le propriétaire devrait les conserver[444]. L'indemnité d'éviction est donc due à l'occupant de bonne foi, que le propriétaire conserve les ouvrages, constructions, plantations ou pas.

Les frais exposés par l'occupant pour l'entretien des ouvrages, constructions et plantations faits sur les lieux constituent des impenses, dépenses remboursables en fonction de leurs natures et suivant un système d'évaluation différencié.

Pour ce qui est de l'évaluation du montant de remboursement des impenses, l'article 555 du Code civil distingue suivant que l'occupant est de mauvaise foi ou de bonne foi. S'il est de mauvaise foi, le propriétaire qui a décidé de conserver les plantations et constructions devra rembourser la contre-valeur des matériaux et du prix de la main-d'œuvre ; si l'occupant est de bonne foi, le propriétaire remboursera à son choix les dépenses engagées pour les édifices ou la plus-value apportée à l'immeuble. Il ne saurait en aucune façon être privé de cette option[445].

[444] Article 555 du Code civil : « Lorsque les plantations, constructions et ouvrages ont été faits par un tiers et avec ses matériaux, le propriétaire du fonds a droit ou de les retenir, ou d'obliger ce tiers à les enlever ».
Si le propriétaire du fonds demande la suppression des plantations et constructions, elle est aux frais de celui qui les a faites, sans aucune indemnité pour lui ; il peut même être condamné à des dommages et intérêts, s'il y a lieu, pour le préjudice que peut avoir éprouvé le propriétaire du fonds.
Si le propriétaire préfère conserver ces plantations et constructions, il doit le remboursement de la valeur des matériaux et du prix de la main d'œuvre, sans égard à la plus ou moins grande augmentation de la valeur que le fond a pu recevoir. Néanmoins, si les constructions, plantations ou ouvrages ont été faits par un tiers évincé, qui n'aurait pas été condamné, à la restitution des fruits, attendu sa bonne foi, le propriétaire ne pourra demander la suppression desdits ouvrages, constructions et plantations ; mais il aura le choix, ou de rembourser la valeur des matériaux et du prix de la main d'œuvre, ou de rembourser une somme égale à celle dont le fonds a augmenté de valeur.

[445] Civ. 3e, 24 oct. 1990, Bull. civ. III, n° 204 ; D.1991.Somm.307, obs. A. Robert ; JCP 1990.IV.415 ; Gaz. Pal. 1991.16 ; RTD Civ. 1992 p. 795.

Relativement à leurs natures, diverses dispositions du Code civil, notamment les articles 861[446] et 862[447], ont inspiré la doctrine de la théorie des impenses, qui procède à une classification des impenses en trois catégories : les impenses nécessaires, les impenses utiles, et les impenses voluptuaires ou somptuaires.

Les impenses nécessaires correspondent aux travaux et dépenses nécessaires à la conservation même de l'immeuble, sans lesquelles l'immeuble aurait par exemple péri ; elles sont entièrement remboursables au possesseur.

Les impenses utiles sont celles ayant entraînées l'amélioration de l'immeuble et donc augmenter sa valeur ; il en est ainsi du possesseur qui a fait des agrandissements, installation eau courante dans une maison. Elles sont remboursées proportionnellement à l'enrichissement du propriétaire, comme dans le cadre l'action *de in rem verso*.

Enfin, les impenses voluptuaires présentent un caractère luxueux ou d'agrément : ornements ou décorations ; le revendiquant n'est pas tenu à leur remboursement.

Des difficultés se sont posées dans la pratique, quant au formalisme de l'action en revendication. Elle est très souvent traduite par une assignation en expulsion, mais aussi, parfois, par des demandes en déguerpissement ou en suppression d'ouvrages.

La procédure d'expulsion[448] vise à faire cesser l'occupation d'un fonds par un occupant précaire ou sans droit ni titre. Elle appartient au propriétaire qui entend faire quitter l'immeuble par un locataire ou un squatter. Elle n'est pas ouverte au bénéficiaire d'un droit de jouissance et exige la preuve de la propriété des lieux par la production d'un titre foncier[449].

L'action en suppression d'ouvrages est tirée des dispositions de l'article 555 du Code civil, cité ci-dessus ; elle tend à libérer l'immeuble

---

[446] Article 861 du Code civil : « dans tous les cas il doit être tenu compte au donataire, des impenses qui ont amélioré la chose, eu égard à ce dont sa valeur se trouve augmentée au temps de partage ».

[447] Article 862 du Code civil : « Il doit être pareillement tenu compte au donataire, des impenses nécessaires qu'il a faites pour la conservation de la chose, encore qu'elles n'aient point amélioré le fonds ».

[448] À distinguer de la procédure de refoulement des étrangers du territoire national.

[449] CS, arrêt n° 105/CC du 4 juin 1981, MPOULI Lottin contre DJOMO Valentin et TAGNI Christophe.

d'une emprise matérielle de l'occupant irrégulier. Par chicane, on pourrait prétendre que la suppression d'édifice n'emporte pas expulsion, tant que cela n'est pas formellement décidé. En pratique, ces deux chefs de la demande en revendication sont confondus, liés, sous-entendus, voire assimilés.

Enfin, le déguerpissement est une notion originelle du droit administratif. Il s'agit d'une opération d'expulsion collective, massive, diligentée par les pouvoirs publics pour des motifs d'utilité publique contre les occupants illégaux d'espaces généralement urbains (quartiers informels ou bidonvilles). Le déguerpissement serait une forme de réponse administrative à une sorte d'invasion de terres de la domanialité publique.

La notion a été empruntée par la législation pénale et intégrée au langage judiciaire ; elle traduit alors, dans ce cas, la rudesse de l'expulsion du délinquant, occupant malicieux de l'immeuble qui ne bénéficierait alors d'aucun régime de faveur. Pourrait-on, de façon prétorienne, l'admettre dans les contentieux fonciers en matière civile ?

2. L'action confessoire et l'action négatoire

L'action confessoire et l'action négatoire sont des actions pétitoires dont l'objectif est de protéger les droits réels immobiliers autres que le droit de propriété[450]. Elles s'appliquent donc, en dehors de la propriété, à toute action de reconnaissance ou de négation d'un droit réel principal ou accessoire.

L'action confessoire tend à faire reconnaître les droits réels qui grèvent l'immeuble ; elle vise à établir ou confirmer un droit réel qui pèse sur la propriété d'autrui (servitudes, mitoyenneté...). L'action négatoire, par contre, voudrait démontrer que l'immeuble est libre de toute charge ; elle entend réfuter ou purger l'immeuble de toute charge ou démembrement qui la grève.

- **Action confessoire**

L'action confessoire peut prendre des formes diverses, et variées suivant qu'elle défend un droit réel principal ou un droit réel accessoire.

Lorsqu'elle tend à protéger un droit réel principal, l'action confessoire se présente sous forme d'action en reconnaissance d'un

---

[450] Droit d'usage, d'habitation, nue-propriété, servitude, usufruit, droit de superficie, bail emphytéotique, bail à construction, hypothèque, etc.

droit d'usage et d'habitation, d'un droit d'usufruit ou d'une nue-propriété, d'un droit de superficie ou d'emphytéose, d'une servitude, et même d'un droit réel conditionnel, condition suspensive, résolutoire, etc. Lorsqu'elle tend à protéger un droit réel accessoire, l'action confessoire concourt à la reconnaissance d'un droit réel accessoire : hypothèque, privilèges, etc.

Tout comme en matière de revendication immobilière, le demandeur à l'action confessoire établira aisément son droit et sa qualité par la production d'un titre foncier ou d'un extrait du livre foncier établissant son droit, car l'organisation du système d'immatriculation prévoit que les autres droits réels immobiliers peuvent faire l'objet d'un enregistrement[451].

Les conséquences de la reconnaissance d'une action confessoire varient suivant la nature du droit qu'il promeut :

L'action confessoire de l'usufruitier débouchera sur l'éviction de toute personne, y compris le nu-propriétaire ou le propriétaire antérieur[452], qui serait en possession de la chose. Qu'il soit de bonne ou de mauvaise foi, l'occupant ne pourra résister à l'exercice du droit de l'usufruitier, car, *ès qualité*, la possession de l'immeuble lui échoit ; de ce fait, l'usufruitier dispose, par ailleurs, des actions possessoires. Si l'occupant est en même temps le constituant de l'usufruit ou ses héritiers, l'usufruitier dispose, outre de l'action réelle confessoire, d'une action personnelle en délivrance contre eux.

L'action confessoire du bénéficiaire d'une servitude débouchera sur la reconnaissance de ce droit et sur l'éviction de toute personne qui entrave la jouissance de ce droit ; l'action en reconnaissance d'une servitude sera opportunément accompagnée d'une action personnelle en expulsion de tout occupant tant de corps que de biens.

L'action confessoire du créancier hypothécaire consistera à établir l'existence et la validité de l'hypothèque. Sa réalisation sera toutefois

---

451 À ce sujet, l'article 38 (1) du décret n° 76/165 du 27 avril 1976 fixant les conditions d'obtention du titre foncier dispose que : « après l'immatriculation de l'immeuble, des titres spéciaux peuvent être établis sur la demande des intéressés au nom de l'usufruitier, de l'emphytéote, du superficiaire, de l'antichrèse, pour garantir l'inscription des droits réels qu'ils exercent sur le terrain immatriculé. Toutes références utiles sont mentionnées dans ces cas, sur le titre de l'immeuble établi au nom du propriétaire ». Les titulaires de ces droits ont, dans ce cas, droit à un duplicatum authentique du titre spécial établi.

452 Civ., 1re, 8 mai 1973, Sem. Jur. 1973, II, 17566, note GOUBEAUX.

fonction de la nature de la clause souscrite, ou pas, dans la convention hypothécaire :

La procédure de saisie immobilière demeure légale, avec l'interdiction de la clause de voie parée[453]. L'action en attribution judiciaire de l'immeuble[454] se rapproche de la revendication, puisqu'elle débouche sur l'éviction du précédent propriétaire, auquel se substitue le créancier hypothécaire avec tous les attributs du droit de propriété[455]. La réalisation de la clause commissoire sera extrajudiciaire[456], l'intervention du juge n'ayant lieu qu'en cas de difficulté ou, plutôt, sous forme négatoire.

Il convient de signaler qu'une réelle compétition est ouverte et des difficultés observées dans la pratique sur l'identité du juge civil chargé de l'action confessoire, entre le juge de fond, le juge des référés, voire le juge des requêtes ou un juge autonome.

Il faudrait de prime abord affirmer que l'action confessoire et les actions pétitoires en générale ont une vocation contentieuse et ce serait à tort qu'un juge prendrait une ordonnance gracieuse pour trancher une contestation y afférente.

Lorsque la demande tend à évincer un occupant sans droit titre deux cas doivent être distingués : celui qui s'est arbitrairement introduit dans

---

[453] L'article 246 de l'acte uniforme sur les procédures simplifiées de recouvrement et les voies d'exécution dispose que : « Le créancier ne peut faire vendre les immeubles appartenant à son débiteur qu'en respectant les formalités prescrites par les dispositions qui suivent. Toute convention contraire est nulle ».

[454] Aux termes de l'article 198 de l'Acte uniforme OHADA portant organisation des sûretés : « à moins qu'il ne poursuive la vente du bien hypothéqué selon les modalités prévues par les règles de la saisie immobilière, auxquelles la convention d'hypothèque ne peut déroger, le créancier hypothécaire impayé peut demander en justice que l'immeuble lui demeure en paiement. Cette faculté ne lui est toutefois pas offerte si l'immeuble constitue la résidence principale du constituant ».

[455] À la différence de l'action en revendication authentique, perpétuelle par la nature du droit de propriété, cette action hypothécaire demeure, à notre avis, soumise à la validité de l'hypothèque et aux règles de prescription y liées.

[456] L'article 199 de l'AUS dispose : « À condition que le constituant soit une personne morale ou une personne physique dûment immatriculée au Registre du Commerce et du Crédit Mobilier et que l'immeuble hypothéqué ne soit pas à usage d'habitation, il peut être convenu dans la convention d'hypothèque que le créancier deviendra propriétaire de l'immeuble hypothéqué. À l'issue d'un délai de trente jours suivant une mise en demeure de payer par acte extra-judiciaire demeurée sans effet, le créancier pourra faire constater le transfert de propriété dans un acte établi selon les formes requises par chaque État-partie en matière de transfert d'immeuble ».

l'immeuble pourra être expulsé par une ordonnance du juge des référés, juge naturelle de la sanction des voies de fait, sans que besoin est d'établir l'urgence en l'espèce ; par contre, le juge des référés ne se prononcera sur l'éviction de l'occupant sans droit qui a perdu le titre en vertu duquel il s'est introduit que si cette perte est de l'ordre de l'évident, du patent et du constant. C'est typiquement le cas du locataire qui a violé une clause entraînant résolution par elle-même du contrat, que l'on appelle clause résolutoire de plein droit. Le juge des référés pourra en outre, en dehors de ces hypothèses, prendre telles mesures nécessaires[457] en cas de péril menaçant ou d'urgence avérée, en attendant une décision du juge de fond.

Le juge de fond sera compétent dans toutes les hypothèses : pour constater la voie de fait ou la réalisation d'une clause résolutoire et ordonner en conséquence l'expulsion de l'occupant, pour prononcer une résiliation judiciaire du contrat et décider en conséquence de l'expulsion adéquate. Ce juge de fond sera celui du tribunal de première instance ou de grande instance au regard des hésitations présentées ci-dessus[458]. Sa compétence est cependant discutée dans un cas particulier : en matière de baux à usage professionnel[459].

La problématique de l'identité du juge chargé du contentieux des baux à usage professionnel vient de ce que les dispositions des 126, 131 et 132 de l'AUDCG attribuent les contestations y relatives à un juge national statuant à bref délai. Des difficultés se sont alors posées quant à l'identification de ce juge qui statuerait à bref délai, comme en urgence, donc comme le juge des référés, mais qui aurait « les pleins pouvoirs » en la matière et serait alors compétent sur le provisoire et sur principal. Nous avons alors, en son temps, proposé l'institution d'un juge des baux à usage professionnel, comme cela fut fait pour le juge du contentieux de l'exécution[460].

---

[457] Mise sous séquestre, apposition de scellés, etc.

[458] Ce paragraphe, 1- l'action en revendication.

[459] Aux termes de l'article 103 de l'Acte uniforme OHADA relatif au Droit commercial général, est bail à usage professionnel, *« toute convention, écrite ou non, entre une personne investie par la loi ou une convention du droit de donner en location tout ou partie d'un immeuble compris dans le champ d'application du présent titre, et une autre personne physique ou morale, permettant à celle-ci, le preneur, d'exercer dans les lieux avec l'accord de celle-là, le bailleur, une activité commerciale, industrielle, artisanale ou tout autre activité professionnelle ».*

[460] TCHANTCHOU (H.), « la cessation du bail à usage professionnel », séminaire PAJ-UE, Kribi, octobre 2011 ; « Le contentieux de l'exécution et des saisies dans le

- **Action négatoire**

L'action négatoire tend à faire reconnaître qu'un fonds n'est pas affecté d'une servitude, d'un usufruit, de toute autre charge ou de tout autre droit réel. La plus connue des actions négatoires est sans doute celle en radiation d'hypothèque. Il se peut aussi que le propriétaire d'un fonds exerce une action négatoire pour faire disparaître une servitude de fait ou même reconnue à l'occasion d'une action possessoire par le défendeur. Il suffira, dans ce cas, au demandeur de faire preuve de son droit de propriété, par la production d'un titre foncier libre de toute charge. En triomphant de son action, le propriétaire évincera toute personne qui fait usage et profite de ladite servitude.

C'est le lieu de se demander si, en dehors de l'hypothèse de servitudes conventionnelles qu'il pourrait faire exécuter, le juge judiciaire est compétent, en l'état du droit camerounais, pour imposer une servitude[461] sur une propriété privée. Pourrait-il, de manière générale, décider de l'existence d'un droit réel principal devant affecter un droit de propriété enregistré ?

La question peut paraître curieuse ; pourtant, imposer un droit réel principal revient à modifier les droits constatés dans un titre foncier, acte administratif découlant de procédures essentiellement administratives, puisque le régime de l'immatriculation exige que ce droit soit enregistré au livre foncier et mentionner au titre foncier.

On pourrait penser que si la Commission administrative a constaté un droit de propriété complet et que l'autorité compétente a délivré un acte, titre foncier, sanctionnant ce droit, sa modification serait de l'ordre administratif.

---

nouveau droit OHADA », *Juridis-Périodique*, 2001, n° 46, p. 98 et s. Les récents développements de la jurisprudence de la CCJA de l'OHADA semblent méconnaître au juge des référés tout pouvoir d'expulsion en matière commerciale. Elle affirme que « le seul juge compétent pour résilier un bail commercial est le juge du fond à l'exclusion du juge des référés », malgré la réalisation d'une clause de résiliation de plein droit inscrite au contrat : CCJA, 1re Ch., n° 66/2018 du 29 mars 2018, CCJA, Ass. Plén., 2e Ch., n° 129/2015, 12 novembre 2015, n° 67/2014, 25 avril 2014.

[461] Article 6 de l'Ordonnance n° 74/02 du 6 juillet 1974 fixant le régime domanial, articles 637 et suivants du Code civil : Servitudes de passage, d'implantation, d'appui et de circulation, des interdictions de mise valeur (non aedificandi), ou des limitations des hauteurs des bâtiments, des prescriptions d'abattage d'arbres, de vue, d'écoulement des eaux…

Par contre, on pourrait concevoir que le juge civil est gardien du droit de propriété et que toute tentative de modification de ce droit est une atteinte qu'il devrait apprécier.

Pourrait-on, plutôt, s'inspirer des dispositions de l'article 47 de la loi n° 2004/003 du 21 avril 2004 régissant l'urbanisme au Cameroun selon lesquelles « (1) Tous les documents de planification urbaine… doivent préciser les servitudes d'utilité publique affectant l'utilisation du sol. (2) Seules les servitudes mentionnées aux documents de planification urbaine peuvent être opposées aux demandes d'autorisation d'occupation du sol » pour distinguer le cas des servitudes d'utilité publique, réservé à l'autorité administrative de celui des services fonciers de particuliers dévolus au juge judiciaire.

On assiste, là, à une grande problématique qu'il n'est pas facile de trancher ici. On pourrait amorcer une réponse tirée de l'affirmation de l'existence de droits réels autres que le droit de propriété, et non-inscrits. L'office du juge consisterait alors, dans ce cas, à révéler au grand jour ce qui était sous-jacent au droit immatriculé. D'autant plus que l'enregistrement des droits réels autres que le droit de propriété est facultatif et non obligatoire[462].

On s'aperçoit ainsi que si le système de l'immatriculation consacre la légalité de la preuve de la propriété foncière au moyen du titre foncier, il permet tout autre moyen de preuve pour ce qui des autres droits réels.

Dans tous les cas, les différentes actions pétitoires peuvent s'accompagner ou être remplacées par des demandes de dommages-intérêts pour préjudices causés ou pour enrichissement sans cause.

Lorsque l'atteinte au droit de propriété privé a entraîné un trouble à l'ordre social, le juge répressif peut être amené à intervenir.

Section 2 : La protection de la propriété foncière par le juge pénal

Deux précisions doivent être faites de prime abord :

- En principe, toutes les infractions définies par les textes de droit camerounais ne sont établies que si les faits incriminés par la loi ont été commis par une personne pénalement responsable, avec

[462] Article 38 du décret n° 76/165 du 27 avril 1976 fixant les conditions d'obtention du titre foncier.

« l'intention que ces faits aient pour conséquence la réalisation de l'infraction ». C'est l'impératif de l'élément moral comme exigence fondamentale pour la réalisation des infractions. En effet, sauf cas d'exception restrictive[463], le droit pénal camerounais est rigoureux sur la mise en relief de l'élément moral pour caractériser une infraction[464].

- La réforme issue de la loi n° 2016-7 du 12 juillet 2016 portant Code pénal a rendu général le principe de la responsabilité pénale des personnes morales dans le droit positif camerounais[465]. Désormais, dans l'ordre juridique national, les incriminations pénales s'appliquent aussi bien aux personnes physiques qu'aux personnes morales. Il en est ainsi du droit pénal général que du droit pénal de l'immobilier.

L'essentiel des infractions en matière foncière est délictuel[466], à moins que la qualité du délinquant ou la nature de l'immeuble constituent des circonstances aggravantes et transforment le délit en crime. Ainsi, à titre d'exemple, l'immatriculation ou la vente irrégulière d'une parcelle du domaine privé de l'État pourrait être qualifié de crime de détournement de deniers publics plutôt qu'en délit escroquerie foncière.

Les dispositions pénales relatives aux infractions immobilières sont contenues dans le Code pénal, issu de la loi n° 2016-7 du 12 juillet 2016, et dans plusieurs lois disparates régissant le domaine foncier ou certaines professions. C'est ainsi que diverses incriminations peuvent être relevées dans la loi organisant la profession d'Agent immobilier, celle relative à l'exercice et à l'organisation de la

---

463 Notamment en matière de contraventions de simple police.

464 Article 74 du Code pénal.

465 Article 74-1 du Code pénal. Des textes épars l'avaient précédé pour retenir le principe de la responsabilité pénale des personnes morales.

466 L'article 21 du Code pénal définit trois catégories d'infractions : les crimes, les délits et les contraventions ; a) Sont qualifiées crimes, les infractions punies de la peine de mort ou d'une peine privative de liberté dont le maximum est supérieur à dix (10) ans et d'une amende lorsque la loi en dispose ainsi ; b) Sont qualifiées délits, les infractions punies d'une peine privative de liberté ou d'une amende lorsque la peine privative de liberté encourue est supérieure à dix jours et n'excède pas dix (10) ans ou que le maximum de l'amende est supérieur à vingt-cinq mille (25 000) francs ; c) Sont qualifiées contraventions, les infractions punies d'un emprisonnement qui ne peut excéder dix jours ou d'une amende qui ne peut excéder vingt-cinq mille (25 000) francs.

profession d'urbaniste ou la loi n° 2004/003 du 21 avril 2004 régissant l'urbanisme au Cameroun[467].

En général, des infractions-moyens sont consommées avant la réalisation du délit immobilier proprement dit. Il en est ainsi des faux, en écriture privée, dans un acte public et authentique[468], des falsifications de toutes sortes et même, parfois de la concussion ou du blanchiment de capitaux. Nous n'insisterons pas outre mesure sur ces infractions-tremplins.

Les infractions proprement immobilières sont principalement des délits, portés devant le Tribunal de Première Instance territorialement compétent[469] ; lorsque le délit s'est mué en crime, la compétence matérielle sera celle du Tribunal de Grande Instance du ressort. Dans tous les cas, la sanction pénale comprend les peines principales[470], les peines accessoires[471] et, parfois des mesures de sûreté[472]. S'il y a lieu, des peines alternatives[473] peuvent se substituer à certaines peines principales. Elle s'accompagne aussi, très souvent, des condamnations civiles.

Il est spécifique au droit pénal immobilier que le délinquant redoute gravement les peines ou mesures accessoires ; parfois plus que les peines principales. Les personnes poursuivies craignent particulièrement le prononcé des interdictions professionnelles, les remises en état, les démolitions d'ouvrages auxquels elles préféreraient des peines d'emprisonnement, souvent assorties de sursis, ainsi que des amendes.

Par ailleurs, la matière est à la fois composite et complexe. Cela est dû, non seulement à la variété des statuts fonciers, à l'ambiguïté des droits fonciers de certains occupants de parcelles de terre, à

[467] Chapitre 2 (articles 26 à 29) de la loi n° 2001/020 du 18 décembre 2001 portant organisation de la profession d'Agent immobilier, Chapitre III (articles 16, 17 et 18) de la loi n° 90/040 du 10 août 1990 relative à l'exercice et à l'organisation de la profession d'urbaniste, Chapitre II de la Loi n° 2004/003 du 21 avril 2004 régissant l'urbanisme au Cameroun, spéc. Art. 127.

[468] Articles 144, 205 du Code pénal.

[469] En vertu de la règle de la triple territorialité inscrite à l'article 294 du Code de Procédure pénale, il s'agit du tribunal du lieu de résidence ou d'arrestation ou de commission de l'infraction.

[470] Articles 18, 22 et s. du Code pénal.

[471] Articles 19, 30 et s. du Code pénal.

[472] Articles 36 et s. du Code pénal.

[473] Articles 18-1, 26 et s. du Code pénal.

l'imprécision sur la politique répressive en matière foncière, mais aussi à l'histoire du pays et de son système foncier[474].

Les premières incriminations sont apparues avec le décret du 21 juillet 1932 qui introduisit le système d'immatriculation au Cameroun sous mandat français. Ce pénalisait, en ces diverses dispositions, le stellionat (articles 179 et 180), l'altération des titres fonciers et duplicata de titres fonciers (article 123), ainsi que la destruction, la dégradation et le déplacement des signaux géodésiques ou topographiques et des bornes d'immatriculation (article 184).

Les réformes successives du droit foncier, la réunification et l'unification des deux parties du pays[475] ont influencé ce droit pénal réécrit pour l'adapter aux nouvelles données législatives. Le Code pénal issu de la loi n° 67/LF/1 du 12 juin 1967, de l'ordonnance n° 74/1 du 6 juillet 1974 fixant le régime foncier, la loi n° 80/22 du 14 juillet 1980 portant répression des atteintes à la propriété foncière et domaniale, le nouveau Code pénal combinant la loi n° 2016-7 du 12 juillet 2016 et le décret n° 2016-319 du 12 juillet 2016 ainsi que diverses dispositions de textes sectoriels ont contribué à façonner un droit pénal de l'immobilier véritablement diffus, et qui qui se présente sous une configuration tout à fait particulière.

Notre effort de synthèse portera essentiellement sur les incriminations pénales en rapport avec les différents droits réels immobiliers[476] : soit qu'il y a atteinte directe au droit, soit que la jouissance du droit est l'objet de trouble. Dans ce dernier aspect, on s'intéressera aux rapports de créances entre des personnes lorsqu'ils résultent de la mise en œuvre d'une prérogative liée à l'usage ou à la disposition du droit.

On s'aperçoit ainsi que le contentieux foncier, en matière pénale, est très influencé par les différentes catégories juridiques en matière de droits réels immobiliers : droit de propriété, droit d'usage et d'habitation, droit d'usufruit, nue-propriété, etc. À cet étiquetage

---

474 Le pays a subi l'influence des traditions juridiques germano-romaine et anglo-saxonne.

475 Le Cameroun, condominium allemand, fut divisé dans l'entre-deux-guerres, jusqu'en 1961, par un partage colonial entériné par la Société des Nations puis l'Organisation des Nations Unies, entre la France et l'Angleterre victorieuses de l'Allemagne.

476 En tant que de besoin, nous irons plus loin sur les infractions immobilières plutôt que de nous limiter aux infractions proprement foncières.

s'ajoute la classification déjà développée[477], liée à la variété des statuts fonciers en droit camerounais : domaine national, domaine public et domaine privé.

La législation élabore un système répressif suffisamment dense : un régime général de protection pénale de la propriété foncière côtoie un régime restrictif de protection lié à l'occupation, qui sera examiné plus tard[478].

La présente section traite du contentieux pénal de la propriété immobilière, régime privilégié de ceux qui disposent, conformément au droit positif, d'un titre de propriété. Il s'agit des infractions impliquant des terrains immatriculés, tantôt comme instruments de l'infraction, tantôt comme objets délictueux. Dans le premier cas, on parle d'escroqueries foncières (Paragraphe 1) ; dans le second cas, il s'agit des atteintes à la propriété foncière (Paragraphe 2).

Paragraphe 1 : Les terrains immatriculés comme instruments délictueux : les escroqueries foncières

Aux termes de l'article 318 du Code pénal camerounais, l'escroquerie est l'agissement de celui qui porte atteinte à la fortune d'autrui en « déterminant fallacieusement la victime soit par des manœuvres, soit en affirmant ou dissimulant un fait ».

L'escroquerie foncière est un délit spécifique, commis au moyen d'un immeuble mis à contribution pour surprendre la victime et porter atteinte à son patrimoine. Dans ces hypothèses, l'immeuble est mis à contribution comme moyen et outil de facilitation dans la commission de l'infraction. Ces différentes hypothèses constituent autant de formes d'escroqueries foncières (A) ; elles sont cependant soumises à un régime de sanctions suffisamment harmonisé (B).

A. La nomenclature des escroqueries foncières

Le législateur part d'un principe posé à l'article 8 de l'Ordonnance n° 74-01 du 6 juillet 1974 fixant le régime foncier : « Les actes constitutifs, translatifs ou extinctifs de droits réels immobiliers doivent à peine de nullité, être établis en la forme notariée ; sont également

---

[477] Voir, supra, Chapitre préliminaire : variété des statuts fonciers en droit camerounais.

[478] Voir, ci-dessous, chapitre 2, section 2.

nulles de plein droit les cessions et locations de terrains urbains ou ruraux non immatriculés au nom du vendeur ou du bailleur ».

Ce texte d'incrimination est complété par l'article 1er de la loi n° 80-22 du 14 juillet 1980 portant répression des atteintes à la propriété foncière et domaniale qui ajoute : « est nulle de plein droit et de nul effet, toute cession immobilière à titre onéreux ou gratuit portant sur une propriété indivise ».

Cette formulation permet une classification des escroqueries foncières, dont l'analyse en deux catégories, selon que l'auteur de l'infraction est propriétaire (1), ou pas (2), de l'espace objet du délit.

1. Les escroqueries du fait des non-propriétaires

Il résulte des dispositions de l'article 8 de l'Ordonnance n° 74-01 du 6 juillet 1974 fixant le régime foncier, ci-dessus, que seront convaincus d'escroquerie foncière les vendeurs et bailleurs de terrains non immatriculés en leurs noms ; il en sera de même pour ceux qui, sans qualité, louent ou vendent des terrains d'autrui ainsi que les notaires et greffiers-notaires qui auront prêté leur concours à la réalisation de ces infractions[479].

- **Vendeurs et bailleurs de terrains non immatriculés en leurs noms**

La qualification d'escroquerie foncière s'applique aux Vendeurs et bailleurs de terrains non immatriculés en leurs noms. Le dessein est de punir les usurpateurs de droits fonciers qui auront entrepris de spéculer avec la terre dont ils ne sont pas reconnus propriétaires. Il en est ainsi des personnes purement étrangères à la parcelle en cause, des occupants du domaine national de première ou de deuxième catégorie, qu'ils aient introduit ou pas, une procédure d'immatriculation, qu'ils soient attributaires du lot à titre de concession provisoire ou définitive ; il en est aussi ainsi des acquéreurs, par voie notariée ou d'adjudication, et des bénéficiaires d'une attribution conventionnelle ou judiciaire d'un immeuble.

Ces personnes seront poursuivies pour escroquerie foncière s'ils procèdent à des ventes ou locations de terrains avant l'aboutissement des procédures d'immatriculation, de mutation ou de morcellement

[479] Article 8 alinéa 4-2) et 3) de l'Ordonnance n° 74-1 du 6 juillet 1974 fixant le régime foncier.

débouchant sur la délivrance de titres fonciers en leurs noms[480]. L'élément matériel résultera de ces faits et il ne restera au juge qu'à établir l'intention délictueuse.

Le dessein du législateur est d'assurer la sécurité des transactions foncières, en s'assurant que le vendeur ou le bailleur dispose effectivement du droit réel autorisant la transaction, en protégeant les acquéreurs qui s'engageraient avec la mauvaise personne qui, bien que disposant d'un acte intermédiaire, pourrait être contrariée avant l'aboutissement de la procédure d'obtention du titre foncier.

- **Vendeurs et bailleurs, sans qualité, de terrains d'autrui ou indivis**

Le délit d'escroquerie foncière sera également consommé par ceux qui, sans qualité, louent ou vendent des terrains d'autrui[481]. Il s'agit de l'agissement de personnes qui, sans droit ni titre, procèdent à des opérations de vente ou de location sur les terrains appartenant à des tiers. C'est aussi le cas de ceux qui, dûment mandatés par les propriétaires, détournent l'objet de leur mission ; sera ainsi responsable l'agent immobilier chargé de donner en location un immeuble, mais qui conclut plutôt une vente au préjudice du propriétaire.

La notion de terrain d'autrui peut donner lieu à débat : s'agit-il des terrains propriétés d'autrui, c'est-à-dire immatriculés avec titres fonciers au nom d'autrui, ou de tout terrain occupé, exploité ou en tout cas sur lequel le tiers exerce un droit réel quelconque ? La réponse est d'ordre jurisprudentiel, étant entendu que le juge pénal dispose de la plénitude de juridiction en la matière. Il semblerait, toutefois, qu'il faudrait comprendre par terrain d'autrui toute parcelle de terre qui pourrait légalement faire l'objet d'une vente ou d'une location. Il s'agit donc de terres faisant l'objet de droits réels divers. Dans cette mesure, cette infraction pourrait bien s'appliquer à un copropriétaire, peut-être

---

[480] En pratique, la vente de parcelles du domaine national occupées est déguisée en cession de droits coutumiers, afin de faciliter aux acquéreurs une immatriculation directe par substitution aux occupants originels. C'est pour empêcher ce genre de spéculation sur les droits découlant des concessions administratives que des prohibitions sont inscrites dans les cahiers de charges y afférentes.

[481] TPI Yaoundé-CA, n° 145/Cor du 15 janvier 2018, MP et TAGOUDI DONGMO Armelle Gisèle contre ESSOMBA ABEGA Guillaume Charles, inédit.

même à un indivisaire[482], qui seul dispose par vente, ou donne en location, des droits réels sur l'immeuble commun.

- **Qualification spécifique de l'agissement des notaires**

Le délit est spécifique pour les notaires et greffiers-notaires qui auront diligenté dans les hypothèses relevées ci-dessus. Ils seront poursuivis comme co-auteurs des faits et non simplement comme complices. Il s'agit d'une contrepartie juridique à l'exclusivité qui leur est accordée pour l'établissement de tous les « actes constitutifs, translatifs ou extinctifs de droits réels immobiliers » ; d'autant que cette compétence notariale exclusive est édictée à peine de nullité.

On voit bien qu'en la matière, la solennité de l'acte notarié s'accompagne d'une responsabilité accrue du professionnel, sentinelle du droit à l'occasion, tenu par une obligation de vigilance et de conseil.

On peut ainsi comprendre que la responsabilité du greffier n'est appelée ici que s'il a diligenté comme notaire. En droit camerounais, le greffier-notaire est une institution transitoire, palliative de l'absence de notaire professionnel dans le ressort de certains tribunaux de première instance. Dès lors, le greffier qui aura posé les actes de notaire dans un ressort à charge pourvue sera responsable, mais ne sera pas poursuivi ès qualités de professionnel.

2. Les escroqueries du fait des propriétaires

Les personnes titulaires de titres fonciers peuvent se rendre coupables d'escroquerie foncière dans plusieurs hypothèses. Il en est ainsi de ceux qui vendent ou louent un même terrain à plus d'une personne, de ceux qui font immatriculer un immeuble en omettant d'inscrire les charges qui le grèvent ainsi que des notaires qui auront diligenté dans ces conditions.

- **Ceux qui vendent ou louent un même terrain à plus d'une personne**

Un propriétaire de mauvaise foi peut aisément donner le même terrain en location à plusieurs personnes, car le bail, en principe, n'est pas soumis à l'exigence de publicité[483]. La formalité d'enregistrement,

---

[482] Article 1er, loi n° 80-022 du 14 juillet 1980 portant répression des atteintes à la propriété foncière : « est nulle de plein droit et de nul effet, toute cession immobilière à titre onéreux ou gratuit portant sur une propriété indivise ».

[483] Il se pose d'ailleurs la question de savoir si le bail, en dehors de l'emphytéose, est générateur d'un droit réel pouvant donner lieu à inscription. Le preneur dispose-t-il

obligatoire, est une exigence fiscale qui confère date certaine à l'acte sans constituer une formalité de publicité emportant opposabilité vis-à-vis de tiers. Cette supercherie est aisée que le bail soit verbal ou écrit, notarié ou sous seing privé. Il en va différemment de la vente, du bail à construction ou du bail emphytéotique, constitutifs de droits réels assujettis à la formalité de publicité par inscription au livre foncier. Cette inscription est de nature à prévenir d'autres contractants éventuels qui seraient ainsi avisés de l'entreprise délictueuse. Le risque demeure tout de même, et se réalise assez souvent dans la pratique[484] avec le concours de certains notaires.

- **Ceux qui font immatriculer un immeuble en omettant d'inscrire les charges**

La loi incrimine le fait d'« *immatriculer un immeuble en omettant sciemment de faire inscrire des hypothèques, droits réels ou charges dont ledit immeuble est grevé* ».

Ce délit est conçu pour ceux, propriétaires, administrateurs ou mandataires, qui procèdent à des immatriculations en fraude des droits ou charges inscriptibles. Cette disposition est de portée limitée dans le contexte camerounais où, en principe, l'immatriculation précède l'établissement de droits réels et charges fonciers. On pourrait néanmoins penser aux cas d'immatriculation ignorant des impenses réalisées dans le cadre des concessions administratives, à l'immatriculation biaisée d'une parcelle de terre poursuivie par un

---

d'un droit de suite et d'un droit de préférence caractéristiques d'un droit réel ? En France, certains auteurs ont proposé de lire un droit de suite dans les dispositions de l'article 1743 du Code civil et un droit de préférence dans celles de l'article 684 du Code de procédure civile ; d'autres ont démontré que ces dispositions n'étaient pas l'expression d'un droit de suite et d'un droit de préférence, mais se justifiaient essentiellement par la transmission à l'ayant cause à titre particulier des obligations du bailleur ou par la règle *Nemo plus juris transferre potest quam ipse habet.* Voir, à ce sujet, MIENDJIEM (I.L), « Le droit des occupants du domaine national », Thèse de doctorat d'État, Université de Yaoundé II, 2007, p. 45. Voir aussi, pour le bail en général et sous réserve des dispositions du droit de l'OHADA pour ce qui est des baux commerciaux, TCHANTCHOU (H) : « L'exercice du privilège du bailleur d'immeuble face au locataire qui déménage à la cloche de bois », *Juridis-Périodique*, 1996, n° 25, pp. 103 et s.

[484] CS, Arrêt n° 208/P du 21 août 1997, Tribune du Droit, n° 18, Mai-Juin 1999, p. 17.

créancier hypothécaire[485] ou à l'hypothèse d'une immatriculation ignorant les droits des co-indivisaires ou des copropriétaires.

Il est souhaitable, de *lege feranda*, d'envisager que cette incrimination s'étend aux hypothèses de morcellement ou de mutation de titres, avec omission d'inscription de droits réels et charges établies.

- **La diligence délictueuse des notaires et greffiers-notaires**

Les notaires ou greffiers-notaires qui prêtent leur concours aux personnes visées ci-dessus ou qui passent des actes sur les immeubles situés en dehors du ressort territorial de leur étude peuvent faire l'objet de poursuites pour escroquerie foncière. L'officier public, le notaire ou le greffier faisant office, qui aura facilité la vente ou la location d'un même terrain à plusieurs personnes ou contribuer à une immatriculation avec omission d'inscription de charges, sera poursuivi au même titre que les autres coauteurs.

Le législateur punit également l'agissement du notaire qui aura diligenté en dehors de son périmètre de compétence, en passant des actes hors de son ressort de compétence. Il est donc interdit au notaire ou, le cas échéant, au greffier-notaire d'acter en dehors de sa zone de charge. L'infraction serait caractérisée par le seul fait d'agir en dehors de son ressort, qui est en principe celui du tribunal de première instance de rattachement de la charge notariale, quand bien même tous les autres éléments de régularité seraient observés.

Cette incrimination paraît sévère, au regard de la considération relative souvent attachée aux règles de compétence territoriale. Un régime de sanction civile rigoureuse, responsabilité civile du notaire assortie d'une nullité automatique de l'acte, eût été suffisamment dissuasif ; d'autant plus que les peines prévues en matière d'escroqueries foncières apparaissent parfois inadéquates.

B. La sanction des escroqueries foncières

En dehors des officiers publics et ministériels qui encourent en plus des sanctions administratives, l'auteur d'une escroquerie foncière encourt des sanctions pénales et des sanctions civiles.

---

[485] En vertu de l'article 192 de l'Acte uniforme OHADA du 15 décembre 2010, portant organisation des sûretés, la législation nationale de l'État-Partie peut prévoir une hypothèque sur des immeubles non immatriculés. Cependant, en cas de réalisation d'un tel hypothèque, l'adjudication de l'immeuble sera subordonnée à son immatriculation.

1. Les sanctions pénales

L'article 8 de l'Ordonnance n° 74-01 du 6 juillet 1974 fixant le régime foncier dispose que les vendeurs, les bailleurs ainsi que les notaires et greffiers-notaires auteurs des actes constitutifs d'escroqueries foncières sont passibles d'une amende de 25 000 à 100 000 francs et d'un emprisonnement de 15 jours à 3 ans ou de l'une de ces deux peines seulement.

Ce régime de peines est moins sévère que celui prévu pour l'escroquerie de droit commun. En effet, l'article 318 du Code pénal punit d'un emprisonnement de cinq (5) à dix (10) ans et d'une amende cent mille (100 000) à un million (1 000 000) de francs celui qui porte atteinte à la fortune d'autrui par escroquerie, c'est-à-dire en déterminant fallacieusement la victime, soit en affirmant ou dissimulant un fait.

Il y a donc comme une prime pour le délinquant convaincu d'escroquerie foncière, qui bénéficie d'un régime de répression plus doux que l'auteur d'une escroquerie classique. Dans la pratique, il est arrivé que certains poursuivants choisissent la qualification du Code pénal plutôt que celle contenue dans l'article 8 de l'Ordonnance n° 74-01 du 6 juillet 1974.

En réalité, les agissements incriminés ne sont pas exactement les mêmes. Il s'agit d'une hypothèse de concours apparent de qualifications, le législateur ayant clairement spécifié ce que la doctrine qualifie d'escroquerie foncière.

2. Les sanctions civiles

Les sanctions civiles en cas d'escroqueries foncières sont de plusieurs ordres : nullités, dommages-intérêts, expulsion.

Sur la nullité, l'art 8 de l'ordonnance n° 74-01 du 6 juillet 1974 dispose clairement que : « Les actes constitutifs, translatifs ou extinctifs de droits réels immobiliers doivent à peine de nullité, être établis en la forme notariée. Sont également nulles de plein droit les cessions et locations de terrains urbains ou ruraux non immatriculés au nom du vendeur ou du bailleur ».

La nullité apparaît ainsi comme la sanction principale des transactions immobilières interdites. La nullité est attachée à la nature de l'opération et la sanction est radicale. L'exigence d'acte notarié est donc faite *ad validitatem*, de même le pouvoir de vendre ou louer des immeubles immatriculés. L'irrégularité causée par ces défaillances ne peut être couverte ; elle est insusceptible de régularisation par approbation : la nullité a lieu de plano et de plein droit, c'est-à-dire sans égard à la bonne ou la mauvaise foi des personnes concernées qui ne viendrait que pour caractériser la faute pénale ou justifier les modalités d'expulsion de l'occupant irrégulier.

L'expulsion de l'occupant de la propriété d'autrui est la conséquence du droit de jouissance absolu et imprescriptible par le propriétaire de son droit. L'occupant condamné est réputé de mauvaise foi et ne saurait de ce fait prétendre à une indemnité d'éviction.

L'expulsion est une réparation en nature du tort causé à la victime du délit. Elle pourrait, le cas échéant, se combiner avec des dommages-intérêts pour d'autres préjudices subis.

Il peut arriver que l'infraction ait causé à la victime des préjudices non susceptibles de réparations en nature. Dans ce cas, une indemnisation pécuniaire lui est accordée, sous forme de dommages-intérêts.

Paragraphe 2 : Les terrains immatriculés comme objets délictueux : les atteintes à la propriété foncière

Au sens large, est constitutive d'atteinte à la propriété foncière, tout agissement délictueux, de fait ou de droit, de nature à contrarier la disponibilité ou la libre jouissance d'un droit réel immobilier régulièrement établi. L'atteinte peut donc consister en l'envahissement complet de la propriété immobilière ou résulter d'une entrave partielle à l'efficacité d'un droit réel inscrit.

Le droit pénal ne s'accommode pas d'une qualification aussi générique, il procède à une formulation détaillée des atteintes à la propriété immobilière. Cela permet de distinguer l'envahissement de la propriété d'autrui (A) des autres atteintes aux droits réels immobiliers (B).

A. L'occupation de la propriété d'autrui

L'occupation irrégulière de la propriété d'autrui est la forme la plus usuelle des atteintes à la propriété d'autrui. Le droit pénal est strict quant à sa qualification et à son régime de sanction.

1. La qualification pénale de l'occupation de la propriété d'autrui

La réforme foncière de 1974 s'est attardée sur la pénalisation de l'occupation irrégulière de la propriété immobilière d'autrui. Il s'est agi, dans le souci de promouvoir et protéger la propriété foncière, de proscrire toute voie de fait ou entrave en la matière. L'occupation illégale de la propriété foncière, insusceptible de soustraction, apparaît comme le versant immobilier du vol de meubles.

L'Ordonnance n° 74/1 du 6 juillet 1974, en son article 8-5), incrimine l'agissement de « Ceux qui, sans autorisation de la personne qualifiée, exploitent ou se maintiennent sur un terrain dont ils ne sont pas propriétaires ». Ce principe d'incrimination est repris par l'article 2 de la loi n° 80-22 du 14 juillet 1980 portant répression des atteintes à la propriété foncière et domaniale.

L'infraction suppose une exploitation injustifiée ou un maintien délictueux sur la propriété d'autrui. La première hypothèse renvoie à une intrusion sans droit ni titre, suivi d'une exploitation ou une mise en valeur illicite de l'immeuble ; sous cet aspect, une intrusion sans exploitation serait insuffisante pour caractériser le délit[486]. La seconde hypothèse est relative à une intrusion autorisée ou de bonne foi – sur une base contractuelle ou d'un titre apparent, etc.- suivie d'un maintien malgré une sommation de libérer consécutive à la rupture du lien contractuelle ou la perte de toute légitimité à l'occupation. Dans ce cas, le juge devrait être exigent sur la mise en relief de l'élément moral de l'infraction.

La formulation de l'article 8 de l'Ordonnance de 1974 laissait transparaître que cette disposition ne fût pas destinée à protéger exclusivement les propriétaires de terres immatriculées, puisque le délit était envisageable pour ceux qui exploitent ou se maintiennent sur un terrain dont ils ne sont pas propriétaires, sans autorisation de la « personne qualifiée » qui serait le propriétaire, le mandataire ou tout occupant légitime.

La pratique jurisprudentielle n'a pas cristallisé cette approche, probablement en raison du principe de l'interprétation restrictive de la qualification pénale. En effet, les troubles d'occupation sur des terres non immatriculées ont davantage donné lieu, en pratique, à des poursuites autrement orientées, du chef de troubles de jouissance, etc.[487]

---

[486] Ce cas pourrait être caractéristique de l'une des contraventions visées aux articles R367 et R368 du Code pénal.

[487] Voir ci-dessous, Chapitre 2, Section 2 : La protection des occupants de terres non immatriculées par le juge pénal.

C'est la loi n° 80-22 du 14 juillet 1980 portant répression des atteintes à la propriété foncière et domaniale qui spécifie plus nettement ce qu'il est convenu de retenir comme atteintes à la propriété foncière, en déclarant explicitement que le délit est applicable en cas d'atteinte à la domanialité publique.

Elle dispose, dès son article premier, qu'« est nulle de plein droit et de nul effet, toute cession immobilière à titre onéreux ou gratuit portant sur une propriété indivise ».

L'article 2 du même texte soumet aux peines pénales ceux qui exploitent ou se maintiennent sur un terrain sans autorisation préalable du propriétaire ainsi que les agents de l'État convaincus de complicité dans les transactions foncières de nature à favoriser l'occupation irrégulière de la propriété d'autrui.

L'article 4 de la loi procède à une précision rendant applicable le régime des atteintes à la propriété foncière « aux personnes qui, en violation de la législation en vigueur exploitent ou se maintiennent sur une parcelle du domaine privé de l'État, ou sur une dépendance du domaine public ou du domaine national ».

On voit ainsi, clairement, que le délit s'applique à ceux qui portent atteinte à la propriété privée des particuliers, au domaine privé de l'État, au domaine public et au domaine national.

Relativement au domaine national et aux domaines public et privé de l'État, le législateur prévoit que les poursuites devant les juridictions compétentes concernant les atteintes portées au domaine privé de l'État ou sur une dépendance du domaine public ou du domaine national ne peuvent être engagées que par l'Administration dans les conditions fixées par le décret[488].

Cette prescription est compréhensible pour ce qui est du domaine public, du domaine privé de l'État et du domaine national libre de toute occupation. Elle l'est moins pour le domaine national régulièrement occupé ou mis en valeur, sur lequel l'occupant dispose d'un droit de propriété virtuel ou, du moins, d'une protection possessoire. En pratique, nous l'avons dit, les victimes de cette dernière catégorie

[488] Il s'agit du décret n° 84-311 du 22 mai 1984 portant modalités d'application de la loi n° 80-22 du 14 juillet 1980 relative à la répression des atteintes à la propriété foncière et domaniale.

d'atteinte recourent à des qualifications plus logiques, comme les troubles de jouissance ou les destructions pour faire valoir leurs droits.

2. La répression de l'occupation illégale de la propriété immobilière

Des sanctions pénales rigoureuses côtoient des mesures civiles suffisamment réparatrices.

Au titre de sanctions pénales, on peut se référer notamment à l'article 2 de la loi n° 80/22 du 14 juillet 1980 portant répression des atteintes à la propriété foncière et domaniale qui dispose que : « sont passibles d'une amende de 50 000 à 200 000 F et d'un emprisonnement de 2 mois à 3 ans ou d'une de ces peines seulement : a) ceux qui exploitent ou se maintiennent sur un terrain sans autorisation préalable du propriétaire ; b) les agents de l'État convaincus de complicité dans les transactions foncières de nature à favoriser l'occupation irrégulière de la propriété d'autrui ».

L'article 3 de la même loi se prononce sur les sanctions civiles : « dans le cas visé à l'article 2 alinéa (a) ci-dessus, la juridiction compétente ordonne le déguerpissement immédiat à ses propres frais. En outre la mise en valeur réalisée sur ledit terrain sous forme de plantations, de constructions, ou d'ouvrages de quelque nature que ce soit est acquise de plein droit au propriétaire, sans aucune indemnité pour l'occupant. Si le propriétaire du fonds exige la suppression des constructions, plantations ou ouvrages, celle-ci est exécutée aux frais de l'occupant et sans aucune indemnité pour ce dernier, qui peut en outre être condamné à des dommages et intérêts pour le préjudice éventuellement subi par le propriétaire du fonds ».

Pour le cas spécifique des personnes qui, en violation de la législation en vigueur, exploitent ou se maintiennent sur une parcelle du domaine privé de l'État, ou sur une dépendance du domaine public ou du domaine national, le Préfet peut procéder à la démolition des réalisations qu'elles auraient faites sur les lieux, après mise en demeure restée sans effet pendant trente jours[489].

La décision de démolition est d'ordre administratif et relève du contentieux administratif. La possibilité de déguerpissement est spécialement ouverte au juge pénal. Il s'agit d'une notion également

---

[489] Article 5 de la loi n° 80/22 du 14 juillet 1980 portant répression des atteintes à la propriété foncière et domaniale.

administrative tout à fait étrange dans le vocabulaire judiciaire qui se rapproche de la notion d'expulsion. En principe, le déguerpissement renvoie à une expulsion collective d'occupants illégaux de terres de la domanialité publique assortie de la démolition des ouvrages et édifices établis sur les lieux[490].

Dans le contexte de la répression pénale de l'atteinte à la propriété privée, il s'agirait d'une expulsion de l'occupant ainsi que de tout occupant de son chef, assortie, le cas échéant, de la suppression de toute construction, plantation ou ouvrage qu'il aurait établi sur les lieux.

B. Les autres atteintes aux droits réels immobiliers

Il s'agit ici des autres formes d'atteintes portées aux différents droits réels immobiliers : droits du propriétaire, du superficiaire, de l'emphytéote, etc.

Le juge pénal ayant la plénitude de juridiction, la nature du droit réel troublée ne sera pas préjudicielle pour la procédure pendante devant lui.

Les atteintes en causes sont tout aussi multiples : abus ou détournements de biens sociaux – biens immobiliers-, destructions d'immeubles, détérioration des lieux loués, constitution, inscription ou radiation frauduleuse de droits et charges immobiliers, etc.

L'atteinte peut porter sur l'immeuble en lui-même ou, plus subtilement, sur des actes consacrant les droits réels immobiliers.

Sans être exhaustifs, deux grands groupes d'atteintes, assez significatifs nous apparaissent dignes d'intérêt : d'une part, les destructions et détériorations de biens immobiliers (1) et, d'autre part, les atteintes contre des titres et garanties de droits réels immobiliers (2).

1. Les destructions et détériorations de biens immobiliers

Le Code pénal contient principalement trois articles qui traitent des destructions et détériorations de biens immeubles. Il s'agit des articles 316, 317 et 322-2, suffisamment élaborés pour être restitués dans leurs formes légales :

« Article. 316 : Destruction

(1) Est puni d'un emprisonnement de six (6) mois à six (6) ans et d'une amende de cent mille (100 000) à trois cent mille (300 000) francs ou de l'une de ces deux peines seulement, celui qui détruit, même

490 Voir, à ce sujet, ci-dessus, Titre 1, Section 1, Paragraphe 2.

partiellement, tout bien appartenant en tout ou en partie à autrui ou grevé d'une charge en faveur d'autrui.

(2) La peine est un emprisonnement de deux (2) à dix (10) ans et une amende de deux cent mille (200 000) à un million (1 000 000) francs ou l'une de ces deux peines seulement, si la destruction porte sur des édifices, ouvrages, navires ou installations.

Article 317 – Destruction de bornes ou de clôtures

(1) Est puni d'un emprisonnement de six (6) mois à trois (3) ans et d'une amende de cent mille (100 000) à cinq cent mille (500 000) francs, celui qui, soit :

a) supprime ou déplace une borne ou tout autre signe établis pour marquer la limite entre des propriétés différentes ;

b) détruit une clôture de quelque nature qu'elle soit. »

Enfin, la réforme du Code pénal intervenue par la loi n° 2016-007 du 12 juillet 2016 a inséré une disposition spécifique aux destructions intervenues à la cessation du bail. L'article 322-2 dispose à cet effet que : « (2) Est puni des mêmes peines prévues à l'article Article 322-1 ci-dessus, le preneur qui, au moment de libérer les lieux, détériore ceux-ci ou les équipements s'y trouvant ».

2. Les atteintes contre les titres et garanties de droits réels immobiliers

Certains actes et documents constituent à l'édification de droits réels immobiliers sans constituer par eux-mêmes ces droits. Il en est ainsi du titre foncier ainsi que de diverses attestations certificatrices que délivrent les autorités qualifiées. Les atteintes à ces actes, lorsqu'elles impactent les droits fonciers, sont considérées comme des atteintes à la propriété immobilière.

Le titre foncier, en lui-même, est un meuble. Les infractions qui le concerne en tant que tel, vol, rétention sans droit, destruction, etc. ne retiendront pas notre attention dans le cadre de la présente étude dédiée aux infractions immobilières. L'atteinte au titre foncier, preuve de l'immatriculation et de la propriété immobilière, n'est en lui-même pas une atteinte à la propriété foncière. Il en va autrement lorsque l'atteinte qu'il subit influence son rôle certificateur de la propriété foncière.

Ainsi, l'article 2(8) du décret n° 76/165 du 27 avril 1976 fixant les conditions d'obtention du titre foncier, modifié et complété par Décret n° 2005/481 du 16 décembre 2005, prévoit que les agents publics reconnus auteurs ou complices des actes irréguliers ayant entraînés le retrait ou la nullité d'un titre foncier sont sanctionnés conformément aux dispositions de l'article 2 de la loi n° 80/22 du 14 juillet 1980 portant répression des atteintes à la propriété foncière[491].

Certains actes relatifs au titre foncier sont donc assimilés, pour les besoins de la répression, aux atteintes à la propriété foncière.

Cette incrimination appelle cependant une remarque. En effet, la peine prévue en matière d'atteinte à la propriété foncière, et qui s'appliquerait aux agents publics auteurs ou complices d'irrégularités invalidantes pour le titre foncier, est de nature délictuelle. Ce régime de répression est emprunté par une norme réglementaire, en l'occurrence le décret n° 76/165 du 27 avril 1976, alors même que la détermination des crimes et délits est du domaine de la loi[492].

Cette irrégularité ne s'applique pas à l'incrimination par le Code pénal, article 314 alinéas 2-b et 3, de l'attestation irrégulière de droits fonciers.

Cet article, intitulé faux en écriture privée ou de commerce, dispose :

« (1) Est puni d'emprisonnement de trois (3) à huit (8) ans et d'une amende de cent mille (100 000) à un million (1 000 000) de francs, celui qui contrefait ou falsifie une écriture privée portant obligation, disposition ou décharge soit dans la substance, soit dans les signatures, dates ou attestations.

(2) la peine est un emprisonnement de cinq (5) à dix (10) ans et l'amende de deux cent mille (200 000) à deux millions (2 000 000) de francs s'il s'agit soit :

...

b) d'un écrit attestant un droit foncier ;

...

(3) Est puni des peines prévues à l'alinéa 1 ci-dessus, celui qui fait usage soit :

---

[491] L'article 2 de la loi n° 80/22 du 14 juillet 1980 portant répression des atteintes à la propriété foncière et domaniale qui dispose que : « sont passibles d'une amende de 50 000 à 200 000 F et d'un emprisonnement de 2 mois à 3 ans ou d'une de ces peines seulement.

[492] Article 26(c)-6 de la Constitution du 2 juin 1972, modifiée par les lois n° 96/06 du 18 janvier 1996 et n° 2008/001 du 14 avril 2008.

a) d'un des écrits susvisés

b) d'un écrit périmé en le présentant comme toujours valable

c) d'un écrit se référant à une autre personne en se faisant passer pour cette personne ».

C'est sous cette rubrique que seront sanctionnées les attestions d'inscriptions conservatoires, hypothécaires ou de tous autres droits réels non effectifs, contrefaits ou falsifiés.

Par ailleurs, l'atteinte spécifique à la garantie du bailleur d'immeuble a récemment fait l'objet d'une incrimination particulière inscrite au Code pénal. Le privilège du bailleur d'immeuble est désormais pénalement protégé en ces termes :

« Article 322-3 : Est puni d'un emprisonnement de six (6) mois à trois (3) ans et d'une amende de cent mille (100 000) à trois cent mille (300 000) francs ou de l'une de ces deux peines seulement, le preneur d'immeuble ou toute autre personne qui, par des manœuvres frauduleuses, prive totalement ou partiellement le bailleur de son privilège ».

Cet article 322-3 procède à une révolution dans la protection du privilège du bailleur d'immeuble, d'autant plus que ce droit réel originellement fondé sur l'idée d'un gage tacite est resté occulte. Cette disposition sera d'un grand apport, notamment lorsque le locataire aura déménagé à la cloche de bois[493]. Dans cette hypothèse, en effet, le bailleur ne disposera plus seulement de la voie civile, au moyen de la saisie-revendication ou, le cas échéant, de la saisie-appréhension, instituée par la législation OHADA[494] pour pallier les difficultés de la législation antérieure[495].

[493] TCHANTCHOU (H.), L'exercice du privilège du bailleur d'immeuble face au locataire qui déménage à la cloche de bois, *Juridis-Périodique*, 1996, n° 25, p. 103 et s.
[494] Articles 219 à 235 de l'Acte uniforme OHADA du 10 avril 1998, portant organisation des procédures simplifiées de recouvrement et des voies d'exécution.
[495] Id., ibid.

Chapitre 2 :

La protection des droits des personnes non titulaires de titres fonciers

Il convient, de prime abord, de signaler qu'il s'agit de la protection des occupants de parcelles de terre non titulaires de titres fonciers. Le titre foncier étant, en droit positif camerounais, le seul acte établissant la qualité de propriétaire et, corrélativement, la protection attachée à cette qualité.

Ceci ne signifie pas que le droit ignore l'occupant dépourvu de titre foncier ; en l'incitant à migrer vers une reconnaissance en pleine propriété, la législation prend tout de même en compte sa situation : il bénéficie au moins d'une protection possessoire.

On peut ainsi affirmer que devant le juge judiciaire, un contentieux spécifique au possessoire coexiste avec un contentieux pleinement pétitoire.

Comme en droit classique, à la différence du contentieux du pétitoire essentiellement basé sur des considérations de droit, le contentieux du possessoire s'intéresse davantage à des situations de fait : l'occupation.

Très souvent, le possessoire se présente comme un préalable au pétitoire : une partie cherchera à faire reconnaître sa possession au possessoire afin de s'assurer la position de défendeur dans un éventuel procès au pétitoire.

Mais aussi, le pétitoire peut anticiper une action au possessoire qui n'aurait alors plus de sens lorsque le demandeur aura triomphé. Le succès d'une action en revendication débouche nécessairement, ainsi que démontré ci-dessus, sur l'éviction de tout occupant qui ne serait pas propriétaire.

Normalement, c'est le juge civil qui est chargé d'assurer les droits, en dehors des contentieux de l'immatriculation, de ceux qui ont des prétentions à élever sur des terres non immatriculées (Section 1). Cependant, dans l'intérêt de l'État et de l'ordre public, le juge répressif peut être sollicité (Section 2).

Section 1 : La protection des occupants de terres non immatriculées par le juge civil

Les terres non immatriculées sont celles qui relèvent du domaine national ou de la domanialité publique. La gestion et l'administration des terres de la domanialité publique ainsi que le contentieux sous-jacent ne ressortissent pas de la compétence du juge judiciaire. L'allusion aux terres non immatriculées dont les occupants seraient dignes de protection ne renvoie alors qu'au domaine national.

À ce sujet, il faudrait s'apercevoir de l'existence d'une catégorie de personnes difficilement éligibles aux droits de possession, faute d'emprise matérielle sur les lieux, mais qui peuvent avoir des prétentions légitimes sur la terre.

On voit ainsi émerger une distinction entre l'occupation physique, celle de ceux matériellement installés sur les terres, et l'occupation juridique de ceux qui, non effectivement installés sur les terres, peuvent néanmoins y faire valoir des droits pertinents. Ce clivage n'est pas étanche, car les statuts ne sont pas exclusifs l'un de l'autre.

Les occupants qui remplissent les conditions classiques d'une possession saine disposent de toutes les actions possessoires pour défendre leurs intérêts (Paragraphe 2) ; un régime d'indemnisation particulier, qui ne les exclut pas, est prévu par le droit foncier pour les autres personnes qui viendraient à être lésées à la suite d'une procédure d'immatriculation (Paragraphe 2).

Paragraphe 1 : La protection des droits de personnes lésées à la suite d'une procédure d'immatriculation

L'article 2 du décret n° 76/165 du 27 avril 1976 fixant les conditions d'obtention du titre foncier, modifié et complété par Décret n° 2005/481 du 16 décembre 2005 dispose :

« (1) Toute personne dont les droits ont été lésés par suite d'une immatriculation, n'a pas de recours sur l'immeuble, mais seulement en cas de dol, une action personnelle en dommages-intérêts contre l'auteur du dol.

(2) L'action est portée devant la juridiction civile du lieu de situation de l'immeuble.

(3) Toutefois, le ministre chargé des Affaires foncières peut, en cas de faute de l'administration, résultant notamment d'une irrégularité commise au cours de la procédure d'obtention du titre foncier, et au vu

des actes authentiques produits, procéder au retrait du titre foncier irrégulièrement délivré.

(4) Le retrait du titre foncier délivré entraîne la mutation sans trais dudit titre au nom du propriétaire initial, s'il s'agit d'un immeuble immatriculé. L'immeuble est remis au même et semblable état où il se trouvait avant la délivrance du titre, s'il s'agit d'un immeuble non immatriculé.

(5) Le retrait du titre foncier prévu à l'alinéa 3 du présent article ne peut, sauf cas de fraudes du bénéficiaire, intervenir que dans le délai du recours contentieux.

(6) Un titre foncier est nul d'ordre public dans les cas suivants :

- lorsque plusieurs titres fonciers sont délivrés sur un même terrain ; dans ce cas, ils sont tous déclarés nuls de plein droit, et les procédures sont réexaminées pour déterminer le légitime propriétaire. Un nouveau titre foncier est alors établi au profit de celui-ci ;

- lorsque le titre foncier est délivré arbitrairement sans suivi d'une quelconque procédure, ou obtenu par une procédure autre que celle prévue à cet effet ;

- lorsque le titre foncier est établi en totalité ou en partie sur une dépendance du domaine public ;

- lorsque le titre foncier est établi en partie ou en totalité sur une parcelle du domaine privé de l'État, d'une collectivité publique ou d'un organisme public, en violation de la réglementation.

(7) La nullité du titre foncier prévue à l'alinéa 6 ci-dessus est constatée par un arrêté du ministre chargé des Affaires foncières, susceptible de recours devant la juridiction administrative compétente.

(8) Les agents publics reconnus auteurs ou complices des actes irréguliers ayant entraîné le retrait ou la constatation de nullité d'un titre foncier, sont sanctionnés conformément aux dispositions de l'article 2 de la loi n° 80/22 du 14 juillet 1980 portant répression des atteintes à la propriété foncière et domaniale ».

Il faudrait partir de ce texte pour comprendre, d'une part, qu'un certain nombre de préalables ont exigés pour l'intervention du juge judiciaire et, d'autre part, que ses moyens d'intervention sont limités à un certain nombre de mesures (B).

A. Les conditions d'intervention du juge judiciaire

La compétence du juge est bien circonscrite et limitée par des conditions de forme assez rigides (1), ainsi que des conditions de fond assez strictes (2).

1. Les conditions de forme

Il ressort du décret n° 76/165 du 27 avril 1976 fixant les conditions d'obtention du titre foncier que le juge civil n'intervient qu'à la suite de l'immatriculation et qu'il s'agit d'une action personnelle de celui qui estime avoir été lésé.

Il faudrait rappeler que le juge judiciaire n'interfère pas dans la procédure d'immatriculation. En principe, il n'intervient, s'il y a lieu, qu'à la suite de la procédure, lorsque celle-ci a abouti par la délivrance d'un titre foncier.

Cela se comprend, car le contentieux de l'immatriculation est du domaine administratif. On s'aperçoit ainsi, une fois de plus, que dans l'ordre du droit foncier, le contentieux judiciaire lié à la délivrance du titre foncier est un contentieux post-immatriculation.

Ce principe n'entame cependant en rien le droit commun de la responsabilité civile, sur la base des articles 1382 et suivant du Code civil. Dans ce sens, toute personne qui estime avoir subi un préjudice du fait d'une procédure d'immatriculation, aboutie ou non, peut engager la responsabilité civile de celui par le fait duquel le dommage a été causé.

Le décret du 27 avril 1976 précise que le juge est saisi par une action personnelle de la personne lésée contre l'auteur du dol. Que faut-il entendre par « action personnelle » ? Est-ce à dire qu'il s'agit d'une action *intuitu personae*, d'une action en revendication d'un droit personnel et non d'un droit réel ?

Considérer qu'il s'agit d'une action *intuitu personae*, signifierait que le droit n'est pas transmissible entre vifs ou pour cause de mort ; pourtant il est manifeste que le droit protégé est un droit patrimonial. L'action en cause est personnelle, en ce sens qu'elle promeut en conséquence un droit de créance établi contre l'auteur du non et non opposable au propriétaire foncier, détenteur du titre foncier, qui ne serait pas l'auteur du dol.

Il s'agit donc, clairement, d'une action en réparation et non d'une action en reconnaissance d'un quelconque droit réel sur l'immeuble.

Enfin, le tribunal compétent est celui du lieu de situation de l'immeuble. Il s'agit là d'une règle de compétence territoriale ordinaire conforme au droit commun de l'article 8 du Code procédure civile.

2. Les conditions de fond

L'action est ouverte à toute personne dont les droits ont été lésés à la suite d'un dol.

Les droits protégés sont ceux qui auraient dû être pris en compte avant la délivrance du titre foncier ; il est donc question de tous droits qui auraient influencé la nature ou l'étendue de ceux consacrés au titre.

L'action est ouverte à toute personne dont les droits sont lésés[496] :

Il s'agit sans doute des droits des occupants, c'est-à-dire ceux qui, sur les lieux, ont procédé à des mises en valeur, mais aussi, semble-t-il, de ceux qui, sans une emprise matérielle sur les lieux, bénéficient de certains droits légitimes sur la parcelle[497]. Il s'agit aussi, et surtout, des « propriétaires coutumiers » dont les droits n'ont pas été pris en compte au cours de la procédure d'immatriculation. Il faudrait, dans ce cas, se souvenir qu'un occupant diligent pourrait bien, du fait d'une mise en valeur probante, se faire délivrer un titre foncier en cas de négligence ou d'absence d'un « propriétaire coutumier ».

C'est à cette hypothèse que le législateur a pensé, en décidant que les dommages-intérêts seront obtenus contre l'auteur du dol[498] et que, en cas de faute de sa part, l'administration pourrait procéder au retrait du titre foncier. De ce point de vue, celui qui aura obtenu le titre foncier de bonne foi et à la suite d'une procédure administrative régulière serait exempt de toute poursuite et à l'abri de toute remise en cause de son titre. Dans tous les cas, le recours en indemnisation devant le juge civil est un pis-aller. Dans bien des cas, le requérant en dommages-intérêts se sera préalablement opposé à l'immatriculation ou fera valoir la nullité du titre dans les cas visés à l'alinéa 6 de l'article 2 suscité ou sollicitera de l'autorité administrative compétente l'annulation ou le retrait du titre.

---

[496] La lésion ici n'est pas forcément contractuelle ; il s'agit de tout tort causé, de tout préjudice subi du fait de l'immatriculation.

[497] À titre d'exemple, le cas du cultivateur saisonnier d'une terre en jachère au moment de l'immatriculation.

[498] En droit civil général, le dol se résume en une erreur provoquée. Il s'agit d'une manœuvre contractuelle qui vicie le consentement d'une partie et rend le contrat annulable.

On peut alors se demander si ces procédures administratives d'opposition à immatriculation, en nullité ou en retrait de titre foncier peuvent se cumuler avec l'action judiciaire en dommages-intérêts. Il semblerait que l'action devant le juge judiciaire ne sera recevable qu'à la clôture de la procédure d'immatriculation efficacement conduite. Il est par ailleurs certain que le juge civil ne saurait statuer alors qu'une procédure administrative tendant à invalider le titre foncier est pendante, puisqu'il n'est compétent que devant un titre foncier inattaquable, intangible et définitif. Par contre, en cas d'insuccès de l'action en retrait ou en nullité, il paraît possible pour la personne dont les droits sont lésés, en établissant un dol, d'obtenir des dommages-intérêts réparateurs.

On peut donc envisager les actions devant le juge administratif comme interruptives de la prescription, au demeurant plus longue devant le juge judiciaire.

B. Les mesures de réparation du juge judiciaire

L'objet de la saisine du juge judiciaire est de procéder à des réparations, essentiellement pécuniaires (1) et exceptionnellement en nature (2).

1. Les dommages-intérêts et les réparations pécuniaires

Au titre des réparations pécuniaires dues aux personnes dont les droits ont été lésés à la suite d'une procédure d'immatriculation, le décret n° 76/165 du 27 avril 1976 a expressément prévu l'action en dommages intérêts ; la jurisprudence y a ajouté l'action de *in rem verso.*

L'action en dommages-intérêts ouverte à « toute personne dont les droits ont été lésés par suite d'une immatriculation » doit être distinguée de celle que pourrait intenter une partie pour des préjudices consécutifs à la délivrance d'un titre foncier retiré ou annulé.

Dans tous les cas, l'appellation « *dommages-intérêts* » renvoie à une compensation financière due à une personne en raison d'un préjudice moral ou patrimonial subi.

Traditionnellement, les dommages-intérêts viennent en réparation d'un préjudice né d'un retard ou de l'inexécution d'un contrat, résultant d'un dommage accidentel, d'un fait fautif ou non fautif ; la réparation se fait par équivalent, par le versement d'un capital ou d'une rente.

Le quantum des sommes versées à titre de dommages-intérêts, sous forme de capital ou de rente, est fonction de la perte subie et du gain manqué[499]. C'est le principe indemnitaire, de la réparation intégrale[500].

La réparation due à la personne lésée se doit donc d'être proportionnelle au dommage subi. Le juge devra alors réparer tout le préjudice, mais rien que le préjudice. Ce faisant, il tiendra compte, le cas échéant, des réparations en nature nécessaires, convenues ou possibles.

Ce principe indemnitaire ne s'applique pas rigoureusement lorsque les tribunaux accorderont des réparations pécuniaires en marge de l'application des règles de la responsabilité civile.

En effet, la jurisprudence camerounaise a admis la possibilité d'indemniser des personnes lésées à la suite d'une immatriculation, sur la base de l'enrichissement sans cause.

À ce sujet, les juges décident que : « *si l'article 123 du décret du 21 juillet 1932 instituant le régime de l'immatriculation au Cameroun fait obstacle à ce qu'un titre foncier soit remis en question, la personne qui se trouve appauvrie par suite d'une immatriculation est fondée à réclamer l'indemnité à la personne qui a été enrichie, en intentant contre celle-ci l'action de in rem verso. Son droit à indemnité est basé sur les principes généraux du droit de l'enrichissement sans cause qui, procédant de l'équité, constituent une source autonome et générale d'obligations* »[501].

Cette ouverture de l'action de *in rem verso*, en la matière, permet de pallier les injustices qui pourraient résulter d'un appauvrissement consécutif à un enrichissement, en l'absence de dol ou lorsque la victime se bute aux exigences de la responsabilité civile.

---

[499] L'article *1149 du Code civil dispose, à cet effet, que : « Les dommages et intérêts dus au créancier sont, en général de la perte qu'il a faite et du gain dont il a été privé, sauf les exceptions et modifications ci-après ».*

[500] Le principe de la réparation intégrale subi de plus en plus des dérèglements, conventionnels ou textuels. En matière de réparation des accidents de la circulation, notamment, le Code CIMA a mis en place un régime de réparation proportionnée, en instituant un baromètre objectif des réparations.

[501] C.S., 30 nov. 1973, R. P. 1975, 384, note LAMPUE ; R.C.D., 1974, p. 55 ; cité par TCHAPMEGNI (R.), « Le contentieux de la propriété foncière au Cameroun », Thèse, Nantes, 2008, p.289.

2. Le droit de préférence et les réparations en nature

La réparation en nature est celle qui n'est pas faite en argent. Ce mode de réparation n'est pas expressément énoncé par les textes originels du Code civil traitant de la responsabilité civile délictuelle, qui lui semblaient plutôt hostiles[502]. C'est donc progressivement que la jurisprudence a construit un système de réparation en nature, pris en compte depuis lors par la législation[503].

La réparation en nature est cependant soumise à une triple condition, au moins : elle est décidée par le juge ; elle doit garantir une réparation efficace et proportionnée.

En droit foncier, le législateur camerounais proscrit formellement tout « recours sur l'immeuble » au bénéfice des personnes dont les droits ont été lésés par suite d'une immatriculation.

Les atteintes aux droits subjectifs à l'occasion d'une procédure d'immatriculation ne peuvent donc, en principe, se résoudre que par des dommages-intérêts. Ces réparations pécuniaires résultent, ainsi que nous l'avons dit, de l'application des règles de droit commun de la responsabilité civile, ou en application de la théorie spécifique du dol foncier prévu par le décret n° 76/165 du 27 avril 1976.

Cette interdiction s'explique par le caractère intangible, inattaquable et définitif du titre foncier. C'eût été de fragiliser cette force probante si le titre foncier pouvait être facilement ébranlé, d'autant plus qu'un régime objectif de nullité ou de retrait du titre foncier, assez élaboré, est mis en place pour corriger les cas d'irrégularités substantielles.

Cette prohibition est tempérée par l'existence d'un droit de préférence au bénéfice de certains occupants de bonne foi, prévu par l'article 5 de l'Ordonnance n° 74-1 du 6 juillet 1974 fixant le régime foncier.

---

[502] L'article 1142 du Code civil dispose que : « (1) L'obligation de faire est celle par laquelle le débiteur s'engage à accomplir une prestation quelconque, matérielle ou intellectuelle ; (2) L'obligation de ne pas faire est celle par laquelle le débiteur promet de s'abstenir d'une action ou d'un fait déterminé ; (3) Toute obligation de faire et de ne pas faire se résout en dommages et intérêts, en cas d'inexécution de la part du débiteur ».

[503] La contrainte par les astreintes s'est généralisée ; le Code du travail prévoit la possibilité de prononcer la réintégration des délégués du personnel irrégulièrement licenciés ; des procédures d'injonction de restituer ou de délivrer sont instituées au sein des processus judiciaires, notamment par le droit de l'OHADA.

Ce texte, modifié par l'Ordonnance 77-1 du 10 janvier 1977, dispose que : « Les titulaires de jugements définitifs constitutifs ou translatifs des droits sur terrains en milieu urbain doivent également sous peine de déchéance, en saisir le service des domaines compétent dans un délai de dix ans à compter du 15 août 1974, date de publication de l'ordonnance n° 1 du 6 juillet 1974, en vue d'obtenir leur transformation en titres fonciers ; ledit délai est porté à 15 ans pour les terrains en milieu rural.

Toutefois, lorsque ces jugements portent sur des immeubles habités par des occupants de bonne foi, ceux-ci jouissent en cas de vente desdits immeubles d'un droit de préférence qui s'exerce dans le cadre de l'aménagement de la zone concernée… »

Ce droit de préférence est un droit de préemption, c'est-à-dire une prérogative qui permet à la personne bénéficiaire de se porter acquéreur prioritaire d'un immeuble mis en vente. Il s'agit d'un privilège exceptionnel pour les particuliers dans l'ordre juridique camerounais, à rapprocher des hypothèses prévues aux articles 24 et s. du décret du 21 juillet 1932 fixant le régime de l'immatriculation, et dont il est difficile de dire en l'état si elles demeurent dans le droit positif, au regard des évolutions anciennes et récentes de la législation foncière nationale.

Les articles 24 et 28 du décret de 1932 prévoient respectivement que *« le droit de préemption sur un même immeuble s'exercera, par voie de préférence, dans l'ordre suivant ; 1° le propriétaire du sol vis-à-vis du superficiaire et réciproquement ; 2° les cohéritiers ; 3° les copropriétaires divis ou indivis... » ; article 28 : « le droit de préemption se prescrit, dans tous les cas, par six mois à partir du jour de la vente ».*

Dans l'ordre juridique camerounais, le droit de préférence est un privilège légal rare, car sans le proscrire, les normes juridiques internes et ceux issus de l'OHADA laissent simplement aux particuliers la liberté de convenir librement des cas de préemption. Un principe spécifique de préemption n'a été élaboré qu'en cas de vente au Cameroun d'un immeuble par une mission diplomatique ou consulaire[504] ou situé dans une zone de préemption[505].

---

[504] Article 8 de l'Ordonnance n° 74-1 du 6 juillet 1974 fixant le régime foncier.

[505] La zone de préemption est définie par l'article 88 de la loi n° 2004/003 du 21 avril 2004 régissant l'urbanisme au Cameroun. Il s'agit les terrains classés dans les

S'il est clair que cette disposition de l'Ordonnance du 6 juillet 1974 institue un droit de préférence particulier, l'incertitude existe quant aux conditions de sa mise en œuvre.

Déjà, la formulation du texte ne se prononce pas sur la nature réelle ou personnelle de ce droit. S'il s'agit d'un droit de créance, ce droit sera fragile, voire précaire, en ce que le débiteur pourrait aisément se dérober en se faisant substituer une tierce personne. Pris comme droit réel, ce droit de préférence est véritablement un droit de préemption, privilège dont le titulaire pourrait rendre davantage efficace par inscription au livre foncier. Cette conception paraît conforme à la nature légale de la prérogative ainsi établie.

Ensuite, le décret semble réserver ce privilège exclusivement aux habitants qui occupent de bonne foi les terrains, objet de jugements définitifs constitutifs ou translatifs des droits fonciers. Il s'agit des terres non immatriculées, mais exclues du domaine national, pour lesquels les bénéficiaires sont tenus de transformer leurs titres judiciaires en titres fonciers, à peine de déchéance.

La question qui se pose est celle de savoir si le droit de préférence institué opère en tout état de cause, s'il est opposable *erga omnes,* y compris contre l'État. Se mobilise-t-il exclusivement lorsque le titulaire du droit choisit de vendre la parcelle plutôt que de transformer le jugement consacrant ses droits en titre foncier ? Pourrait-on invoquer la préemption lorsque le titulaire des droits fonciers décide de la vente après la transformation du jugement en titre foncier ? Qu'adviendrait-il en cas de déchéance pour forclusion, applicable au bénéficiaire négligent ?

Si le droit de préférence est reconnu en tout état de cause, l'occupant bénéficierait avant, après ou même en dehors de toute transformation en titre foncier des droits consignés au jugement ; pour les besoins d'efficacité, son bénéficiaire serait inspiré de le publier par inscription au livre foncier, dès l'immatriculation. Si le droit est reconnu en cas de déchéance, cela signifie clairement qu'il est établi pour protéger

---

documents de planification urbaine approuvés en tant que : a) quartier à restructurer et/ou à rénover ; b) immeuble à démolir pour non-respect d'un plan d'alignement ou de servitude de construction ; c) espace à aménager en : voie ou place ; espace vert public ou de loisirs ; équipement collectif ; zone de logements sociaux ; zone de restauration de bâtiment ; zone d'activités industrielles ; zone sensible à sauvegarder pour des raisons environnementales, culturelles, historiques ou touristiques ; réserve foncière. Pour plus de détail, voir titre 1, Chapitre 2, section 1, paragraphe 2.

l'habitat des occupants de bonne foi y compris vis-à-vis de l'État. Dans ce cas, en effet, le titulaire des droits est déchu et l'immeuble tombe dans le domaine national. Les juges diront alors si la préférence à la vente peut se transformer en droit d'immatriculation ou s'entendre d'une préférence à la concession.

Enfin, que faut-il entendre par « immeubles habités par des occupants de bonne foi » ? La notion d'habitation est-elle essentielle pour priver du privilège les occupants qui auraient mis en valeur sans habiter ? Le dessein du principe est-il de garantir une sécurité minimale et une stabilité à l'habitat ?

Et l'occupant de bonne foi ? La bonne foi demeure-t-elle présumée dans cette circonstance, l'occupation exigée est-elle nécessairement matérielle ou pourrait-elle être simplement juridique ? S'agit-il exclusivement de celui qui occupe pour son propre compte ou pourrait-on étendre le bénéfice de ce droit à certains occupants comme les locataires ou les métayers ?

C'est davantage à la jurisprudence qu'incombe, sur ces points, le devoir de donner un sens précis au texte. On pourrait cependant suggérer une approche assez flexible du principe, accordant par exemple le droit de préférence au locataire ou à un métayer régulièrement installé sur les lieux. Il s'agirait alors de concevoir la priorité d'achat comme une sorte de rattrapage pour certaines personnes désarmées par la procédure d'immatriculation ; de considérer qu'un pacte de préférence est sous-entendu dans certains contrats immobiliers emportant occupation des lieux sous forme d'habitation ; de faire résonner autrement ce droit de préférence, notamment en cas de déchéance des bénéficiaires originels du droit à l'immatriculation.

On pourrait ainsi, exceptionnellement, attribuer la protection possessoire à certains occupants précaires.

Paragraphe 2 : La protection de la possession en matière foncière

L'article 518 du Code civil camerounais dispose que « les fonds de terre et les bâtiments sont immeubles par leur nature ». Il en résulte qu'envisager la protection possessoire en matière foncière c'est évoquer la problématique de la possession immobilière en général. Elle est lacunaire en droit camerounais. À peine, les articles 2228 et suivants du Code civil rendu applicable au Cameroun en font allusion[506].

Bien plus, les textes issus de la grande réforme foncière de 1974 ne la réglementent pas clairement. En dehors de l'hypothèse de l'occupation régulière du domaine national de première catégorie, de statut ambigu,[507] mais reconnaissant à l'occupant certaines prérogatives du possesseur, rien n'est dit sur la possession des autres catégories de terre.

Ce silence traduit sans doute une défiance législative pour les emprises immobilières de fait.

La possession ne se conçoit que par rapport à la propriété. Elle désigne le fait de se comporter comme propriétaire d'une chose que l'on détient ; en rapport avec l'immobilier, la détention se présente sous forme d'occupation, par des constructions, plantations ou toute autre mise en valeur.

Traditionnellement, la possession se reconnaît à un deux éléments cumulatifs : l'élément matériel, l'emprise physique sur la chose, et l'élément psychologique, *l'animus domini*, c'est-à-dire la conscience de détenir et de se considérer comme le propriétaire de la chose. Il s'agit donc, en fin de compte, d'une relation de fait établie entre une personne et une chose, que le droit prend en compte.

La possession n'est efficace que si elle présente plusieurs caractères : elle doit être paisible, continue, publique, non équivoque[508] et, dans certains cas, de bonne foi. On dit alors que la possession est utile. Elle est, dans ce cas, protégée contre les troubles de toutes sortes, de fait ou de droit.

En général, en tant qu'elle procède d'une situation de pur fait, la condition juridique de la possession est de nature fragile. Cette fragilité est accentuée en droit camerounais par l'état lacunaire de la législation

---

[506] Comparer avec les articles 2060 et 2282, puis 23 et s. des anciens Codes civils et de procédure civile française

[507] MIENDJIEM (I.L), « Le droit des occupants du domaine national », Thèse de doctorat d'État, Université de Yaoundé II, 2007 ; le décret-loi du 9 janvier 1963 fixant le régime foncier et domanial qualifie la tenure coutumière de « détention » (art. 1-1) ou de « possession » (art. 3) ou encore « d'occupation » (art. 3-1)

[508] À ce sujet, l'article 229 du Code civil dispose : « Pour pouvoir prescrire, il faut une possession continue et non interrompue, paisible, publique, non équivoque, et à titre de propriétaire ».

et de la jurisprudence déjà décrié. La doctrine elle-même, peu abondante, n'est pas suffisamment féconde. On en est ainsi contraint à recourir au droit comparé pour essayer de camper un régime cohérent.

À l'observation, les actions possessoires sont essentiellement de deux ordres : soit qu'elles tendent à protéger la possession, situation de fait que le droit prend en compte (A), soit qu'elles sont au service de la promotion de la possession, forme de faveur à ceux qui détiennent et mettent la terre en valeur (B).

A. Les actions en protection possessoire

La protection possessoire est due au possesseur, celui qui exerce une emprise réelle sur la terre en se considérant comme propriétaire des lieux.

On admet que cette protection s'étend au simple détenteur, c'est-à-dire celui qui a la maîtrise matérielle de la chose, avec les éléments caractéristiques de la possession, mais qui a conscience de ce qu'il n'est pas propriétaire, qui est dépourvu de l'*animus domini*. Cette extension n'est cependant envisageable que si le détenteur est installé pour son propre compte, à l'instar du locataire ou du fermier ; elle n'est pas envisageable lorsque la possession est envisagée dans un dessein de promotion vers la propriété, sous l'angle de la prescription acquisitive[509].

Les actions en protection possessoire apparaissent, avant tout, comme des actions en cessation de troubles, généralement définis comme « tout fait matériel ou juridique qui, soit directement et par lui-même, soit indirectement et par voie de conséquence, constitue et implique une prétention contraire à la possession d'autrui ».

Il s'agit de tout fait émanant d'une personne tierce à l'occupant, y compris le véritable propriétaire, qui contredit l'emprise du possesseur et implique une contestation du droit de celui-ci à jouir de l'immeuble. C'est donc la contradiction au fait de possession qui est le fait générateur de l'action.

Cela s'explique parce que le régime possessoire au Cameroun est davantage traversé par la conception savinienne[510], visant avant tout le maintien de l'ordre social.

---

[509] Code civil, articles 2236 et 2237.

[510] Deux courants de pensée ont opposé les auteurs allemands IHERING et SAVIGNY, sur l'approche de la protection possessoire : selon IHERING (R.), *Du*

Mais le trouble pouvant justifier l'action possessoire doit être volontaire. Il s'agit de la volonté de causer le trouble et non de celle de contrarier la possession qui, elle, est indifférente dès lors que le trouble possessoire a eu cette conséquence.

Il importe peu que le trouble possessoire cause préjudice au possesseur. Dans ce cas, néanmoins, l'action possessoire peut s'accompagner d'une demande de réparation. Aussi, l'occupant qui bénéficie de la possession peut agir en dommages-intérêt pour les préjudices subis du fait des atteintes non constitutives de troubles possessoires.

La nature juridique de l'action possessoire est confuse, s'apparentant et se distinguant par hypothèses tantôt à une action réelle, tantôt à une action personnelle. Le possesseur ne dispose en effet ni d'un véritable droit réel sur l'immeuble ni d'un droit personnel sur celui qui viendrait troubler la possession. Il n'est pas aisé de lui reconnaître un droit clairement patrimonial ni un attribut extrapatrimonial sur l'immeuble.

Le possesseur jouit simplement d'un pouvoir de fait sur la chose, protégé pour plusieurs raisons : il est, dans bien des cas, le propriétaire qui se trouve en difficulté quant à la preuve de son droit de propriété ; les troubles possessoires, avec ou sans dépossession, sont susceptibles de porter atteinte à l'ordre public que l'État est tenu de protéger.

L'action en protection possessoire obéit à un certain nombre de contraintes préalables, nécessaires pour sa mise en œuvre (1). Elles sont de plusieurs formes (2).

1. Les conditions de mise en œuvre de la protection possessoire

La mise en œuvre de la protection possessoire obéit à un certain nombre de conditions préalables. L'une, portant sur les caractéristiques de la possession à protéger est liée au fond du droit ; la protection doit être digne de protection. Les autres, plus variées, ont trait aux exigences de procédure : le choix de la juridiction et les délais d'action, le statut

---

fondement de la protection possessoire ; du rôle de la volonté dans la possession, trad. Meulenaere, 1891, la protection de la possession n'est due que parce que celui qui détient est en même temps le propriétaire ; s'il ne l'était, il n'aurait pas à être protégé. SAVIGNY (F. K.), quant à lui, *Traité de la possession en Droit romain*, 1re édition, 1803, proposa que la protection de la possession soit due dans le dessein de maintenir l'ordre social. Pour amples développements, voir, Terré (F.) et Simler (Ph.), *Droit civil – Les biens*, 4e éd., Dalloz, 1998, n° 162 ; Trigeaud (J.M.), La possession des biens immobiliers, Thèse, Paris II, Economica, 1981, Préface F. Terré.

du défendeur à l'instance, la règle du non cumul du possessoire et du pétitoire sont ainsi dignes d'intérêt.

- **Possession digne**

La protection possessoire n'est due que si la possession remplit un certain nombre de caractères : elle doit être paisible, continue, publique, non équivoque et, dans certains cas, de bonne foi. On dit alors que la possession est utile et efficace.

L'occupation est paisible lorsqu'elle n'est pas contestée. C'est, semble-t-il, en confondant le principe d'occupation et le fond du droit que la haute juridiction exige que les droits coutumiers de l'occupant soient incontestés[511].

La durée faisant présumer du caractère continue est une question de fait qui relève de l'appréciation des juges. Une stabilité d'un an pourrait être considérée, etc.

- **Choix de la juridiction**

La loi n'est pas explicite sur les délais de saisine ni le choix de la juridiction compétente.

Faute de réglementation formelle, on devrait s'appuyer sur le droit commun pour apprécier les délais d'action et de forclusion en matière de protection possessoire.

L'action possessoire peut être portée devant une juridiction de droit traditionnel[512], tribunal de premier degré en l'occurrence, ou devant une juridiction de droit écrit.

En principe, rien n'interdit de saisir une juridiction de droit traditionnelle d'une demande possessoire ; d'autant plus que, presque ignorée par la législation écrite, la possession semble davantage relever du droit coutumier. C'est d'ailleurs pour cela que les concepts de propriété coutumière, d'occupation coutumière, de collectivité coutumière sont très usités pour désigner les occupants de terres non immatriculées.

La difficulté tient cependant à l'identité juridique des notions évoquées. La collectivité coutumière, par exemple, est une entité

---

[511] CS, arrêt n° 62/CC du 6 janvier 1983, op. cit.

[512] Voir, article 3 et 4 du décret n° 69/DF/544 du 19 décembre 1969, modifié par le décret № 71/DF/607 du 3 décembre 1971, portant organisation des juridictions traditionnelles du Cameroun oriental.

morale vague dans sa composition[513]. Les contours de la propriété coutumière, ainsi que les concepts de mise en valeur, d'occupation ou d'exploitation sont aussi imprécis.

La problématique est importante, car, à la différence des concessions des chefferies traditionnelles intégrées au domaine public[514], devenant biens communautaires insusceptibles d'appropriation privée, les terres des collectivités coutumières peuvent faire l'objet d'immatriculation[515]. Elles rentreraient alors dans le domaine privé des particuliers et seraient en conséquence sujettes à partage entre les indivisaires qu'on serait en peine de déterminer.

En pratique, les juges font appel aux règles de dévolution successorale pour se déterminer sur l'étendue des collectivités coutumières. Dans ces conditions, la propriété coutumière devient nécessairement le patrimoine des membres de la collectivité et non celle de la collectivité prise en elle-même.

L'action possessoire peut aussi être portée devant les juridictions de droit écrit, juridictions de fond et juridiction présidentielles.

Loi n° 2006/015 du 29 décembre 2006 portant organisation judiciaire n'attribue la compétence en matière d'actions possessoires ni au tribunal de première instance, ni au tribunal de première instance. Il ne s'agit pas, comme on pourrait le penser, d'une demande pécuniaire indéterminée pouvant justifier l'application de la maxime « qui peut le plus peut le moins », souvent déclamée dans le droit processuel camerounais.

L'action possessoire révèle donc un cas de compétence concurrente entre les juridictions de droit écrit. Les commodités pratiques orientent davantage les parties vers les tribunaux de première instance.

Si l'action possessoire est accompagnée d'une demande d'indemnisation, le montant de la demande devra orienter le plaideur vers le Tribunal de première instance ou le Tribunal de Grande instance territorialement compétent.

---

513 S'agit-il de toute la descendance des Mvog-ATEMENGUE, de la dynastie BAMOUN ou de la chefferie BANDOUNGA ?

514 Article 4 de l'ordonnance n° 74-2 du 6 juillet 1974, modifiée par celle n° 77-2 du 10 janvier 1977

515 Article 17 al.2 de l'Ordonnance n° 74/1 du 6 juillet 1974

- **Non-cumul**

L'action possessoire n'évolue ni en duo, ni en duel avec l'action pétitoire : c'est la règle du non-cumul.

Très souvent, l'occupation de la terre, la possession, est le fait du propriétaire ; dans ce cas, les actions possessoires apparaissent comme des actions en « revendication simplifiée ». La protection possessoire concourt dans ce cas à la protection de la propriété immobilière.

Ceci ne signifie pas que l'action possessoire, bien distincte, s'assimile à l'action pétitoire. Le dessein pétitoire est de faire valoir un droit de propriété au moyen du titre foncier alors que le possessoire assure l'efficacité d'une possession valide, sans avoir à fournir de titre.

Le principe est donc celui de l'interdiction du cumul du possessoire et du pétitoire. Cette prohibition s'impose aux plaideurs, mais aussi au juge :

Cela signifie, pour les parties, d'une part, que le possesseur fera l'action possessoire en premier puis, s'il y a lieu, l'action pétitoire ou, plutôt, directement l'action pétitoire. D'autre part, l'auteur du trouble ne pourra pas prospérer en exhibant son droit de propriété pour faire échec à la demande possessoire ; il doit se contenter de démontrer que la possession n'est pas digne de protection, qu'elle est viciée et non utile. L'occupant peut ainsi obtenir au possessoire la destruction des édifices irrégulièrement implantés par le propriétaire, sans que ce dernier puisse par voie de défense se prévaloir de sa propriété.

À ce sujet, l'article 1267 du Code de procédure civil français dispose que « Le défendeur au possessoire ne peut agir au fond qu'après avoir mis fin au trouble ». Concrètement, lorsque l'occupant dénonce en justice l'illégalité de l'expulsion, le propriétaire devra arrêter l'expulsion et tout reprendre à zéro en employant cette fois-ci la procédure légale, ce qui va laisser l'occupant respirer un peu en attendant d'être assigné au fond.

Quant au juge saisi au possessoire, il ne pourra pas régler les questions de droits, il se contentera d'apprécier les faits. Même s'il apparaît que le possesseur n'est pas le propriétaire, il fera droit à la demande à condition que la possession soit paisible, continue, non équivoque et publique.

La pratique juridictionnelle est portée à confondre l'action possessoire, qui n'a lieu que pour elle-même en se suffisant à elle-même en tant que telle, avec certaines mesures provisoires, interlocutoires à une action pétitoire. L'action possessoire, ès qualités, n'est ni un préalable vers une action pétitoire, ni un ingrédient ou un appendice à celle-ci.

Il en découle deux conséquences : d'une part, l'action possessoire est ouverte aux occupants remplissant les conditions de la possession sur toutes les catégories de terre : domaine national, domaines privés et, davantage problématique, domaine public[516]. D'autre part, les mesures ou décisions au possessoire n'ont pas autorité sur une procédure au pétitoire ; elles n'engagent pas le demandeur à initier une autre action en revendication pétitoire.

D'autant plus que l'occupant peut obtenir au possessoire la destruction des édifices irrégulièrement implantés par le propriétaire, sans que ce dernier puisse par voie de défense se prévaloir de sa propriété devant le juge du possessoire. Le dessein de l'action possessoire n'est pas la détermination du propriétaire, mais d'établir la validité de la possession et en obtenir protection.

Par exemple, si un occupant dénonce en justice, par voie de réintégrande, une expulsion illégale parce que sans titre, il en sera fait droit et le juge ordonnera sa réintégration dans l'immeuble. Si l'expulsion dénoncée est le fait du propriétaire des lieux, ce dernier devra s'exécuter et pourra ensuite enclencher une procédure légale d'expulsion.

Le défendeur au possessoire ne peut agir au fond qu'après avoir mis fin au trouble. Corrélativement, la décision au possessoire n'aura aucune autorité devant le juge du pétitoire.

- **Statut du défendeur**

L'action possessoire n'est ouverte que face aux tiers, de telle sorte que son titulaire ne saurait le mobiliser contre celui dont il tient ses droits ou même, de manière générale, contre un co-contractant. L'acquéreur ne saurait ainsi faire valoir une action possessoire contre le vendeur qui viendrait à troubler sa possession. Il en sera de même lorsque, bailleur, il voudra faire falloir ses droits contre le preneur. Dans

---

[516] Le principe est que le domaine public, insusceptible d'appropriation privée, échappe par cela même à toute emprise possessoire des particuliers. Cependant, l'État et les Collectivités publiques décentralisées qui disposent de droits possessoires sur ce domaine peuvent les concéder aux personnes privées.

ces hypothèses, il mettra efficacement en œuvre une action *ex contractu* plutôt qu'une action proprement possessoire.

2. Les formes de mise en œuvre de la protection possessoire

Dans la pratique des tribunaux, les actions possessoires prennent rarement leurs appellations spécifiées. Elles sont initiées en termes d'expulsion, d'arrêt de travaux, de troubles de voisinage..., donnant parfois lieu à des confusions, à des amalgames et à des incompréhensions.

C'est ainsi que la Cour suprême, dans un premier temps, a posé le principe de la compétence judiciaire en matière possessoire et fixer les limites entre le possessoire et le pétitoire[517]. La haute juridiction indique aux juges judiciaires que les actions possessoires, actions qui portent sur les droits d'occupation coutumière[518], relèvent de leur compétence sans qu'ils ne puissent se retrancher derrière l'absence de titre de propriété foncière pour refuser de statuer en la matière.

Ainsi, relève le Pr. MIENDJIEM[519], est suffisamment motivée la décision d'une cour d'appel de maintenir un défendeur en possession d'un bien foncier litigieux, sans s'expliquer sur les présomptions relatives au droit de propriété que prétend avoir le demandeur [520]; c'est également à bon droit qu'un arrêt protège la possession lorsqu'il ressort de la procédure que le terrain litigieux avait été occupé non par le père du demandeur au pourvoi, mais par l'aïeul du défendeur[521]. Demeure aussi justifié l'arrêt de la cour d'appel qui, après avoir relevé que le défendeur au pourvoi exploitait depuis plusieurs années la parcelle de terrain revendiqué, maintient l'occupant en possession du terrain sans qu'il soit besoin de faire appel aux règles de la prescription acquisitive qui touchent au fond du droit, dont en l'état de la procédure le juge

---

[517] CSCO, n° 48/L du 26 mars 1963, Bull. 1963, 1, p. 545 ; CSCO, n° 32/L du 5 janvier 1963 et 39/L du 18 février 1963, Aff. ATABELA Zacharie c/ ETOGO ONGOLO, Bull. 1963. 1. pp. 535, 540 et 560 ; CS CAMOR, arrêt n° 49/L du 19 avril 1966, Bull. 1966, I, p. 1921.

[518] C.S.C.O. Arrêt n° 48/L du 26 mars 1963, Bull. 1963. 1. p. 545

[519] Op. cit., p. 252.

[520] C.S.C.O. Arrêt n° 49/L du 19 avril 1966, Aff. TCHOUDA Joseph c/ Rué Zacharie, Bull. 1996, 1, 1921.

[521] C.S.C.O. Arrêt n° 144/L du 20 juin 1967, Aff. FONGANG Jean c/ CBUDOU TAKOUKAM, Bull. 1967. 1, p. 1910

n'avait pas à connaître[522]. Ou qui, s'agissant non d'une action pétitoire ou d'une opposition à immatriculation, mais simplement d'une action portant sur un trouble de jouissance concernant le possessoire (qui relève de la compétence des tribunaux judiciaires) ordonne l'expulsion afin de rétablir la jouissance paisible[523].

Avec la réforme de 1974, la Cour suprême décide que : « ... les différends nés, comme dans l'espèce, à l'occasion de l'occupation ou de l'exploitation, par des particuliers, des terres relevant du domaine national » ne peuvent être appréciés par les tribunaux judiciaires « alors même qu'ils se présenteraient sous la forme d'incidents au cours d'un procès dont ils sont complètement saisis ».

En l'espèce, le demandeur sollicitait entre autres, que soient reconnus à la fois des droits de propriété coutumière sur la parcelle disputée ainsi que l'expulsion conséquente du défendeur des lieux.

La Cour précise alors qu'« une demande en expulsion doit être fondée soit sur un titre de propriété, soit sur des droits coutumiers incontestés » ; elle ajoute qu'en cas de contestation de droits coutumiers devant le juge judiciaire saisi d'une demande en expulsion, ce dernier devrait surseoir à statuer jusqu'à la décision de l'autorité habilitée à constater l'étendue des droits du demandeur, c'est-à-dire la Commission consultative territorialement compétente[524].

Cette orientation prétorienne sera par la suite maintenue dans une série d'arrêts[525].

La doctrine en a déduit que l'action en expulsion est « nécessairement de type pétitoire », ce qui constitue pratiquement un arrêt de mort pour actions possessoires[526] ; que le droit positif

---

[522] C.S.C.O. Arrêt n° 149/L du 27 juin 1967, Aff. NOKUE Lucas c/ MAMADOU Alphonse, Bull. 1967. 1, p. 1712

[523] C.S. Arrêt n° 68/L du 6 mars 1973, Aff. NGONGANG Jean c/ ELONG Jacques, Bull. 1973. 1, p. 390

[524] CS, arrêt n° 62/CC du 6 janvier 1983, RCD, n° 31-32, 1986, p. 310 s.

[525] C.S. Arrêt n° 106/CC du 4 juin 1981, Aff. MPOULI Lottin c/ DJONO Valentin, RCD n° 21/22, 1981, pp. 221-224 ; C.S. Arrêt du 23 juillet 1981, Aff. NJOMBO Joseph c/ NWACHUKU Charles, RCD n° 21/22, 1981, pp. 115-117 ; C.S. Arrêt n° 62/CC du 6 janvier 1983, Aff. NGANKAM Justin c/ WOUATOU Norbert, RCD n° 31-32, 1986, pp. 310 et s

[526] MINKOA SHE (A.), « La place de la possession dans le droit foncier camerounais », Rapport Camerounais aux travaux de l'Association Henri Capitant, *La maîtrise du sol*, Economica, 1990, p. 465 et 466.

camerounais consacre une possession foncière qui est amputée de ses effets acquisitif et probatoire et qui serait privée du bénéfice des actions possessoires. Il s'agit d'une possession qui a perdu toutes les « béatitudes » (*beati possidentes*) héritées du droit romain[527].

Cette conclusion devrait être nuancée, car le juge reconnaît une possibilité d'action fondée sur des « droits de détention coutumière incontestée », c'est-à-dire une possession utile.

En fait, le propriétaire coutumier pourrait se retrouver en conflit avec l'occupant-possesseur que c'est à la Commission consultative de délibérer, dans la perspective du titre foncier, alors même que le juge judiciaire serait compétent lorsque l'occupant troublé cherche à faire valoir son droit possessoire.

Il semblerait que le sort de la demande soit tributaire de son articulation. Cette interprétation est aussi une suggestion : une réintégration possessoire contient une forme d'expulsion de l'intrus, ce qui serait concevable devant le juge du possessoire, alors même que le juge serait fondé à déclarer irrecevable toute action pétitoire portée par le bénéficiaire d'un arrêté d'attribution préfectoral[528], à l'instar d'une demande en revendication, présentée sous forme d'action en expulsion. C'est dire que le possesseur qui confond ou présente une action à la fois pétitoire et possessoire viole le principe de non cumul et encourt rejet.

Au demeurant, l'article 5 alinéa 3 de l'Ordonnance n° 74-01 du 6 juillet 1974 fixant le régime foncier, procède à une répartition de compétence, en matière foncière, entre les commissions consultatives et les juridictions judiciaires, reconnaissant à celles-ci, auxquelles incombe « le règlement de tous les autres litiges fonciers… », une compétence juridictionnelle de droit commun[529].

---

[527] MIENDJIEM (I.L.), thèse précitée, p. 257.

[528] TPI Douala, n° 444 du 15 septembre 1976, TCHANDE Daniel ; cité par TIENTCHEU NJIAKO (A.), *Droits fonciers urbains au Cameroun*, Yaoundé, PUA, 2012, p. 458.

[529] Article 5 alinéa 3 de l'Ordonnance n° 74-01 du 6 juillet 1974 fixant le régime foncier : « les compétences des juridictions judiciaires et celles des commissions consultatives… en matière de règlement des litiges fonciers sont définis comme suit : a) relève de la compétence des commissions consultatives, le règlement des litiges fonciers ci-après : - les oppositions à l'immatriculation en instance au service des domaines à l'entrée en vigueur de la présente ordonnance ; - les oppositions à l'immatriculation des terrains formulés dans le cadre de l'application du décret [fixant les conditions d'obtention du titre foncier] ; - Toutes les revendications ou

Le juge civil serait bien compétent pour constater l'effectivité de l'occupation utile fondant une action possessoire cependant qu'il appartiendrait à la commission consultative d'apprécier la légitimité de l'occupation, les revendications ou contestations de droits de propriété coutumière, c'est-à-dire le fond des droits, ainsi que le principe de la mise en valeur, dans le cadre de la procédure d'immatriculation.

Ainsi, le contentieux de la possession relève du juge judiciaire cependant que le contentieux de l'immatriculation appartient à la Commission consultative et au juge administratif. Le contentieux du possessoire pourrait opposer un occupant à un propriétaire alors que le contentieux de l'immatriculation est inconcevable entre ces parties.

La commission n'aurait donc pas à intervenir dans les contentieux possessoires, dont la vocation n'est pas de statuer sur le bien-fondé des droits coutumiers, contestés ou pas, mais sur le principe d'un trouble à la paix sociale ou à l'ordre public en lien avec une occupation paisible, continue, publique et non équivoque, situation de fait digne de protection.

En fait, le juge judiciaire vérifie les conditions de la possession et laisse à la commission administrative le soin d'examiner le fond des droits en cause, ce qui est conforme à la jurisprudence française des plus anciennes[530].

Renier toute possibilité d'action possessoire en l'état actuel du droit camerounais reviendrait à laisser vide un champ de contentieux dont ne peut se saisir l'autorité administrative. D'autant plus que, on le verra, les troubles possessoires sont pénalement sanctionnés. On s'apercevrait alors qu'un agissement grave, susceptible de poursuites pénales, ne serait pas punissable au plan civil !

Dans tous cas, les actions possessoires se classent généralement en trois catégories, héritées de l'ancien droit français : la complainte, la réintégrande et la dénonciation du nouvel œuvre. Elles peuvent se regrouper, en fonction des formes de troubles qu'elles entendent remédier : la complainte et la réintégrande protègent l'occupant contre

---

contestations d'un droit de propriété sur les terrains non immatriculés, introduites par les collectivités ou les individus devant les tribunaux. b) est de la compétence des juridictions judiciaires le règlement de tous les autres litiges fonciers à l'exclusion de ceux relatifs aux conflits frontaliers ».

[530] Civ., 15 mai 1911, S. 1915. 1. 9, note Naquet.

les troubles présents ; la dénonciation du nouvel œuvre, quant à elle, vise à préserver la possession de tout trouble futur.

La complainte tend à faire cesser un trouble actuel, sans violence et, très souvent, sans dépossession[531]. Il peut s'agir d'un trouble de fait (construction qui empiète sur le terrain du possesseur, construction d'un mur qui empêche l'exercice d'une servitude de passage, voie de passage créée de fait sur le lot, nouvel ensemencement après celui de l'occupant des lieux…) ou de droit (contestation juridique de la possession par un arrivant qui entend également recueillir des loyers…).

En cas de succès, le juge prononcera la maintenue possessoire en faisant cesser le trouble, en ordonnant par exemple l'arrêt ou la destruction des travaux, l'interdiction de passage, la suppression du passage, etc. Cette décision ne purge pas et n'aura pas autorité sur le fond du droit qui relève de l'action pétitoire.

La complainte se rapproche de la réintégrande, mais s'en distingue par l'absence d'éviction de l'occupant des lieux. La réintégrande a lieu en cas de trouble avec éviction totale ou partielle de l'occupant.

La complainte lève l'obstacle à la jouissance possessoire ; la réintégrande réinstalle l'occupant évincé de l'immeuble.

L'intervention du juge permet de mettre un terme à une voie de fait ou une dépossession violence. C'est le cas lorsqu'un occupant, même sans droit ni titre, mais remplissant les caractères d'un possesseur ou d'un détenteur, est illégalement expulsé des lieux : soit que l'expulsion s'est faite sans aucune procédure légale, soit qu'il a été fait usage de voies de droit grossièrement irrégulières (construction d'une clôture pour empêcher l'accès à l'immeuble par l'occupant, expulsion sans titre exécutoire ordonnant la mesure, mise en exécution du titre d'expulsion par une autorité non qualifiée, etc.).

L'existence de la voie de fait est, semble-t-il, à l'origine de la construction en France d'une théorie prétorienne du référé possessoire, qui permet au possesseur évincé de mobiliser la voie du référé, sans égard à l'existence d'une contestation sérieuse, pour mettre fin au trouble. Le possesseur dispose alors dans ce cas de deux procédures à

---

[531] C.S.C.O. Arrêt n° 48/L du 19 avril 1966, Aff. MONE FOTEO c/ MBOGNE Stanislas, Bull. 1966, 1, p. 1320 : « il en résulte que ce dernier, en occupant depuis un certain temps le terrain litigieux, avait troublé, sans toutefois l'interrompre, la possession du demandeur »

son choix pour retrouver le statu quo : l'action traditionnelle en réintégration et le référé possessoire.

Pour autant, le référé possessoire ne se limite pas aux cas de voie de fait ; elle est permise chaque fois que l'occupant dépossédé démontre l'urgence à retrouver la jouissance des lieux en attendant une clarification véritablement possessoire, voire pétitoire. À titre prospectif, cette démarche peut bien s'adapter au contexte camerounais, mais la pratique révèle une réticence du juge des référés à ouvrir son prétoire aux occupants dépourvus de titres fonciers qui, dès lors, ne trouvent à s'adresser qu'au juge de fond. Lequel juge de fond, tel que développé ci-dessus, hésite à construire et s'approprier une ligne formelle, cohérente, de compétence en matière d'actions pétitoire.

La dénonciation de nouvelle œuvre protège contre un trouble éventuel, futur, notamment du fait d'un voisin qui a entrepris sur son fonds des travaux qui, une fois achevés, entraîneront un trouble pour l'occupant actuel du voisinage. C'est le cas lorsque la construction d'un immeuble par le voisin apparaît de nature à causer un trouble à la possession du voisin. L'action en dénonciation du nouvel œuvre apparaît ainsi comme une action préventive dont la finalité serait par exemple d'obtenir du juge une décision de suspension des travaux entrepris.

En définitive, les actions en cessation de trouble visent davantage à préserver l'ordre qu'à protéger l'occupant en lui-même. Il s'agit des actions de structure fragile et volatile, dont l'exercice est traditionnellement enserré dans des délais plus ou moins brefs. Il en va différemment des actions en consolidation de la possession dont la plus emblématique demeure celle en reconnaissance d'usucapion.

B. La promotion de la possession vers la propriété

Les actions en cessation de troubles possessoires ont révélé que le possesseur n'agit que pour se défendre des atteintes portées à son occupation publique, paisible et continue. L'essence de ces actions est de préserver l'ordre public et la paix sociale de tout trouble, d'où qu'il vienne. Il s'agit donc, essentiellement, des actions de protection.

Par contre, l'action en reconnaissance d'un droit de propriété à l'occupant cherche à promouvoir la possession. L'enjeu est d'apporter une récompense de droit, le droit de propriété, à ceux qui, en fait, auront mis en valeur divers espaces fonciers.

L'objectif est alors d'encourager le fait possessoire ; l'intérêt aussi. Il s'agit cependant d'une possession qui date, de telle sorte que la mue s'opère à cause de l'écoulement du temps[532]. Par l'effet du temps, celui qui est en possession d'un immeuble en devient propriétaire. C'est l'usucapion. On parle alors de la possession *« ad usucapionem »*.

L'usucapion est donc assimilée à la prescription acquisitive[533], en ce qu'elle opère par l'effet du temps. Mais, la prescription acquisitive ne s'applique pas exclusivement aux immeubles, ni seulement au droit de propriété. Cette conception large aboutie à une approche de l'usucapion qui échappe au contexte de notre étude.

L'usucapion est avant tout un mode d'accession à la propriété immobilière[534], un mécanisme de consolidation de la possession. Plus qu'une simple mesure de protection, l'usucapion permet d'anticiper sur de troubles possessoires éventuels, en permettant à l'occupant de migrer d'une situation de fait, de nature précaire, vers un cadre de droit davantage confortable.

Par ce moyen la possession est transformée en propriété, créant un lien de droit opposable à tous entre l'occupant et la terre.

C'est le lieu de rappeler que dans la conception originelle du Code civil, la possession n'est envisagée que comme une institution auxiliaire de la propriété[535]. L'état de fait, dans la tradition juridique camerounaise, n'a jamais été envisagé comme une situation autonome ;

---

[532] Cette durée est de 10 à 20 ans lorsque l'occupant est de bonne foi (art. 2265, code civil), c'est-à-dire lorsqu'il occupe le terrain en vertu d'un titre supposé translatif de propriété dont il ignore les vices ; et de 30 ans si l'occupant est de mauvaise foi (art. 2262, Code civil), c'est-à-dire qu'il sait ne pas être titulaire du droit de propriété sur le terrain qu'il occupe, mais se comporte tout de même comme un propriétaire, en attendant une contestation qui n'interviendra pas pendant 30 ans.

[533] La prescription acquisitive a un fondement d'utilité publique. Elle cherche à affranchir le possesseur d'une exigence de preuve souvent improbable par l'effet du temps ou considérant sa bonne foi, en lui permettant d'établir son droit par la maîtrise de la chose. Par ailleurs, l'intérêt social est d'accorder la préférence à celui qui a fait fructifier le bien plutôt qu'à celui qui l'a négligé.

[534] Plus exactement, l'usucapion est un mode d'acquisition d'un droit réel immobilier, droit de propriété et autres droits réels principaux (droit d'usufruit, droit d'usage et d'habitation, droit de superficie, emphytéose et certaines servitudes).

[535] Ortscheidt (P), « La possession en droit civil français et allemand », Thèse d'État, Université des Strasbourg, 1977, p. 34, n° 12 et 13.

il est toujours considéré comme manifestant l'exercice d'un droit de propriété[536].

Pourtant, la législation issue de la réforme foncière de 1974 n'est pas très favorable au phénomène possessoire et, en conséquence, à l'usucapion. Elle ne permet pas, en principe, aux occupants de terres d'accéder à la propriété par la simple possession.

À l'analyse, cependant, un lieu de proximité étroite existe entre la possession et la propriété. Cette zone de confluence est si tenue qu'elle ne remet pas en cause le principe de l'hostilité législative au mécanisme d'usucapion (1). Toutefois, le lien de passage possession-propriété comme une raison qui invite à construire, dans l'ordre prospectif, un véritable mécanisme de l'usucapion en droit camerounais (2).

1. L'hostilité législative au mécanisme de l'usucapion

Le système est tout en nuances, bien qu'il faille toujours partir du fait de la possession : d'abord, la loi reconnaît et protège la possession, traduite en termes d'occupation de la terre, à travers les actions possessoires confiées au juge judiciaire[537] ; ensuite, elle aménage des passerelles entre la possession et la propriété, sans toutefois élaborer un régime d'usucapion achevé.

L'état du droit positif sur la question de l'usucapion n'est pas apaisé, ni suffisamment clair. En vertu du principe d'usucapion, le fait d'occuper un terrain pendant un certain temps suffit à faire de l'occupant son propriétaire. Cette règle permettait au possesseur de faire valoir son droit d'usucapion, y compris contre un précédent propriétaire. C'est ainsi qu'un occupant remplissant les conditions possessoires pourrait obtenir un titre foncier sur une parcelle du domaine national mis en valeur avant 1974, au détriment d'un « propriétaire coutumier » absent ou négligent qui ne disposerait alors, dans ce cas, sauf fraude ou fait de l'administration[538], que d'une action personnelle pécuniaire contre l'auteur du dol. L'occupant aurait ainsi, en quelque sorte « usucapé » la parcelle.

---

[536] MIENDJIEM (I.L.), thèse précitée, p. 249.

[537] Les troubles possessoires causés par l'administration rentrent dans le champ du contentieux administratif examiné par la juridiction compétente.

[538] L'article 2 du décret n° 76-165 du 27 avril 1976 fixant les conditions d'obtention du titre foncier prévoit dans ces cas des possibilités de rectification, nullité ou retrait du titre foncier.

La portée du mécanisme de l'usucapion fut restreinte avec l'introduction au Cameroun du régime foncier de l'immatriculation, issu du décret du 21 juillet 1932. L'article 73 de ce décret prévoyait que : « La prescription ne peut, en aucun cas, constituer un mode d'acquisition de droits réels ou charges sur les immeubles immatriculés ou de libération de droits réels ou charges grevant les mêmes immeubles ». Cette disposition législative fut reprise par la Cour suprême, avec assez de fermeté[539]. Ni la prescription acquisitive ni la prescription extinctive ne pouvait s'appliquer aux droits réels grevant les immeubles immatriculés. Sous cette réserve et en tant que de besoin, la haute juridiction rappela l'effet d'usucapion[540]. La réforme foncière de 1974 viendra accentuer cette limitation du mécanisme de la possession « *ad usucapionem* ». Elle semble désormais proscrite et la prohibition s'applique aux différentes catégories de terres dégagées par la réforme : domaine public, domaine privé de l'État et des personnes morales de droit public, propriété privée des particuliers et, moins radicalement, domaine national.

L'occupant d'un domaine privé appartenant à autrui pourrait jouir des droits du possesseur, et bénéficier des actions en protection possessoire ; il ne saurait par contre accéder à la propriété, car le titre foncier, certification officielle de la propriété foncière, est « inattaquable, intangible et définitif »[541]. Le droit de propriété sanctionné par un titre foncier n'est donc plus sujet à péremption ; il ne se perd pas par non-usage. Il est perpétuel et imprescriptible. L'impossible acquisition de la propriété par la possession s'applique également à l'occupant du domaine public, en ce que cette catégorie de terre est insusceptible d'appropriation privée. L'interdiction est moins tranchée pour l'occupant du domaine national de première catégorie, c'est-à-dire le domaine national occupé et mis en valeur avant le 5 août 1974, date d'entrée en vigueur de l'Ordonnance n° 74-1 du 6 juillet 1974 fixant le régime foncier.

---

539 C.S., Arrêt n° 128/CC du 27 juin 1974, Aff. KINGUE Douala Johnson c/ KOUOH Douala et NDOME Paule Johnson, inédit.

540 C.S. Arrêt n° 26/CC du 11 janvier 1979, Aff. ATANGANA Lucas c/ ATANGANA ESSOMBA Mathieu, Répertoire chronologique des arrêts de la Cour Suprême de 1960-1980, Civil et commercial, pp, 55-56 ; C.S. Arrêt n° 36/CC du 19 avril 1984, Affaire FANKAM André c/ MBOUEDE Joseph et CHEUKO Rose, inédit.

541 Article 1er du décret n° 76/165 du 27 avril 1976 fixant les conditions d'obtention du titre foncier.

L'occupation utile, avec mise en valeur, contient un droit de propriété sous-jacent, que l'occupant se doit de mobiliser par une demande d'immatriculation. À ce sujet, l'article 17 al.2 de l'Ordonnance n° 74/1 du 6 juillet 1974, dispose que : « (...) les collectivités coutumières, leurs membres et toute autre personne de nationalité camerounaise qui, à la date d'entrée en vigueur de la présente ordonnance, occupent ou exploitent paisiblement des dépendances de la première catégorie prévue à l'article 15, continueront à les occuper ou à les exploiter. Ils pourront, sur leur demande, y obtenir des titres de propriété conformément aux dispositions du décret prévues à l'article 7 ». Cette disposition est complétée par celle de l'article 9 du décret n° 76/165 du 27 avril 1976 fixant les conditions d'obtention du titre foncier qui ajoute que : « Sont habilités à solliciter l'obtention d'un titre foncier sur une dépendance du domaine national qu'elles occupent ou exploitent : a) les collectivités coutumières, leurs membres et toute autre personne de nationalité camerounaise, à condition que l'occupation ou l'exploitation soit antérieure au 5 août 1974 (...) ».

Ainsi que nous l'avons relevé[542], la procédure d'immatriculation n'est pas juridictionnelle. Les occupants du domaine national, avant 1974, ne sont pas assujettis à la procédure judiciaire traditionnelle aux fins d'usucapion, mais simplement à des diligences administratives pour obtenir le titre foncier. Et ce titre foncier, avec le décret suscité, est « la certification officielle de la propriété foncière ». Il en résulte que l'immatriculation est l'unique voie d'acquisition de la propriété et que le titre foncier est l'unique moyen probatoire du droit de propriété.

On voit bien, cependant, que la possession n'a pas perdu toute utilité. Elle permet, dans l'hypothèse d'une occupation antérieure à 1974, d'accéder à la propriété, suivant un mécanisme tout à fait singulier. Sans doute, l'occupant 30 ans avant l'arrivée de l'Ordonnance de 1974 peut accéder à la propriété. Mais en réalité, ce n'est pas l'écoulement du temps, la prescription, qui confère le droit ; c'est plutôt la date de l'emprise possessoire qui compte et, sous réserve de la mise en valeur probante, rend pratiquement instantané l'acquisition de la propriété. Par l'effet de la loi, la possession emporte propriété. En fait, l'occupation antérieure à 1974 est certificatrice de la propriété coutumière que le droit écrit reconnaît à demi-mot, une propriété sous condition

---

[542] Voir, supra, chapitre préliminaire.

d'immatriculation que la doctrine essaie de rapprocher d'une quasi-propriété.

Si l'usucapion signifiait simplement acquisition de la propriété par la possession, sans l'effet du temps, on n'aurait qu'à le constater. L'aspect temporel est pourtant un attribut essentiel du mécanisme d'usucapion. À vrai dire, le rapprochement singulier de l'occupation coutumière de la propriété a été dicté par le besoin d'un compromis entre le législateur et les collectivités coutumières, afin de ne pas les exhéréder brutalement de la propriété des terres ancestrales.

Ce mécanisme n'est donc pas de l'usucapion, ou alors une usucapion d'un genre particulier. Il est proche de la règle définit, en matière mobilière, à l'article 2279 du Code civil : « En fait de meuble, possession vaut titre ». En vertu de ce principe, la possession fait présumer la propriété ; elle l'établit. Par l'effet de la loi, la détention, la possession devient la propriété ; elles coïncident et se confondent, sans aucun recours au juge. Pourquoi ne pourrait-on pas alors, dans certains cas, favoriser l'accession à la propriété immobilière par l'écoulement du temps, par la prescription acquisitive ?

2. La reconstruction prospective du mécanisme d'usucapion

Il faudrait rappeler que la prescription acquisitive, dite usucapion, a un fondement d'utilité publique. Elle cherche à affranchir le possesseur d'une exigence de preuve souvent improbable par l'effet du temps ou considérant sa bonne foi, en lui permettant d'établir son droit par la maîtrise de la chose. Par ailleurs, l'intérêt social est d'accorder la préférence à celui qui a fait fructifier le bien plutôt qu'à celui qui l'a négligé.

La réforme foncière de 1974 fait émerger un nouveau régime de la possession, qui n'apparaît plus seulement comme l'antichambre de la propriété. L'occupation des domaines privés et du domaine public, sans autorisation et avec velléité d'appropriation, est illégale et de facto inefficace[543]. Elle ne sera jamais considérée comme un acte de

[543] L'embarras du législateur est bien perceptible pour ce qui est de l'occupation, dans certains cas de la propriété privé. Il s'y prend mal en affirmant à l'article 2(6) du décret n° 76-165 du 27 avril 1976 fixant les conditions d'obtention du titre foncier qu'un titre foncier est nul d'ordre public dans les cas suivants : « … lorsque plusieurs titres fonciers sont délivrés sur un même terrain ; dans ce cas, ils sont tous déclarés nuls de plein droit, et les procédures sont réexaminées pour déterminer le légitime propriétaire. Un nouveau titre foncier est alors établi au profit de celui-ci… » La

possession pouvant déboucher sur la propriété. L'occupation du domaine national, mis en valeur avant le 5 août 1974[544], apparaît comme une catégorie juridique autonome. L'occupant dispose d'un droit d'immatriculation inhérent au principe même de l'occupation, qui ne s'acquiert ni se perd par l'écoulement du temps, aussi longtemps que la mise en valeur n'est pas interrompue.

Comme tout possesseur, l'occupant dispose d'un droit d'usage et de jouissance des lieux. Plus que le possesseur, il a la faculté de transformer instantanément son fait d'occupation en droit de propriété, soit par demande d'immatriculation directe, soit, le cas échéant, par simple transcription des documents attestant de sa mise en valeur[545]. L'occupant a le choix entre demeurer sur la parcelle occupée ou exploitée, tant qu'il le voudra, et en devenir propriétaire par immatriculation. L'exercice de ce choix n'est pas enfermé dans un quelconque délai, mais à la différence du droit du propriétaire, le droit à immatriculation de l'occupant pourrait se périmer s'il cesse l'exploitation, faisant tomber l'espace dans le domaine national libre de toute occupation. Dans ce cas, en effet, la commission consultative ne trouverait pas de preuve de la mise en valeur si une demande d'immatriculation est déposée.

Toutefois, ce droit d'immatriculation annihilé par la cessation d'exploitation ou l'effacement de toute mise en valeur demeure latent. Ce droit pourrait revivre en cas de reprise, après 1974, d'une mise en valeur préalablement interrompue. Le législateur permet, en effet, une immatriculation directe sur « les demandes portant sur des mises en valeur réalisées après le 5 aout 1974… s'il est établi que par la Commission consultative que ces mises en valeur étaient précédées par une occupation ou par une exploitation non probante réalisée avant le 5 aout 1974 »[546].

---

jurisprudence ne se montre pas enthousiaste à l'application de cette disposition. Elle fait valoir la règle d'antériorité, considère la délivrance d'un second titre comme fautive ou frauduleuse et l'annule ; Le législateur serait inspiré d'instituer ici une possibilité d'usucapion par l'écoulement du temps, au profit du second occupant qui obtiendrait alors, après la période considérée, un titre foncier sur la caducité de celui antérieur.

544 Le domaine national mis en valeur avant 1974 est qualifié de domaine national de première catégorie.

545 C'est le cas des terres faisant l'objet de livrets fonciers ou de « certificate of occupancy », visés à l'article 4 de l'Ordonnance n° 74-1 du 6 juillet 1974.

546 Article 11(4) du décret n° 76/165 du 27 avril 1976.

L'immatriculation n'est cependant qu'un moyen de recherche de l'acte probatoire d'occupation et de la propriété. Ce document, le titre foncier, est délivré par l'administration sous le contrôle du juge administratif.

Tel qu'indiqué ci-dessus, ce mécanisme résout la problématique de l'usucapion pour ceux qui pouvaient s'en prévaloir avant l'entrée en vigueur de l'Ordonnance de 1974.

Deux hypothèses demeurent en question : l'une est résolue par la négation de toute prétention à l'usucapion, celle des occupants du domaine national après le décret n° 76/166 du 27 avril 1976 fixant les modalités de gestion du domaine national, l'autre demeure en suspense, celle des occupants entre 1974 et le décret susvisé.

En effet, c'est avec le décret n° 76/166 que précision a été donnée sur le régime d'occupation du domaine national libre au 5 août 1974. L'article 1er du décret dispose à cet effet que : « Les dépendances non occupées ou non exploitées sont attribuées par voie de concession provisoire. Suivant le cas, celle-ci peut transformée en bail ou en concession définitive… »

Certains particuliers ont ainsi pu s'installer librement sur les parcelles du domaine national libre de toute occupation, avant l'entrée en vigueur de l'acte réglementaire indiquant que leur intrusion se serait faite sur concession. Ceux-ci ne bénéficient pas du droit à une immatriculation directe, puisque leur occupation est postérieure à l'entrée en vigueur de l'Ordonnance du 6 juillet 1974, ils se sont installés en dehors de la procédure de concession et ne sauraient en conséquence prétendre, ni à un bail, ni à une attribution définitive. L'opportunité pourrait consister à leur reconnaître un droit d'usucapion, pour ceux qui se seraient maintenus depuis 5, 10, 20, 30 ou 40 ans sur les lieux, avec des mises en valeur jugées probantes.

Ce régime de faveur pourrait être étendu à ceux dont la concession n'aura pas été résiliée ou transformée en attribution définitive ou en bail depuis lors[547], et du fait de l'administration.

L'usucapion, solution à certaines difficultés de preuve, est incitative à la mise en valeur de la terre. Elle est cependant porteuse d'insécurité.

---

[547] Selon l'article 3 du décret n° 76/166 du 27 avril 1976 fixant les modalités de gestion du domaine national, « la durée de la concession provisoire ne peut excéder cinq (5) ans. Exceptionnellement, elle peut être prorogée sur la demande motivée du concessionnaire ».

Et c'est la sécurité juridique qui est l'atout majeur du système de l'immatriculation et de la publicité foncière, difficilement conciliable avec une généralisation de l'usucapion que certains réclament[548].

De lege feranda, donc, la voie de l'usucapion pourrait s'ouvrir pour les occupants du domaine national de deuxième catégorie : soit que la mise en valeur d'une attribution administrative n'ait pas été suivie d'actes pertinents à l'expiration de la concession, soit que l'occupant se soit introduit sans droit ni titre sur les lieux qu'il exploite alors, depuis lors, de façon paisible, continue et non équivoque. Dans cette mesure, un délai d'emprise[549] pourrait être envisagé pour faire valoir l'action en reconnaissance d'usucapion qui serait elle-même soumise à la prescription annale. La preuve de la possession se ferait par tous les moyens (acte de notoriété sous seing privé ou notarié, témoignages, cultures et plantes, etc.). Parce qu'elle tend à l'établissement d'un droit de propriété, l'action en reconnaissance d'usucapion et les contentieux y liés seraient confiés au juge judiciaire, même en cas d'implication d'une personne morale de droit public.

Section 2 : La protection pénale de l'occupation des terres domaniales

Certaines infractions applicables en cas d'atteinte à la propriété foncière se réalisent également dans le cadre de la protection des terres non immatriculées. Il en est par exemple, des délits consommés par ceux qui vendent ou louent des terres non immatriculées en leurs noms. Nous n'y reviendrons pas.

Au nom de l'intérêt général ou dans le souci de préserver l'ordre public, le juge répressif peut être amené à intervenir pour sanctionner les atteintes à la domanialité publique (Paragraphe 1). Il arrive cependant, dans certains cas, qu'au-delà du trouble à la paix et à la sécurité publique, le dessein pénal soit de protéger le droit d'occupation des particuliers (Paragraphe 2).

---

548 MINKOA SHE (A.), MINKOA SHE (A.), « La place de la possession dans le droit foncier camerounais », Rapport Camerounais aux travaux de l'Association Henri Capitant, *La maîtrise du sol*, Economica, 1990, p. 449 s ; TIENTCHEU NJIAKO (A.), *Droits réels et domaine national au Cameroun*, Yaoundé, PUA, 2012, p. 458.

549 La prescription acquisitive, en matière immobilière, est organisée par les articles 2265 et s. du Code civil. Ces dispositions construisent un régime de prescription par 10, 20 ou 30 ans, suivant que celui qui s'en prévaut est de bonne foi et dispose d'un juste titre ou pas.

Paragraphe 1 : Les atteintes à la domanialité publique

La notion de domanialité publique est prise ici dans un sens large. Elle a trait à l'ensemble des terres non immatriculées, celles du domaine national, du domaine public et du domaine privé de l'État.

Rappelons que le domaine public est constitué d'espaces à usage public, insusceptible d'appropriation privée (marchés, aires de sport...). Les terres du domaine public sont inaliénables, imprescriptibles et insaisissables. Es qualités, ces biens sont, en principe, indisponibles et hors du commerce. Le domaine privé est une zone réservée à l'État, en tant que personne morale de droit public, ou à d'autres personnes morales de droit public, par un acte juridique pertinent (loi, décret...). Ces biens peuvent faire l'objet des transactions diverses : cession, attribution, affectation. Enfin, le domaine national est constitué de terres non immatriculées qui ne sont pas classées dans l'un des deux domaines ci-dessus. Toutes ces terres de la domanialité publique sont pénalement protégées par un dispositif pénal hétérogène (A) ; la mise en œuvre des poursuites obéit à des prescriptions spécifiques (B).

A. La diversité des infractions à la domanialité publique

Les immeubles de la domanialité publique peuvent servir comme instruments délictueux pour la commission des différentes figures d'escroqueries foncières, prévues à l'article 8 de l'Ordonnance n° 74-01 du 6 juillet 1974 fixant le régime foncier[550].

En principe, peuvent faire l'objet des poursuites, du chef d'escroquerie foncière, les vendeurs et bailleurs de terrains domaniaux, ainsi que les agents de l'État, notaires et greffiers-notaires qui auront prêté leur concours à la réalisation de ces infractions. Il faudrait néanmoins distinguer l'hypothèse des transactions régulièrement faites, en conformité avec la réglementation en vigueur, notamment les dispositions des Ordonnances du 6 juillet 1974[551] et des décrets du 27 avril 1976[552].

---

[550] Voir supra, Titre 2, chapitre 1, section 2.

[551] Ordonnance n° 74-01 du 6 juillet 1974 fixant le régime foncier, Ordonnance n° 74-02 du 6 juillet 1974 fixant le régime domanial.

[552] Décret n° 76/165 du 27 avril 1976 fixant les conditions d'obtention du titre foncier ; décret n° 76/166 du 27 avril 1976 fixant les modalités de gestion du domaine national et le décret n° 76/167 du 27 avril 1976 fixant les modalités de gestion du domaine privé de l'État.

La législation spécifique à la domanialité publique permet, en effet, et sous certaines conditions, des opérations de location, vente, etc. sur les terres non immatriculées. C'est ainsi que les personnes de nationalité étrangères ayant convenablement rempli le cahier des charges d'une concession provisoire sur une parcelle du domaine national peuvent bénéficier d'un bail emphytéotique[553]. De même, les dépendances du domaine privé de l'État peuvent faire l'objet d'un décret d'affectation, de désaffectation, d'échange, d'acceptation de dons et legs, d'autorisation de bail ou d'envoi en propriété pour les organismes internationaux ou diplomatiques, d'une vente par adjudication ou de gré à gré suivi d'un arrêté ministériel d'homologation, d'un acte de bail ordinaire ou emphytéotique[554]. Enfin, bien qu'insusceptibles d'appropriation privée et inaliénables, les parcelles du domaine public peuvent faire l'objet d'autorisation d'occupation ou d'exploitation[555].

Les infractions relatives à la domanialité publique sont nombreuses et de plusieurs ordres. Une série de contraventions sont prévues au Code pénal :

Par exemple, l'article 367-5 puni d'une amende de deux cents (200) à mille deux cents (1 200) francs ceux qui encombrent la voie publique en y déposant ou en y laissant sans nécessité des matériaux ou objets quelconques qui empêchent ou diminuent la liberté ou la sûreté de passage ainsi que ceux qui, contrairement aux lois et aux règlements négligent d'éclairer les matériaux par eux entreposés ou les excavations par eux faites dans les places et voies publiques.

L'article R369, puni d'une amende de deux mille six cents (2 600) à trois mille six cents (3 600) francs ceux qui :

- « hors les cas prévus par l'article 230 (1) du présent Code, dégradent ou détériorent de quelque manière que ce soit les chemins publics ou usurpent sur leur largeur. » (R369-7)
- « Sans y être dûment autorisés, enlèvent dans les lieux domaniaux, autres que les voies publiques, des terres, sables,

553 Article 9 s. du décret n° 76/166 du 27 avril 1976 fixant les modalités de gestion du domaine national.

554 Voir diverses dispositions du décret n° 76/167 du 27 avril 1976 fixant les modalités de gestion du domaine privé de l'État.

555 Articles 2 et 9 de l'Ordonnance n° 74-02 du 6 juillet 1974 fixant le régime domanial.

pierres ou graviers, à moins qu'il n'existe un usage général qui l'autorise » (R369-8).

Le Code de la route contient également un certain nombre d'infractions routières, relatives donc au domaine public[556].

On pourrait aussi évoquer, ici, l'article 8 (5) de l'Ordonnance n° 74/01 du 6 juillet 1974 fixant le régime foncier qui puni ceux qui, sans autorisation de la personne qualifiée, exploitent ou se maintiennent sur un terrain dont ils ne sont pas propriétaires.

Les délits les plus fréquents, relatives au domaine national, au domaine public ou au domaine privé de l'État ont lieu en cas d'atteintes aux terres relevant de ces différentes catégories.

À ce sujet, l'article 4 de la loi n° 80-22 du 14 juillet 1980 portant répression des atteintes à la propriété foncière et domaniale incrimine l'agissement des « personnes qui, en violation de la législation en vigueur, exploitent ou se maintiennent sur une parcelle du domaine privé de l'État, ou sur une dépendance du domaine public ou du domaine national ».

C'est le délit d'atteinte à la propriété domaniale. Elle obéit à un régime particulier de poursuites.

B. Les modalités de poursuite des infractions à la domanialité publique

En tant que gestionnaire de toutes les terres autres que celle appartenant à des particuliers, l'administration dispose des pouvoirs assez étendus pour la poursuite des infractions à la propriété domaniale. Elle dispose de deux voies de poursuites : l'une est administrative, l'autre est judiciaire.

En matière administrative, le Préfet dispose du pouvoir de démolition des édifices constituant l'atteinte, après constatations de la Commission locale de contrôle et de surveillance domaniale, sans autre forme de procès. Cependant, la démolition est précédée d'une mise en demeure adressée à l'occupant et restée sans effet. Il peut, à cet effet, requérir la force publique. ;

C'est la voie judiciaire qui nous intéresse ici. À ce sujet, l'article 4 alinéa 2 de la loi n° 80-22 du 14 juillet 1980 dispose que : « Les

---

[556] Détériorations et obstructions à la voie publique, chevauchement de ligne continue, etc.

poursuites devant les juridictions compétentes concernant les atteintes portées au domaine privé de l'État ou sur une dépendance du domaine public ou du domaine national ne peuvent être engagées que par l'administration dans des conditions fixées par décret ».

Cette disposition révèle qu'en matière d'infractions à la domanialité publique, le pouvoir d'opportunité des poursuites, d'ordinaire exercé par le procureur de la République, représentant du Ministère public[557], appartient à l'autorité administrative territorialement compétente.

Il s'agit d'une dérogation spécifique aux atteintes prévues par la loi n° 80-22 du 14 juillet 1980 portant répression des atteintes à la propriété foncière et domaniale. Les fonctionnaires du ministère public, officiers de police à compétence générale ou spéciale conserve ainsi leurs pouvoirs traditionnels en matière de constatation et de poursuite des infractions y compris celles ayant trait à l'occupation et à l'exploitation des dépendances domaniales.

Paragraphe 2 : La protection pénale du droit d'occupation des particuliers

L'essentiel des infractions au droit d'occupation des particuliers est constitué des troubles de fait (A) ; d'autres délits ou contraventions peuvent apparaître à la suite d'une rupture, d'une inexécution ou d'une mauvaise exécution contractuelle (B).

A. Les infractions résultant des troubles de fait

Le délit de troubles de jouissance prévu à l'article 239 du Code pénal[558] est le plus emblématique des infractions résultant des troubles de fait. Cet article dispose que : « Est puni d'un emprisonnement de 15 jours à un an celui qui dans des conditions susceptibles de troubler la paix publique, pénètre sur des terres occupées paisiblement par autrui, même si elles lui appartiennent ».

Bien que bénéficiant à celui qui occupe paisiblement, qui peut en conséquence se constituer partie civile et obtenir réparation des préjudices éventuellement subis, le délit de troubles de jouissance a été conçu pour préserver la paix publique ; c'est pour cela que même le

---

[557] Pour d'amples développements sur le pouvoir général d'opportunité des poursuites, voir : Henri TCHANTCHOU, « Les difficultés d'application de la procédure de flagrant délit en droit camerounais depuis 1972 : à propos de la saisine du tribunal », *Juridis-Périodique*, 2003, n° 55, p.110 et s.

[558] Loi n° 2016-007 du 12 juillet 2016 portant Code pénal.

propriétaire des terres occupées par autrui peut être convaincu de troubles de jouissance s'il se permet une intrusion violente, bruyante, en tout cas susceptible de perturber la paix publique.

La notion de paix publique est entendue au sens large ; on l'assimile à l'ordre public ou à la paix sociale, renvoyant aux principes de sécurité, de salubrité et de tranquillité publiques. L'occupant n'a pas besoin de justifier de sa propriété des lieux : ni coutumièrement ni légalement. Il suffit qu'il soit installé dans les conditions pouvant justifier une protection possessoire, l'exigence d'occupation paisible apparaissant comme déterminante pour caractériser l'infraction.

Les troubles de jouissance peuvent prendre plusieurs formes : pénétrer la parcelle occuper pour interrompre l'occupant, ensemencer une seconde fois des terres ayant déjà reçu des semences, pénétrer les lieux contre l'avis de l'occupant et procéder à des récoltes, etc.

En dehors du délit de troubles de jouissance, les troubles de fait peuvent aussi caractériser des infractions de simple police, dites contraventions. Le Code pénal[559] puni ainsi :

Article R 367-11, d'une amende de deux cents (200) à mille deux cents (1 200) francs inclusivement : « Ceux qui n'étant ni propriétaires, ni usufruitiers, ni locataires, ni fermiers, ni jouissant d'un terrain ou d'un droit de passage, ou qui, n'étant ni agent, ni préposé d'aucune de ces personnes passent sur ce terrain ou sur une partie de ce terrain s'il est préparé ou ensemencé. »

Article R 368, d'une amende de mille quatre cents (1 400) à deux mille quatre cents (2 400) francs inclusivement :

- « Ceux qui jettent des corps durs ou des immondices contre les édifices, maisons ou clôtures d'autrui ou dans des jardins ou enclos d'autrui » (article R 368-4).
- « Ceux qui n'étant ni propriétaires, ni usufruitiers, ni jouissant d'un terrain ou d'un droit de passage, y sont entrés avant que la récolte ne soit faite » (article R 368-5).
- « Ceux qui font ou laissent passer leurs véhicules et les animaux dont ils ont la garde sur le terrain d'autrui préparé, ensemencé ou chargé d'une récolte, en quelque saison que ce soit, ou dans un bois taillis appartenant à autrui » (article R 368-6).

---

[559] Voir, décret n° 2016/319 du 12 juillet 2016 portant partie réglementaire du Code pénal définissant les contraventions.

Article R 369-6, d'une amende de deux mille six cents (1 600) à trois mille six cents (3 600) francs inclusivement : « ceux qui lissent les bestiaux dont ils ont la garde se nourrir sur le terrain d'autrui de quelle que nature qu'il soit ».

On pourrait aussi signaler d'autres infractions correctionnelles, à l'instar de la violation de domicile ou du délit de reprise d'immeuble.

La reprise d'immeuble, quant à elle, est une infraction d'origine hybride : elle peut être consécutive à une expulsion mettant fin à une occupation de fait ; elle est plus souvent la manifestation d'une résistance à une expulsion consécutive à une rupture ou une extinction contractuelle. Nous l'évoquerons en conséquence, en même temps que les autres infractions résultant des troubles d'origine contractuelle.

B. Les infractions résultant de troubles d'origine contractuelle

Sans doute la transgression des normes contractuelles peut déboucher sur les troubles de jouissance, définis ci-dessus. C'est ainsi que le délit peut s'appliquer à un bailleur qui s'introduit irrégulièrement sur les lieux par lui-même concédés en location. La spécificité ici tient au fait que c'est une difficulté contractuelle qui génère l'infraction, assez souvent contre le cocontractant. Ce cocontractant peut alors s'associer des coauteurs, des complices.

Les infractions résultant de troubles d'origine contractuelle sont tout autant variées. Les plus récurrentes ont trait aux délits de reprise d'immeuble, de filouteries d'hôtel ou de loyers et, dans une certaine mesure, aux entraves au privilège du bailleur d'immeuble, à la contrefaçon des écrits attestant d'un droit foncier, déjà étudiés ci-dessus.

La reprise d'immeuble est prévue et réprimée à l'article 182 du Code pénal en ces termes : « Est puni d'un emprisonnement de quinze (15) jours à six (6) mois, celui qui, dans les trois (3) mois de son expulsion ou de son départ volontaire, réoccupe un immeuble au préjudice de celui à qui il avait été attribué par décision de justice ». La loi ne distingue pas selon que l'immeuble repris est bâti ou non bâti ; l'infraction pourrait ainsi s'appliquer en matière foncière.

La filouterie d'hôtel est une infraction immobilière définie à l'article 322 (1)(a) du Code pénal. Ce texte dispose que : est puni d'un emprisonnement de cinq (5) jours à six (6) mois et d'une amende de cinq mille (5000) à vingt-cinq mille (25 000), celui qui, étant dans l'impossibilité de payer le prix afférent, occupe une chambre d'hôtel.

La loi précise cependant que l'infraction n'est établie que si la durée de l'occupation n'a pas dépassé une semaine. Dans le cas contraire, l'élément pénal disparaît pour laisser place à un contentieux purement civil.

La filouterie de loyer, ou non-paiement de loyer, est une innovation de la loi n° 2016-007 du 12 juillet 2016 portant Code pénal

À ce sujet, l'article 322-1 dispose que : « (1) Est puni d'un emprisonnement de six (6) mois à trois (3) ans et d'une amende de cent mille (100 000) à trois cent mille (300 000) francs ou de l'une de ces deux peines seulement, le preneur par bail dûment enregistré d'un immeuble bâti ou non qui, débiteur de (2) deux mois de loyers, n'a ni payé lesdits loyers ni libéré l'immeuble concerné, un mois après sommation de payer ou de libérer les lieux.

(2) En cas de condamnation, le tribunal ordonne l'expulsion du preneur et de tout occupant de son chef ».

Le délit de non-paiement de loyers a fait l'objet d'intenses débats pendant son adoption, l'idée étant de promouvoir l'investissement dans le domaine immobilier. On a pu reprocher à cette disposition de violer le principe de l'interdiction de l'emprisonnement pour des dettes contractuelles.

Conclusion

Le système de résolution des conflits fonciers, mal expliqué ou incompris, ne semble pas entièrement du domaine du droit. Des conflits et revendications aux relents politiques perdurent.

Le cadre juridique, lui-même, demande à être amélioré. L'articulation substantielle nécessite une mise à niveau avec les nouveaux instruments internationaux et une réadaptation avec l'évolution de l'ordre social. La répartition juridictionnelle des contentieux, elle aussi, est porteuse de confusions et de malaise. L'architecture des juridictions compétente en matière foncière évolue dans un ordre dualiste, suivant une ligne de cohérence et un régime de cohésion problématique. La dispersion des attributions, qui féconde une disparité de jurisprudence, est donc à l'index. En effet, l'administration et le règlement des conflits fonciers élaborés autour de la théorie de l'immatriculation, imposent une clé de distribution des contentieux entre le juge administratif, juge des prétentions aux droits fonciers non-inscrits au livre foncier, et le juge judiciaire en charge des droits réels inscrits à la conservation foncière, chargé aussi d'apprécier les litiges relevant du pétitoire ainsi que des actions possessoires.

On pourrait ainsi distinguer les litiges d'établissement des droits, relevant de l'ordre administratif, de ceux découlant des droits inscrits dévolus aux tribunaux de l'ordre judiciaire. On s'aperçoit alors que l'exigence d'immatriculation s'interpose dans les moyens de mise en œuvre du droit de propriété, des droits secondaires ou des droits accessoires, en distinguant les droits inscrits de ceux non-inscrits. Cette donne est révélatrice d'une innovation introduite en droit camerounais dès 1932[560] et reprécisée avec la grande réforme de 1974[561].

Cette ligne de cohérence est cependant faite de failles. En réalité, les contentieux de l'occupation des terres, de la propriété foncière, de copropriété, se retrouvent tantôt devant le juge administratif, parfois devant le juge judiciaire, suivant une logique casuistique difficile à systématiser.

On pourrait, par exemple, penser que le juge judiciaire est juge du pétitoire cependant que le juge administratif est compétent au possessoire, assis sur l'idée d'occupation. Il n'en est rien. Malgré les hésitations des juges, le présent ouvrage démontre que le contentieux de la possession foncière demeure dans l'assiette du juge judiciaire, juge de droit commun au civil et au pénal. La compétence administrative ne considère que des situations de droits légitimés, reconnus, licites, bien que non-inscrits au livre foncier de l'immatriculation ou enregistrés ailleurs ou matérialisés par des documents pertinents[562] ; ce qui est tout à fait différent des situations de pur fait relevant de la possession.

Par ailleurs, en s'appuyant sur le principe de l'immatriculation comme clef de voûte du système foncier et point d'ancrage de l'organisation des contentieux, la réforme de 1974 s'inscrit dans la suite des textes coloniaux et accentue le bouleversement de la conception

---

[560] Décret du 21 juillet 1932 fixant le régime de l'immatriculation.

[561] Ordonnances n° 74/1, 74/2 du 6 juillet 1974, et les textes subséquents.

[562] Constat d'occupation, droits de propriété coutumière, inscription au Livre foncier colonial, livret foncier, actes administratifs d'attribution ou de concession, etc.

foncière traditionnelle : la propriété privée est immatriculée, ou n'est pas[563].

Pour en faire écho, on pourrait également tenter de conclure que le juge administratif assure l'effectivité de la propriété foncière et le juge judiciaire en garantie l'efficacité. Les choses ne sont cependant pas si simples. À titre d'exemples, le contentieux du titre foncier, acte administratif qui se confond avec le droit de propriété, intrigue et vacille, entre le juge de la légalité administrative et le gardien du droit de propriété. Les juges se refusent désormais à une approche législative considérée comme manichéenne et rigide. Un droit prétorien émerge, contredisant à la limite la loi, devant le juge administratif ! La doctrine jurisprudentielle de l'annulation partielle du titre foncier et de sa modification prétorienne, ainsi que des droits qu'il consacre, est une grande curiosité dont l'apparition fait débat dans l'ordre du contentieux administratif.

Le contentieux des actions possessoires est dans une zone d'ombre, oscillant entre une velléité administrative et une tiédeur judiciaire, du fait d'une interprétation équivoque du contentieux de l'immatriculation.

L'ambition de la présente étude est d'apporter davantage de clarifications à la logique de ce système, en pointant d'une encre bienséante ses forces et ses faiblesses.

Le constat est celui d'un édifice fiable, mais fragile ; un nouveau concordat paraît nécessaire autour du droit de la propriété foncière et de ses procédures. L'urgence d'une réforme du système est donc prégnante ; d'autant plus que le contexte actuel n'est plus celui de 1974 et que le pays mérite un nouveau droit foncier moins archaïque, plus simple et plus clair. Le législateur est ainsi interpellé, afin que l'ouvrage soit remis à l'œuvre.

En repositionnant le juge plutôt que l'administration au cœur du système, en redéfinissant l'approche de la propriété foncière, en reconsidérant la fonction probatoire exclusive du titre foncier, en réorganisant le système de répartition des contentieux, on ferait œuvre de modernisation de notre droit foncier et de l'immobilier, ainsi que du droit des biens en général.

---

[563] Cette orientation n'a pas été étendue à l'ensemble des droits réels dont l'enregistrement est facultatif. Voir, sur ce point, article 38 du décret n° 76/165 du 27 avril 1976 fixant les conditions d'obtention du titre foncier.

Il faudrait pourtant repartir du système de l'immatriculation, en la rendant moins rigide, plus ouverte et davantage avenante. L'impact se produirait sur les règles du contentieux.

C'est un choix du développement, un choix de philosophie libérale qui contribuerait à rendre notre droit plus attractif et notre économie plus compétitive. D'ailleurs, l'édifice mis en place à partir de 1974 n'a-t-il pas été influencé par les travaux du défunt Professeur Stanislas MELONE, sur la problématique de la mise en valeur des terres, sur la rationalisation de la relation affective parenté-terre afin de promouvoir le développement ?

L'enjeu majeur, à notre sens, reste donc celui de la productivité de la terre envisagée comme richesse et matière première. La terre comme levier et levain du développement. Il ne s'agit donc pas, à nouveau, de nier les droits des collectivités sur les terres ou de les en déposséder, mais de prendre en compte les réalités africaines, de préserver l'âme communautaire et coutumière de la collectivité nationale tout en construisant un système plus attrayant pour la transformation et la rentabilité de la terre.

Le défi est immense, il peut se réaliser, il suffit de le vouloir. Cette volonté est avant tout politique.

Bibliographie

OUVRAGES

- Capitant (H.) (Travaux de l'association…), *La maîtrise du sol,* (Journées camerounaises), T.XLV, Paris, Economica, 1990.
- Code de la propriété immobilière, Éditions juridiques Camerounaises, 1re édition, 2009.
- DEBBASCH (Ch.), *Institutions et Droit administratifs/l'action et le contrôle de l'administration,* éd. PUF, Paris, coll. Thémis Droit.2002.
- EBANG MVE (U.-N.), *Le titre foncier au Cameroun,* Paris, L'Harmattan, 2011.
- EMERI (Cl.), *De la responsabilité de l'administration à l'égard de ses collaborateurs,*_LGDJ. Paris, 1966.
- Encyclopédie Juridique de l'Afrique, Tome V, Les Biens, éditions NEA, 1982.
- EYIKE-VIEUX, *L'application du droit OHADA par les juridictions camerounaises,* PUA, 2017.
- KALIEU ELONGO (Y.), *Droit et pratique des sûretés réelles,* PUA, 2010.
- KAMDEM SOP (M.), *Le contentieux du titre foncier au Cameroun : guide juridique* **et** *pratique*, EDILIVRE, 2016.
- KAMTO (M.), *Droit administratif processuel du Cameroun (Que faire en cas de litige avec l'administration),* Presses universitaires du Cameroun Yaoundé, 1990.
- KOUASSIGAN (G.A.), *L'homme et la terre : droits fonciers coutumiers et droit de propriété en Afrique Occidentale*, ORSTOM, éd. Berger- Levrault, Paris, 1966.
- MANDESSI BELL (E.), *Droit foncier au Cameroun, aspects théorique et pratique*, ouvrage dactylographié, 1985, Tome1.
-

- MELONE (S.), *La parenté et la terre dans la stratégie du développement, l'expérience camerounaise : étude critique*, Paris klincksieck, 1972.
- MINDCAF - *Guide de l'Opérateur économique pour l'accomplissement des procédures foncières, domaniales et cadastrales*, Tome 2 relatif aux procédures sur le domaine national et sur le domaine prié des particuliers, 2012.
- MINDCAF - *Manuel du Représentant de l'État devant les instances judiciaires (dans le cadre du contentieux foncier et domanial)*, Ed. Jurilex, 2012.
- MINDCAF - *Manuel pour l'accomplissement des procédures foncières, domaniales et cadastrales,* 2012.
- NGOLE Philip NGWESE et BINYOUM Joseph, *Éléments de contentieux administratif camerounais*, Harmattan, Cameroun, 2010.
- NYAMA (J.-M.), *Régime foncier et domanialité publique au Cameroun,* Presses L'UCAC, Yaoundé, 2001.
- OHADA, *Traité et actes uniformes commentés et annotés*, Juriscope, 2016.
- OWONA (J.), *Domanialité publique et expropriation pour cause d'utilité publique au Cameroun*, Harmattan, Cameroun, 2012.
- OWONA (J.), *Droit administratif spécial de la République du Cameroun*, éd. EDICEF, Yaoundé, 1985.
- POUGOUE (P.-G.) et TEPPI KOLLOKO (F.), La saisie immobilière dans l'espace OHADA, PUA, 3ème édition, 2016.
- POUGOUE (P.-G.), *(Mélanges en l'honneur de ...) L'esprit du droit africain*, L'Harmattan, 2015.
- Régime foncier et domanial, Recueil de textes, ministère des Domaines et des Affaires foncières, Yaoundé, Janvier 2008.
- SOCKENG (R.) : *Les institutions judiciaires au Cameroun*, Macacos, 5ème édition, 2005, 248 p.
- SOCKENG (R.) : *Droit pénal des Affaires OHADA*, Coll. Lebord, 1ère édition, mars 2007, 242 p.
- STRUILLOU (J.-F.), *Protection de la propriété privée immobilière et prérogatives de* puissance publique, éd. L'Harmattan, Paris, France 1996.

- TCHAKOUA (J.-M.), *Introduction générale au Droit camerounais,* L'Harmattan, 2017.
- TCHANTCHOU (H.), *La supranationalité judiciaire dans le cadre de l'OHADA (Étude à la lumière du système des Communautés Européennes),* L'Harmattan, 2009.
- TIENTCHEU NJIAKO (A.), (Mélanges en l'honneur de…), *Droit et politique de l'immobilier en Afrique,* Yaoundé, PUA, 2015.
- TIENTCHEU NJIAKO (A.), *Droits fonciers urbains au Cameroun,* Yaoundé, PUA, 2012.
- TIENTCHEU NJIAKO (A.), *Droits réels et domaine national au Cameroun,* Yaoundé, PUA, 2004.
- TJOUEN (A.-D.), *Droits domaniaux et techniques foncières en droit camerounais : étude d'une réforme législative,* Paris, Economica, 1982.

THÈSES ET MÉMOIRES

- ABANE ENGOLO (P. E.), « Le régime des déguerpissements au Cameroun », mémoire de DEA, Université de Yaoundé II, 2006.
- ABESSOLO (J-C.), « La maîtrise des problèmes fonciers et domaniaux au Cameroun », mémoire de maîtrise en droit privé, Université de Yaoundé 1985-1986.
- BAHOUNOUI BATENDE (A. N.), « Le contentieux foncier en matière pénale », mémoire de fin de stage de l'ENAM, 1990.
- BATJE BATJE (C.G.), « Les nouvelles administrations foncières et domaniales face au public », mémoire maîtrise, Université de Yaoundé 1977-1978.
- BAYIHA (E), « Les collectivités coutumières dans la législation foncière camerounaise », Mémoire de licence, Université de Yaoundé, 1977.
- DZEUKOU (G.-B.), « Le juge entre la coutume et la loi dans le droit de la famille : essai sur le pluralisme juridique au Cameroun », Thèse, Université Paris I Panthéon-Sorbonne, 2002.

- GASSE (V.), « Le droit foncier outremer et son évolution depuis l'indépendance », Thèse de doctorat en droit, Université d'Aix Marseille, 1968.
- KALA (B.), « Terre et pouvoir sur les plateaux Bamiléké de l'Ouest Cameroun », (prolégomènes à une étude critique de l'étatisation et de l'appropriation privée de la terre au Cameroun), Thèse de doctorat en sociologie, Institut Catholique de Paris, 1995.
- KENFACK DOUAJNI (G.) : « L'arbitrage dans le système OHADA », thèse, droit, Paris 1, 2005.
- MBALLA EMOTHO (B.C.), « Voies de fait administratives et compétences juridictionnelles au Cameroun », mémoire Master 2, droit public, Université de DSCHANG, 2008-2009.
- MENZEKO KAGHO (C.), « Le contentieux foncier », mémoire de DEA, Université de Yaoundé II, Soa 2002-2003.
- MIENDJIEM (I.L), « Le droit des occupants du domaine national », Thèse de doctorat d'État, Université de Yaoundé II, 2007.
- MPESSA (A.), « Essai sur la notion de régime juridique des biens domaniaux au Cameroun », Thèse de doctorat en droit, Université de Paris I - Panthéon Sorbonne, 29 juin 1998, t.1et 2.
- NDANGA DOGOUA (Chr. Fl.), « Les constructions et plantations élevées sur les fonds d'autrui : Essai d'analyse de la jurisprudence camerounaise », mémoire de maîtrise, Université de Yaoundé, octobre 1991.
- NGNANGA EDINGUELE (Th.), « La protection de la propriété privée par le juge judiciaire au Cameroun », mémoire de fin de formation de l'ENAM, 1996.
- NGONO (M.), « L'expropriation pour cause d'utilité publique en droit camerounais », mémoire maîtrise, Université de Yaoundé 1987-1988.
- NGWASIRI (Cl.), "Developments and reforms in Cameroon land law since 1884", Ph.D. London, 1979.
- NKOA NZIDJA (A. L.), « La faute de l'administration en matière foncière », mémoire DEA, Université de Yaoundé II, 2008.

- NKOA NZIDJA Ariane Lidwine, « La faute de l'administration en matière foncière au Cameroun », mémoire de DEA, Université de Yaoundé II-SOA, 2006-2008.
- NKOA NZIDJA NYAMA (J.-M.), « Régime foncier et domanialité publique au Cameroun », éd. Presses de L'UCAC, Yaoundé, 2001.
- NYETAM (PH.), « Les litiges fonciers en droit camerounais », mémoire en droit privé, Université de Yaoundé, 1989-1990.
- Ortscheidt (P), « La possession en Droit civil français et allemand », Thèse d'État, Université des Strasbourg, 1977.
- OWONA (J.), « Droit administratif spécial de la République du Cameroun », éd. EDICEF, Yaoundé, 1985.
- OWONA MANY (G.B.), « L'état actuel du contentieux de l'immatriculation en droit camerounais, mémoire de DEA », Université de Yaoundé II Soa, 2003-2004.
- PEKASSA NDAM (G. M.), « La responsabilité administrative dans le contentieux foncier et domanial au Cameroun », *in mélanges* André TIENTCHEU, Yaoundé, PUA, 2015, p. 516.
- POUGOUE (P.-G.), « La famille et la terre, essai de contribution à la systématisation du droit privé au Cameroun », Thèse de doctorat d'État, Université de Bordeaux I, juin 1977.
- SANDJI (R.), « La répression des atteintes à la propriété domaniale (domaine public, domaine privé de l'État, domaine national) », mémoire de maîtrise en droit, Université de Yaoundé, 1991.
- SOMBOU (B.), « Le juge et la protection de la propriété privée immobilière en droit camerounais », mémoire de maîtrise en droit privé, Université de Yaoundé, 1991.
- TADJUDJE (W.), « La déconcentration de la gestion foncière au Cameroun : une analyse du décret numéro 2005/481 du 16 décembre 2005 », mémoire DEA, Université de Yaoundé II - Soa, 2005.
- TCHANGA MBETKUI (Fr. J.), « La protection pénale de la possession et de la propriété foncière en droit camerounais (Étude de jurisprudence du ressort de la Cour d'Appel de l'Ouest) », mémoire de maîtrise de droit privé, Université de Dschang, 1997-1998.

- TCHAPMEGNI (R.), « Le contentieux de la propriété foncière au Cameroun », Thèse, Nantes, 2008.
- TCHAPMEGNI (R.), « L'occupation sans droit d'un immeuble en droit positif camerounais », mémoire de maîtrise, Université de Ngaoundéré, 2001.
- TEPI (S.), « La place du droit traditionnel dans le droit positif camerounais », Thèse, Université de Yaoundé II, 1996.
- TONDA TCHOUA (Z.), « Le contentieux immobilier : le conflit du pétitoire et du possessoire en droit camerounais », mémoire de maîtrise en droit, Université de Yaoundé, 1977.
- TRIGEAUD (J.-M.), « La possession des biens immobiliers, nature et fondement », thèse Paris II, 1979.
- YOSSA, « Les commission consultative dans le régime foncier camerounais », mémoire de licence, Université de Yaoundé, 1977.
- ZAMBO ZAMBO (D. J.), le droit applicable au Cameroun : essai sur les conflits de lois dans l'espace et dans le temps, Thèse, Université de Yaoundé II, 2009.

ARTICLES

- ABA'A OYONO (J.C.), « Expropriation pour cause d'utilité publique », *Juridis-Périodique*, n° 32 octobre-novembre-décembre 1997, pp. 29-38.
- ANOUKAHA (F.), « La réforme de l'Organisation judiciaire au Cameroun », commentaire de la loi n° 2006/022 du 29 décembre 2006 portant Organisation judiciaire, *Juridis-Périodique*, n° 68, 2006, pp. 45-56.
- ANYANGWE (C.), « Land tenure and interests in land in cameroon indegeneous law », *Revue Camerounaise de Droit*, n° 27, 1984, p. 29
- ATEMENGUE (J.de N.), « Les actes de gouvernements sont –ils une catégorie juridique ? » *Juridis-Périodique*, n° 42, 2000, p. 102.
- BANGA GUISSE (P.), « Le domaine national ; une figure juridique complexe », *Juridis-Périodique*, n° 41, 2000, p. 87 et s.

- BATOUM (P.M.), « Plaidoyer pour la Réhabilitation de la règle « l'option de juridiction emporte l'option de législation », *Juridis-Périodique*, n° 42, 2000, p. 73.
- BATOUM BA-NGOUE (S.Th.), « Plaidoyer pour la Réhabilitation de la règle « l'option de juridiction emporte l'option de législation », *Juridis-Périodique,* n° 42, 2000, p. 92.
- BENDEGUE (J.-M. V.), « l'appropriation du système révisé de traitement des contentieux », *Conférence annuelle des services centraux et déconcentrés du* MINDCAF, Yaoundé, 15-16 août 2013.
- BILONG (S.), « Le déclin de l'état de droit au Cameroun : à propos du développement des immunités juridictionnelles », *Juridis-Périodique*, n° 62, 2005, p. 52
- BILONG (S.), « Histoire d'une vraie fausse fausse couche d'une garantie du droit fondamental de propriété ; le droit de rétrocession en droit camerounais », *Juridis-Périodique*, n° 108, 2016, p. 80
- BIYIHA (J.), « L'intangibilité du titre foncier dans la législation du 6 juillet 1974 et ses textes subséquents d'application », *Lex lata,* n° 13, 1995, p.10
- BILLONG (S.P.), « Le contentieux de l'annulation du titre foncier devant le juge administratif », *communication lors de la conférence sur le foncier sur le thème : La problématique de la propriété foncière au Cameroun, Mbalmayo*, 18 nov. 2005, www.environnement-propriete.org./francais/documentation/doc /la problématique de la propriete_fonciere_au cameroun.pdf.
- BIPELE KEMFOUEDIO (J.), « le contentieux de la voie de fait administrative et de l'emprise irrégulière au Cameroun : contribution à la répartition des compétences entre le juge judiciaire et le juge administratif », *Juridis-Périodique*, n° 93, 2013, p. 64 s.
- BOUMAKANI (B.), « Droits réels et propriétés des personnes publiques à l'aune du droit de l'OHADA, », *Revue de la Recherche Juridique*, Droit Prospectif, 2016, 3, XLI-163.
- DEVOLVE (P.), « La responsabilité du fait d'autrui en Droit administratif », *Mélanges* Marty, 1978, p.407.

- DRAGO (R.), « Responsabilité (principes généraux de la) », *Répertoire de la responsabilité de la puissance publique* (RRPP), Dalloz, septembre 1999 7pp.
- DUBOIS (J.P.), « Faute des agents et responsabilité administrative » *RRPP*, Dalloz, janvier2003, 12 pp.
- ECHEMOT (L.), « Les atermoiements énigmatiques sur le pouvoir d'injonction du juge administratif camerounais », *Juridis-Périodique*, n° 112, 2017, p. 141
- EWANG SONE (A.), « Possession is 9/10 of the law, appeal n° BCA/11/93 », Commentary about judgement delivered on Thursday the 13th day of October 1995, *Juridis-Périodique,* n° 34, avril-mai-juin 1998, p. 39
- FANSI (P. M.), « La situation juridique des occupations du domaine national », *conférence sur le foncier, thème : La problématique de la propriété foncière au* Cameroun, *Mbalmayo* 18 nov. 2005, www.environnement-propriete.org/francais/ documentation/ doc/la problématique de la propriete_fonciere_au cameroun.pdf.
- FASSI-Fehri (J.), « Confusions sur le régime juridique des clauses d'inaliénabilité, d'agrément et de préemption en droit OHADA et droit comparé avec le droit français », *Droit des sociétés* n° 5, Mai 2017, étude 8.
- FOMETEU Joseph, « Le voisinage en Afrique : plaidoyer pour la construction d'un droit africain du voisinage », *R.I.D.C,* 1-2008, pp. 40-71.
- FOMETEU (J.), « Nul n'est censé ignorer…la coutume », *Lex lata,* n° 17, 1995, p. 12.
- FONJA ACHU (J.), « The genesis of individual land ownership », *Juridis-Périodique*, n° 60, n° 60, 2004, p. 41.
- GUIMDO (B.), « Le droit au logement », *Cahier de l'UCAC* n° 1, 1996, p.187.
- KAMTO (M.) et NGUIMDO (B.), « Le silence de l'Administration en droit administratif camerounais », *Lex lata,* n° 05, 1994, p. 10 et s.
- KAMTO (M.), note sous jugement n° 12/CS/CA/83-84 du 26 mai 1984, dame veuve ONGONO Régine c/ État du

Cameroun, à propos de la rétrocession en matière d'expropriation, Recueil PENANT, 1989 ; p. 517 et s.

- KAMTO (M.), « Actes de gouvernement et droits de l'homme au Cameroun », *Lex Lata,* n° 26, mai 1996, pp. 9-14.
- KENFACK DOUAJNI (G.), « Quelle voie de recours contre une ordonnance sur requête ? », *Tribune du Droit* n° 12, 1997, p. 7.
- KEUTCHA TCHAPNGA (C.), « Le juge administratif camerounais et la protection de la propriété privée contre les empiètements de l'administration : note sous cour suprême, Assemblée Plénière, arrêt du 16 août 1990, Albert ONO NGAFOR contre État du Cameroun », *Juridis-Périodique*, n° 46, 2001, pp. 39-45.
- KEUTCHA TCHAPNGA (C.), note sous CS/CA, jugement n° 63 du 11 mars 2009, ATAGANA NTONGA Sylvestre c/ État du Cameroun, *Juridis-Périodique*, n° 89, 2012, p. 48 s.
- LEMASURIER (J.), « La cacophonie juridique du contentieux de l'expropriation », *Mélanges en hommage à Roland DRAGO, l'unité du droit*, Economica, 1996, 503 pp, pp. 427-445.
- MANDESSI BELL (E.), « Radioscopie d'un système foncier africain : l'exemple du Cameroun cinquante ans après », *Penant*, mai-juin 1987, p. 286 s.
- MARCEAU LONG, « L'état actuel de la dualité de juridictions », *RFDA*, 1990, p. 689
- MATHIEU (P.), « La sécurisation foncière, entre compromis et conflits », *Cahiers Africains,* n° 23-24, Paris, L'Harmattan 1996, p.28.
- MBARGA NYATTE, « Expropriation pour cause d'utilité publique-irrecevabilité des conclusions aux fins d'injonctions-incompétence de la chambre administrative de la Cour suprême », note sous CS/CA, jugement n° 42/ES/CA du 22 fevrier 1979, MONTHE Robert contre Etat du Cameroun, *Juridis-Périodique,* n° 38, 1999, p. 39.
- MBETIJI (M.), « the place of forest's in cameroon's land law », *Juridis-Périodique,* n° 79, 2014, p. 77.
- MBOME (F.-X.*), « Recours Gracieux-silence pendant deux mois – rejet »*, note sous CS/CA, jugement n° 03/90-91, du

21 novembre 1990, AYINA ABE Benoît contre État du Cameroun, *Juridis-Périodique*, n° 36, Octobre-novembre-décembre 1998, p. 35.

- MBUNJA (Y.), « La protection de la propriété immobilière privée par le juge civil », *in conférence sur le foncier, thème : La problématique de la propriété foncière au* Cameroun, *Mbalmayo* 18 nov. 2005, www.environnement-propriete.org/francais /documentation/doc/la problématique de la propriete_fonciere_au cameroun.pdf.
- MELONE (S.), « Le Code civil contre la coutume : la fin d'une suprématie ». *RCD,* n° 31-32, 1986, p.5.
- MINKOA SHE (A.), « la place de la possession dans le droit foncier camerounais, Rapport Camerounais aux travaux de l'Association Henri Capitant », *La maîtrise du sol*, Economica, 1990, p. 465 et 466.
- MINKOA SHE (A.), « Rapport camerounais sur la place de la possession en droit foncier, Travaux de l'association Henri Capitant, Journées camerounaises », *in La maîtrise du sol*, Paris, Economica, 1990, p. 439 s.
- MPESSA (A.), « Le titre foncier devant le juge administratif camerounais », *Juridis-Périodique,* n° 59, 2004, p. 77 s.
- NDZEUKOU (G.-B.), « Convention de préemption-formation-validité », note sous CS, n° 249/Com du 6 novembre 2008, *Juridis-Périodique*, n° 87, 2011, p. 45
- NDZUENKEU (A.), « L'efficacité de la répression des atteintes à la propriété foncière et domaniale », conférence sur le foncier, thème : La problématique de la propriété foncière au Cameroun, Mbalmayo 18 nov. 2005, www.environnement-propriete.org. /francais/documentation/doc/la problématique de la propriete_fonciere_au cameroun.pdf.
- NGWASIRI (Cl.), « Jurisdiction over land disputes in Cameroon », *RCD* n° 31-32, 1986, p.26.
- NGWASIRI (N.C.), « Jurisdiction over land dispute in Cameroon », *Revue Camerounaise de Droit*, n° 19/20, n° 31/32, p. 25.

- NGWASIRI (N.C.), « The impact of the present land tenure reforms in Cameroon on the former west cameroon », *Revue Camerounaise de Droit*, n° 19/20, p. 67 et n° 28, p. 73
- NGWASIRI (N.C.), « European legacy of land legislation in Cameroon », *Revue Africaine de Science Juridique*, 2000, vol. 1, n° 2, p. 1.
- OWONA (J.), « L'expropriation pour cause d'utilité publique », Chapitre XVI, Tome V de l'encyclopédie juridique de l'Afrique, N.E.A, 2012.
- PAULIAT (H.), « Le droit de propriété devant le Conseil constitutionnel et la Cour européenne des droits de l'homme », *Revue de droit public*, 1995, p. 1445.
- PETTITI (Chr.), « La réparation des atteintes au droit de propriété : l'application de l'article 41 de la C.E.D.H. » *La protection du droit de propriété* par *la Cour européenne des droits de l'homme*, Bruxelles, Bruylant, 2005.
- POUGOUE (P.-G.), « Empiètement sur le terrain d'autrui (À propos de quelques décisions jurisprudentielles », *Revue Camerounaise de Droit*, n° 13/14, p. 25.
- POUGOUE (P.-G.), « L'empiètement matériel (à propos de quelques décisions jurisprudentielles) », *RCD*, n° 13-14, pp.25-29.
- POUGOUE (P.-G.), « Le régime foncier de l'immatriculation », *in Encyclopédie juridique de l'Afrique*, Abidjan, t.5, Les nouvelles éditions africaines, 1982.
- POUGOUE (P-G.), TCHOKOMAKOUA (V.) et ANOUKAHA (F.), Commentaires de la loi n° 89/019 du 29 décembre 1989 modifiant et complétant certaines dispositions de l'Ordonnance n° 72/4 du 26 août 1972 portant organisation judiciaire, Juridis-Info n° 2, 1990, P. 5 et s.
- PROUZET (M.), « l'expropriation pour cause d'utilité publique au Cameroun », *RCD* N° 1 1972, pp.27-33.
- RADE (C.), « L'impossible divorce de la faute et de la responsabilité civile », *in recueil*, Dalloz 1998, 32e cahier, chron. pp.301-305.

- RIVERO (J.), « Le Huron au Palais-Royal ou réflexions naïves sur le recours pour excès de pouvoir », Dalloz, 1962, chronique 39.
- ROBERGE (D.), « La protection des droits fonciers, facteur-clé du développement durable. L'exemple du Québec », http://www.topoepfl.ch/Mocours/siteweb/FG/ROBERGE.pdf.
- ROCHEGUDE (A.), « Fonciers et décentralisation : réconcilier la légalité et la légitimité des pouvoirs domaniaux et fonciers », *in bulletin de liaison* du LAJP N° 26 septembre 2001.
- SIETCHOUA DJUITCHOKO (C), « l'autonomie du recours en cassation en contentieux administratif au Cameroun », *Juridis-Périodique,* n° 82, 2010, p. 77 s. et n° 83, 2010, p. 65 s.
- TAGNE (R.), « Les peuples autochtones et les communautés locales d'Afrique centrale : entre négation et conquête du statut d'ayants droit sur les ressources naturelles », *Juridis-Périodique*, n° 111, 2017, p. 159.
- TAGOUEMEKONG Honoré, « Le contentieux d'annulation du titre foncier », conférence sur le foncier. Thème : La problématique de la propriété foncière au Cameroun, Mbalmayo, 18 nov. 2005, disponible sur le site web (www.environnement-propriete.org. /francais/documentation/doc/la problématique de la propriété_foncière_au cameroun.pdf.
- TCHABO SONTANG (H.), L'hypothèque forcée judiciaire en Droit de l'OHADA, *Juridis-Périodique*, n° 108, 2016, p. 119.
- TCHAKOUA (J.-M.), « La pratique de l'exequatur des sentences arbitrales au Cameroun », *Juridis-Périodique*, n° 96, 2013, p. 143.
- TCHANTCHOU (H.), « La place du Parquet ou Ministère public dans les processus judiciaires communautaires : le cas de l'OHADA », *Revue de l'ERSUMA*, n° 1, Juin 2012, p.489 et s.
- TCHANTCHOU (H.), « L'état du droit pénal des affaires dans l'espace OHADA », *Revue de l'ERSUMA*, n° spécial, Nov-Déc 2011, p. 25 et s.
- TCHANTCHOU (H.), « Autorité de chose jugée et sécurité judiciaire dans le système juridique de l'OHADA (Note sous CCJA, Assemblée plénière », arrêt n°03/2011 du 31 janvier 2011 ; www.ohada.com.

- TCHANTCHOU (H.), « L'arbitrage en droit africain du travail (Rétrospective et perspectives à la veille de l'Acte uniforme OHADA sur le droit du travail) » ; RCA, 2005, n° 28, p. 3 et s ; *Penant*, 2005, n°852, p. 291 et s.
- TCHANTCHOU (H.), « L'arbitrage en droit africain du travail (Rétrospective et perspectives à la veille de l'Acte uniforme OHADA sur le droit du travail) », *Revue Camerounaise de l'Arbitrage,* 2005, n° 28, p. 3 et s ; *Penant*, 2005, n°852, p. 291 et s.
- TCHANTCHOU (H.), « L'exécution provisoire à l'ère de l'OHADA » ; www.ohada.com; *Penant*, 2005, n° 850, p. 100 et s.
- TCHANTCHOU (H.), « le contentieux de l'exécution et des saisies dans le nouveau droit de l'OHADA », *Juridis-Périodique*, 2001, n° 46, p. 98 et s.
- TCHANTCHOU (H.), « L'exercice du privilège du bailleur d'immeuble face au locataire qui déménage à la cloche de bois », *Juridis-Périodique*, 1996, n° 25, p. 103 et s.
- TCHAPMEGNI (R.) : l'actualité de la question foncière en Afrique », conférence sur le foncier, thème : La problématique de la propriété foncière au Cameroun, Mbalmayo, 18 nov.2005, www.environnement-propriete.org. /francais/documentation/doc/la problématique de la propriete_fonciere_au cameroun.pdf.
- TEPPI KOLLOKO (F.), « L'efficacité de la sentence arbitrale dans sa dynamique exécutoire : une lecture du droit de l'OHADA », *Juridis-Périodique*, n°101, 2015, p. 65.
- TIXIER (G.), « les limites de la compétence de l'autorité judiciaire en matière d'expropriation pour cause d'utilité publique » *in recueil Dalloz*, 195-, 28e cahier, chron. XX, pp103-108.
- YOUEGO (Chr.), « La répartition des compétences entre juridictions judiciaires et commissions consultatives en droit foncier camerounais », Note sous CS, arrêt n° 44/L du 25 août 1977, *Juridis-Périodique*, n°00, 1989, p. 22.
- WOUMETAH (H.), « Réflexion sur la politique de sélection des garanties immobilières bancaires et les obstacles qui diffèrent ou entachent leur réalisation », *Juridis-Périodique,* n° 94, 2013.

TEXTES

- Acte uniforme OHADA relatif au Droit commercial général, adopté le 17 avril 1997, révisé le 15 décembre 2010.
- Acte uniforme OHADA portant droit des sociétés commerciales et du groupement d'intérêt économique, adopté le 17 avril 1997, révisé le 30 janvier 2014.
- Acte uniforme OHADA portant organisation des sûretés, adopté le 17 avril 1997, révisé le 15 décembre 2010.
- Acte uniforme OHADA portant organisation des procédures simplifiées de recouvrement et des voies d'exécution, adopté le du 10 avril 1998.
- Acte uniforme OHADA portant organisation des procédures collectives d'apurement du passif, adopté le 10 avril 1998.
- Acte uniforme OHADA relatif au droit de l'arbitrage, adopté le 11 mars 1999, révisé le 23 novembre 2017.
- Acte uniforme OHADA relatif aux contrats de transport de marchandises par route, adopté le 22 mars 2003.
- Acte uniforme OHADA relatif au droit des sociétés coopératives, adopté le 15 décembre 2010.
- Acte Uniforme OHADA relatif au Droit Comptable et à l'Information Financière, adopté le 26 janvier 2017.
- Acte Uniforme OHADA relatif à la médiation, adopté le 23 novembre 2017
- Loi n° 2017/010 du 12 juillet 2017 portant statut général des établissements publics.
- Loi n° 2017/011 du 12 juillet 2017 portant statut général des entreprises publiques
- Loi n° 2016/007 du 12 juillet 2016 portant Code pénal.
- Loi 2016/017 du 14 décembre 2016 portant code minier.
- Loi n° 2006/015 du 29 décembre 2006 portant Organisation judiciaire.
- Loi n° 2006/016 du 29 décembre 2006 fixant l'organisation et le fonctionnement de la Cour suprême.

- Loi n° 2006/017 du 29 décembre 2006 fixant l'organisation, les attributions et le fonctionnement des tribunaux régionaux des comptes.
- Loi n° 2006/022 du 29 décembre 2006 fixant l'organisation et le fonctionnement des tribunaux administratifs.
- Loi n° 2004/003 du 21 avril 2004 régissant l'urbanisme au Cameroun.
- Loi n° 2003/016 du 22 décembre 2003 relative au règlement des litiges portant sur les limites des circonscriptions administratives et des unités de commandement traditionnel.
- Loi n° 2001/020 du 18 décembre 2001 portant organisation de la profession d'Agent immobilier.
- Loi n° 97/003 du 10 janvier 1997 relative à la promotion immobilière.
- Loi n° 94/01 du 10 janvier 1994 portant régime des forêts, de la faune et de la pêche.
- Loi n° 90/040 du 10 août 1990 relative à l'exercice et à l'organisation de la profession d'urbaniste.
- Loi n° 85-09 du 04 juillet 1985 relative à l'expropriation pour cause d'utilité publique et aux modalités d'indemnisation.
- La loi n° 80-21 du 14 juillet 1980, modifiée par la loi n° 19 du 19 novembre 1983, modifiant et complétant certaines dispositions de l'Ordonnance n° 74-01 du 6 juillet 1974 fixant le régime foncier.
- Loi n° 80-22 du 14 juillet 1980 portant répression des atteintes à

  La propriété foncière et domaniale
- Loi n° 76-25 du 14 décembre 1976 portant organisation cadastrale
- Loi n° 68/LF/04 du 11 juin 1968 portant organisation du régime des réquisitions.
- Ordonnance n° 74-01 du 6 juillet 1974 fixant le régime foncier et les textes modificatifs subséquents.
- Ordonnance n° 74-02 du 6 juillet 1974 fixant le régime domanial, modifiée par la modifiée par celle n° 77-2 du 10 janvier 1977.

- Décret n° 2016-319 du 12 juillet 2016 portant partie réglementaire du Code pénal définissant les contraventions.
- Décret n° 2016/1430/PM du 27 mai 2016 fixant les modalités d'organisation et de fonctionnement de la Commission consultative en matière foncière et domaniale.
- Décret n° 2016/1431/PM du 27 mai 2016 relatif aux transactions immobilières privées.
- Décret n° 2006/3023/PM du 29 décembre 2006 fixant les modalités d'évaluation administrative des immeubles en matière foncière.
- Décret n° 2003/418 PM du 25 février 2003 fixant les tarifs des indemnités à allouer au propriétaire victime de destruction pour cause d'utilité publique de cultures et d'arbres cultivés.
- Décret n° 79-017 du 13 janvier 1979 relatif aux transactions immobilières privées.
- Décret n° 76/165 du 27 avril 1976 fixant les conditions d'obtention du titre foncier, modifié et complété par Décret n° 2005/481 du 16 décembre 2005
- Décret n° 76/166 du 27 avril 1976 fixant les modalités de gestion du domaine national.
- Décret n° 76/167 du 27 avril 1976 fixant les modalités de gestion du domaine privé de l'État.
- Décret n° 73-51du 10 février 1973 relatif à la défense de l'État en Justice.
- Instruction n° 11/Y.7/MINDAF/D100 du 25 juin 2007 portant rappel des dispositions réglementaires régissant la gestion du domaine national de deuxième catégorie.
- Lettre circulaire n° 002109/L.10/MINUH/AOOO du 10 août 2004 relative à l'exécution des décisions de Justice.

Table des matières

Questions juridiques aux éditions L'Harmattan

Dernières parutions

QU'EST-CE QUE LE DROIT ?
Théorie syncrétique et échelle de juridicité
Barraud Boris
La définition du droit ici est d'abord lexicographique et scientifique. La théorie syncrétique réunit toutes les définitions du droit en vigueur, loin d'être concurrentes elles s'associent. Ne s'opposant plus, elles se complètent. La seconde partie interroge les dimensions du droit en mesurant le niveau de force juridique par l'application des critères de juridicité. Cette nouvelle forme de rationalité de la pensée juridique permet au juriste de s'ouvrir à tout type de normes sociales tout en sauvegardant l'autonomie conceptuelle du droit.
(Coll. Le Droit aujourd'hui, 25.50 euros, 242 p.)
ISBN : 978-2-343-13423-9, ISBN EBOOK : 978-2-14-005340-5

LA RECHERCHE DE L'ÉQUILIBRE CONTRACTUEL DANS LE CAUTIONNEMENT
Regards croisés entre le droit français et le droit OHADA
Dibangue Guy - Préface de Pascal Rubellin
Le cautionnement est actuellement la sûreté qu'exigent de préférence les banques des emprunteurs. Si le législateur français semble surprotéger la caution par rapport au créancier, c'est l'inverse qui a été retenu par le législateur OHADA. Dans les deux cas, c'est le déséquilibre entre la protection raisonnable de la caution et la préservation des intérêts des créanciers. Suivant les récentes évolutions législatives en France et en droit OHADA, cette thèse vise l'équilibre contractuel du cautionnement dans une démarche de modernisation et de rationalisation de cette sûreté.
(Coll. Droit aujourd'hui, 42.00 euros, 456 p.)
ISBN : 978-2-343-13159-7, ISBN EBOOK : 978-2-14-005369-6

LE DROIT ANIMAL
Morales Frénoy Cathy
Plus qu'un droit protecteur, le droit animal réglemente les différentes utilisations de l'animal par l'Homme. Il est un corpus juridique transversal, issu du droit international, européen et national, qui régit les rapports entre l'homme et l'animal sans toujours offrir une protection juridique souvent souhaitée. Ce guide juridique offre à tout lecteur une étude complète de cette nouvelle discipline.
(Coll. Bibliothèques de droit, 45.00 euros, 470 p.)
ISBN : 978-2-343-12873-3, ISBN EBOOK : 978-2-14-005223-1

QUESTIONS D'ACTUALITÉ EN ÉTHIQUE ANIMALE
Pelé Marie, Sueur Cédric
L'éthique animale qui désigne l'étude de notre responsabilité morale à l'égard des animaux, n'est pas une prise de position mais un questionnement en perpétuelle évolution avec notre culture et notre temps. Cet ouvrage présente plusieurs éléments de réponses aux récentes questions posées par la société sur notre rapport aux animaux. Experts et étudiants abordent onze questions d'actualité en éthique animale. Leurs échanges sont retranscrits.
(Coll. Le Droit aujourd'hui, 24.00 euros, 236 p.)
ISBN : 978-2-343-13489-5, ISBN EBOOK : 978-2-14-005382-5

JE PARLE AUX ANIMAUX
Peter Friedman
Samantha Khury écoute les animaux et leur parle. Grâce à ce dialogue, elle parvient à comprendre leur comportement et à trouver les mots qui les guérissent. Non seulement Samantha Khury comprend le langage de nos fidèles compagnons, mais, en plus, ceux-ci lui confient leurs malheurs. Des propriétaires d'animaux domestiques, des gardiens de zoo et des entraîneurs de chevaux qui l'ont consultée en sont convaincus. Nous la voyons au travail, à l'écoute d'un chat dépressif, d'un perroquet déplumé en manque d'amour ou d'une jument qui a besoin de liberté... « Dans cette Théma Arte sur les rapports entre les hommes et les animaux, *Je parle aux animaux* est le plus intéressant. Sans doute parce qu'il pose la question de la communication avec nos compagnons à quatre pattes. Peter Friedman livre des séquences étonnantes. » (*TéléObs*). « Ce documentaire étonnant parvient à nous convaincre que la frontière entre les espèces est bien mince. Quand on dit que l'homme n'est qu'un animal ! » (*Le Figaro*)
(20 euros)
ISBN : 978-2-336-31591-1

TRAITÉ DE DROIT CONSTITUTIONNEL CONGOLAIS
Esambo Kangashe Jean-Louis
Préface de El hadj Mbodji - Postface de Dodzi Kokoroko
Dans sa conception, son évolution et sa pratique, le droit constitutionnel a toujours eu du mal à s'affranchir de crises politiques. Droit de crises ou de gestion de crise, le droit constitutionnel est avant tout au service des normes, dont le respect par tous contribue au fonctionnement régulier des institutions. Placés dans le contexte congolais, les trois versants du droit constitutionnel, à savoir le droit normatif, celui institutionnel et la branche consacrée aux libertés n'ont pas toujours été en cohérence avec le constitutionnalisme.
(Coll. Études africaines, 39.00 euros, 410 p.)
ISBN : 978-2-343-12352-3, ISBN EBOOK : 978-2-14-005341-2

SUR LE CHEMIN DES SAISIES
L'huissier de justice d'hier à demain
Berthé Ibrahim
Qu'est-ce qu'un huissier de justice ? D'où vient-il ? À quoi sert-il ? Cet ouvrage tente de répondre à ces interrogations et, à travers l'histoire, de peindre les différentes facettes de ce personnage spécifique du rouage de l'appareil judiciaire dans le temps et dans l'espace, des rives de la Seine en France jusqu'au bord du fleuve Djoliba au Mali.
(25.00 euros, 270 p.)
ISBN : 978-2-343-13501-4, ISBN EBOOK : 978-2-14-005261-3

LES TECHNIQUES D'ENQUÊTE CRIMINELLE
Typologie des crimes et constatations médico-légales
Moutassi Jean-Pierre
L'adoption de la loi de Juillet 2005 portant sur la procédure pénale démontre la volonté du gouvernement camerounais à promouvoir un état de droit. Voici un outil fondamental pour les praticiens du droit criminel : un outil de formation pour les jeunes fonctionnaires, ainsi que pour leurs aînés qui n'auraient pas eu l'occasion de vivre l'expérience des enquêtes judiciaires.
(Harmattan Cameroun, 45.00 euros, 498 p.)
ISBN : 978-2-343-13126-9, ISBN EBOOK : 978-2-14-005224-8

LES CLÉS DES ENJEUX FINANCIERS DU DIVORCE
Rond Patrice - Préface de Laurent Hincker
L'amour s'est consumé, l'argent part en fumée ! À une époque où toujours plus de couples se séparent, la finance du divorce inquiète. Comprendre ses arcanes financières, c'est pouvoir anticiper en cas de conflit au sein du couple. Comment rétablir un budget ou encore évaluer une prestation compensatoire ? À l'aide d'exemples chiffrés, l'auteur indique comment recenser et évaluer les revenus et patrimoines, et présente des méthodologies pratiques pour établir les droits

respectifs des époux. L'ouvrage rend compréhensibles les procédures financières qui ont lieu dans le divorce.
(17.00 euros, 156 p.)
ISBN : 978-2-343-11633-4, ISBN EBOOK : 978-2-14-004942-2

LUTTER EFFICACEMENT CONTRE LA FRAUDE
Enjeux stratégiques et opérationnels
Sous la direction de Catherine Véret Jost et Nicolas Dufour
Lutter efficacement contre la fraude pour recycler 50 à 100 milliards d'euros par an dans la croissance économique en France, voici l'enjeu de cet ouvrage qui explicite les leviers d'actions pour y parvenir, avec des retours d'expériences de professionnels et d'académiques. Il s'adresse à tous ceux qui ont la volonté de relever ce défi.
(Coll. Perspectives organisationnelles, 38.50 euros, 392 p.)
ISBN : 978-2-343-13167-2, ISBN EBOOK : 978-2-14-005143-2

L'ENFANT EN PRISON
Sous la direction de Catherine Ménabé et Mathieu Martinelle
Depuis 1946, les femmes détenues ont la possibilité de garder à leurs côtés, en prison, leur enfant jusqu'à ses 18 mois, voire 2 ans. Si la situation est peu étudiée, et souvent méconnue, elle mérite de profondes réflexions. Quelles sont les conditions de vie de ces jeunes enfants au sein du milieu pénitentiaire ? Comment est assuré leur développement psychomoteur et affectif malgré les contraintes carcérales ? Comment l'univers carcéral s'adapte à la présence d'enfants, non écroués mais, de fait, privés de liberté ?
(Coll. Bibliothèques de droit, 27.00 euros, 274 p.)
ISBN : 978-2-343-13051-4, ISBN EBOOK : 978-2-14-005015-2

LES TRENTE ANS DE LA LOI LITTORAL
Sous la direction de Jean-Luc Pissaloux et Anne Rainaud
La loi Littoral a maintenant plus de trente ans. Loi d'avant-garde, elle vise à concilier la protection du littoral avec le développement économique. Souvent contestée comme trop protectrice, empêchant l'urbanisation, elle est aussi considérée comme un « laisser-construire » dans les zones saturées. Ses concepts sont difficiles à interpréter et appliquer. Les défis climatiques auxquels est confronté le littoral ont impliqué la participation de géographes. La protection des cordons littoraux s'avère aujourd'hui une nécessité.
(Coll. Grale, 39.00 euros, 418 p.)
ISBN : 978-2-343-13140-5, ISBN EBOOK : 978-2-14-004988-0

CICÉRON, PÈRE DE LA CODIFICATION DU DROIT CIVIL
Gilardeau Eric
Confronté à la crise subie par la République, Cicéron cherchait une réponse au chaos des lois et aux contradictions du droit civil. Il en élabora une véritable codification. Du «De oratore» au «De officiis», il critiqua la science du droit et la soumit à la loi naturelle, avant d'instituer une méthode de codification protectrice des droits civils, dont se rapprocheront les codes civils français et autrichien. Il faut attendre les réformes du Code civil allemand de 2001 et du Code civil français de 2016 pour rejoindre Cicéron sur le rôle de la bonne foi et de l'imprévision en matière contractuelle.
(Coll. Logiques Juridiques, 26.00 euros, 248 p.)
ISBN : 978-2-343-13327-0, ISBN EBOOK : 978-2-14-004994-1

DROIT DES SOCIÉTÉS COMMERCIALES OHADA
Akam Akam André, Voudwe Bakreo
Ce livre vise à exposer, expliquer, systématiser et critiquer les règles qui régissent la constitution, le fonctionnement et la disparition des sociétés commerciales. Il montre que le droit des sociétés commerciales OHADA vise la promotion, la protection et la société judiciaire des investissements, autant qu'il tend à protéger les intérêts particuliers. En outre, il met en exergue la richesse, la

variété et la modernité du droit des sociétés de l'OHADA, ainsi que l'abondance et la qualité des travaux de recherche des auteurs africains et d'ailleurs qui s'intéressent au droit OHADA.
(Coll. Dynamiques du droit OHADA, 55.00 euros, 752 p.)
ISBN : 978-2-343-12819-1, ISBN EBOOK : 978-2-14-005077-0

LA PROTECTION CONTRE LES ATTEINTES AUX DROITS SUR LES SIGNES DISTINCTIFS DANS L'ESPACE OAPI
Badou Charles
Les signes distinctifs confèrent à leur propriétaire un droit exclusif d'exploitation. Celui-ci bénéficie de règles dérogatoires au droit commun, qui ont pour vocation première d'assurer aux signes distinctifs une protection contre les atteintes dont ils peuvent être l'objet. Mais l'efficacité de la protection est toute relative. La protection contre les atteintes aux signes distinctifs exige donc de nouvelles solutions qui, prenant en compte la particularité du droit de la propriété industrielle, protègeront efficacement les signes distinctifs contre les violations des droits exclusifs de leur propriétaire.
(Coll. Études africaines, 42.00 euros, 468 p.)
ISBN : 978-2-343-11816-1, ISBN EBOOK : 978-2-14-005019-0

DROIT DU TRAVAIL SÉNÉGALAIS
Tagum Fombeno Henri-Joël - Préface de Isaac Yankhoba Ndiaye
L'auteur questionne le droit du travail sénégalais, analyse les textes récents et leurs apports au droit du travail, met en lumière les imperfections de la législation et les difficultés d'interprétation qu'elles suscitent dans la pratique. La compréhension de la matière est rendue aisée avec les illustrations et exemples pratiques, souvent utilisés par l'auteur et issus de son expérience professionnelle.
(Harmattan Sénégal, 48.00 euros, 506 p.)
ISBN : 978-2-343-13272-3, ISBN EBOOK : 978-2-14-004933-0

LA FUSION DES SOCIÉTÉS COMMERCIALES EN DROIT INTERNE ET INTERNATIONAL
Contribution à la notion de «contrat-organisation»
Kalaani Adrian
La fusion est l'opération par laquelle une ou plusieurs sociétés transfèrent, par la suite de leur dissolution sans liquidation, leur patrimoine à une société établie ou nouvelle. Ce transfert est possible par la distribution de parts sociales aux associés de la société dissoute. Cette définition française et européenne souligne les effets principaux de la fusion en restant silencieuse sur sa nature juridique. Donc la fusion est un contrat-organisation qui entraîne une mise en commun du patrimoine et des membres de chacune des sociétés fusionnantes au sein d'une seule société préexistante ou nouvelle.
(Coll. Logiques Juridiques, 55.00 euros, 638 p.)
ISBN : 978-2-343-10971-8, ISBN EBOOK : 978-2-14-004827-2

LE PRAGMATISME JURIDIQUE
Barraud Boris
Le pragmatisme invite à se concentrer sur le mode de production des connaissances et sur les actions plutôt que sur les pensées. Le pragmatisme juridique, attaché à l'effectivité des normes, permettrait d'accepter et expliquer les modes de régulation originaux du XXIe siècle. L'enjeu est de permettre au droit scientifique d'accompagner l'évolution du droit pratique. Sont surtout concernées la gouvernance du cyberespace, la protection de l'environnement et la responsabilité sociale des entreprises. Affinant le visage du pragmatisme juridique, voici un outil ouvrant des pistes pour l'avenir de la recherche en droit.
(Coll. Bibliothèques de droit, 33.00 euros, 334 p.)
ISBN : 978-2-343-13206-8, ISBN EBOOK : 978-2-14-004920-0

Structures éditoriales du groupe L'Harmattan

L'Harmattan Italie
Via degli Artisti, 15
10124 Torino
harmattan.italia@gmail.com

L'Harmattan Hongrie
Kossuth l. u. 14-16.
1053 Budapest
harmattan@harmattan.hu

L'Harmattan Sénégal
10 VDN en face Mermoz
BP 45034 Dakar-Fann
senharmattan@gmail.com

L'Harmattan Cameroun
TSINGA/FECAFOOT
BP 11486 Yaoundé
inkoukam@gmail.com

L'Harmattan Burkina Faso
Achille Somé – tengnule@hotmail.fr

L'Harmattan Guinée
Almamya, rue KA 028 OKB Agency
BP 3470 Conakry
harmattanguinee@yahoo.fr

L'Harmattan RDC
185, avenue Nyangwe
Commune de Lingwala – Kinshasa
matangilamusadila@yahoo.fr

L'Harmattan Congo
67, boulevard Denis-Sassou-N'Guesso
BP 2874 Brazzaville
harmattan.congo@yahoo.fr

L'Harmattan Mali
Sirakoro-Meguetana V31
Bamako
syllaka@yahoo.fr

L'Harmattan Togo
Djidjole – Lomé
Maison Amela
face EPP BATOME
ddamela@aol.com

L'Harmattan Côte d'Ivoire
Résidence Karl – Cité des Arts
Abidjan-Cocody
03 BP 1588 Abidjan
espace_harmattan.ci@hotmail.fr

L'Harmattan Algérie
22, rue Moulay-Mohamed
31000 Oran
info2@harmattan-algerie.com

L'Harmattan Maroc
5, rue Ferrane-Kouicha, Talaâ-Elkbira
Chrableyine, Fès-Médine
30000 Fès
harmattan.maroc@gmail.com

Nos librairies en France

Librairie internationale
16, rue des Écoles – 75005 Paris
librairie.internationale@harmattan.fr
01 40 46 79 11
www.librairieharmattan.com

Librairie l'Espace Harmattan
21 bis, rue des Écoles – 75005 Paris
librairie.espace@harmattan.fr
01 43 29 49 42

Lib. sciences humaines & histoire
21, rue des Écoles – 75005 Paris
librairie.sh@harmattan.fr
01 46 34 13 71
www.librairieharmattansh.com

Lib. Méditerranée & Moyen-Orient
7, rue des Carmes – 75005 Paris
librairie.mediterranee@harmattan.fr
01 43 29 71 15

Librairie Le Lucernaire
53, rue Notre-Dame-des-Champs – 75006 Paris
librairie@lucernaire.fr
01 42 22 67 13

www.ingramcontent.com/pod-product-compliance
Lightning Source LLC
LaVergne TN
LVHW011301061026
849535LV00005B/1342